Erhard/Pechtl: Menschen im Tal

Benedikt Erhard – Willi Pechtl

Menschen im Tal
Bilder und Berichte von kargem Leben

Zur Alltagsgeschichte des Pitztales
(1890–1950)

Umschlaggestaltung: Willi Pechtl
Das Layout besorgten die Autoren.

CIP-Kurztitelaufnahme der Deutschen Bibliothek

Erhard, Benedikt:
Menschen im Tal : Bilder u. Berichte von kargem
Leben ; zur Alltagsgeschichte d. Pitztals (1890 –
1950) / Benedikt Erhard ; Willi Pechtl. – Innsbruck :
Haymon, 1985.

ISBN 3-85218-015-5

© Haymon-Verlag, Innsbruck 1985
Alle Rechte vorbehalten / Printed in Austria

Satz und Montage: Filmsatzstudio Raggl, Landeck
Druck und Bindearbeit: Druckerei Wiener Verlag,
Himberg bei Wien

Inhaltsverzeichnis

VORWORT 6

EINLEITUNG 9

DER WEG DURCHS TAL 19
   Von Mandarfen zum Markt nach Imst 34
   Vom Nutzen der Post 36
   Für Kranke war der Weg am längsten 38

DIE PITZTALER AUF WANDERSCHAFT 45
   Die Kinder armer Leute 47
   Jakob Schöpf: Im Schwabenland 52
   Die Alternative: Nachtarbeit in der Fabrik 56
   Arbeit in der Fremde 58

VON DER ARBEIT UND VOM MANGEL 67
   »Pitztaler Kühe« 72
   Vom Heuziehen 76
   Der Goaßer 78
   Vom Tauschen und vom Kaufen 80
   Der Taschachbutz 84
   Vom »Oacherkönig« und von anderen Auswegen 86
   Die große Not 90
   Alfons Rauch, der Förster 98
   Herren und Jäger 100
   Vom Wildern 102

DIE FREMDEN KOMMEN 107
   Die Träger 115
   Die Bergführer 122
   Franz Rimml: Die Spaltenbergung 128

LEBENSBILDER 131
   Theresia Grassl, ein Frauenleben 146
   Johann Santeler, der Fotograf 158

ANHANG 172
   Literatur 172
   Danksagung 173
   Die Autoren 174

Vorwort

Dieses Buch handelt vom Leben der Menschen im Pitztal, einem durchaus typischen Tiroler Gebirgstal, zu einer Zeit, da »alles noch ganz anders war«. Es versucht, aus den Erinnerungen älterer Menschen und aus einer Sammlung alter Fotografien Ausschnitte einer Welt lebendig werden zu lassen, die zeitlich noch gar nicht so lange zurückliegt, heute aber dennoch bereits vom Vergessen bedroht ist.

Der zeitliche Rahmen der Darstellung ist zum einen durch das Alter und das Erinnerungsvermögen der Menschen begrenzt, die wir befragt haben, zum anderen durch das Wegfallen von Umständen, die das Leben früher ganz wesentlich geprägt haben. So beginnt die Darstellung im ausgehenden 19. Jahrhundert, als die jährliche Wanderbewegung der Hütekinder und der in allen möglichen Saisonberufen Verdienst suchenden Frauen und Männer ins benachbarte Ausland einen letzten Höhepunkt erreichte, und als gleichzeitig schon die ersten Touristen ins Tal kamen. Sie spannt sich weiter über die Zeit der großen Not zwischen den beiden Weltkriegen, als der tägliche Mangel an allem und oft auch der Hunger zur Grunderfahrung der meisten Kinder im Tal wurde. Schließlich endet die Darstellung etwa Mitte der fünfziger Jahre, als auch das hintere Tal an das moderne Verkehrsnetz angeschlossen und auf einen langsamen Aufschwung im Zeichen des nun stetig wachsenden Fremdenverkehrs vorbereitet wurde.

Der Text folgt über weite Strecken den Interviewaussagen der von uns befragten Menschen und versucht, das frühere Leben im Pitztal als die Welt ihrer Erfahrungen nachzuzeichnen: Erfahrungen auf dem weiten, oft zu weiten Weg durchs Tal, im alltäglichen Mangel, bei der Arbeit der Kinder und beim frühen Weggehenmüssen, bei der Arbeit in der Fremde und bei der Konfrontation mit den Fremden im Tal ...

Das Bild, das wir damit zu zeichnen vermögen, ist sicher nicht vollständig, ist eher der Versuch einer Annäherung an Besonderheiten des früheren Lebens, als eine umfassende Studie zur Sozialgeschichte und zum Alltagsleben des gesamten Tales.

Aber gerade die subjektiven Erfahrungen der Menschen, ihre Wahrnehmungsformen, Einstellungen und Verhaltensweisen, denen wir in den Interviews nachzuspüren versuchten, können in diesen Ausschnitten der früheren Lebenswelt den Kontrast zu dem erlebbar machen, was heute die Lebensverhältnisse besonders der jungen Menschen prägt.

Bei der Auswahl der im Text wiedergegebenen Erzählpassagen war zuerst sicher unser Interesse an bestimmten Themen und Fragestellungen ausschlaggebend. Zugleich aber haben wir besonders dichte und originelle Erzählungen berücksichtigt und uns auf diesem Weg bei der Zusammenstellung der Texte auch von unseren Interviewpartnern leiten lassen.

Unsere Absicht, ein wenn auch nicht vollständiges, so doch lebendiges Bild vom Leben im Pitztal zu zeichnen, hat uns auch bewogen, den in den Interviews gesprochenen Dialekt möglichst authentisch wiederzugeben. Nun gibt es im Pitztal ja keinen einheitlichen Dialekt, sondern zum Teil recht unterschiedliche Formen der Aussprache, Betonung und Wortwahl, die sich von Ort zu Ort, ja teilweise auch von Fraktion zu Fraktion ändern können. Zudem ist der Dialekt als Alltagssprache sehr lebendig, paßt sich an die jeweiligen Situationen an, wird in einem Interview mit einem Fremden anders gesprochen, als im Gespräch unter Nachbarn. Bei der Verschriftlichung der uns aufs Tonband gesprochenen Erzählungen haben wir nun nicht versucht, den Dialekt wieder in die reine Form des jeweiligen Ortes zu bringen, sondern ihn so wiederzugeben, wie er im Interview gesprochen wurde. Der leichteren Lesbarkeit wegen haben wir die im alltäglichen Erzählen häufigen Wiederholungen,

Stockungen, Zwischenfragen usw. nicht wiedergegeben. Die Verschriftlichung erfolgte – aus Mangel an allgemein anerkannten Regeln der Dialekttranskription – so gut es ging phonetisch, wobei auch hier der Lesbarkeit kleine Zugeständnisse gemacht wurden. Nur auf die Verwendung eines im Klang zwischen dem reinen »a« und »o« liegenden »å« wollten wir nicht verzichten, da es wichtige Unterschiede in der Bedeutung sonst gleich scheinender Worte kennzeichnet: »Ståll« etwa ist Einzahl, »Stall« hingegen Mehrzahl; Unterschiede gibt es auch zwischen »na« (nein), »nå« (nachher, dann) und »no« (noch) usw. Angesichts der schwierigen Verschriftlichung und der Gefahr, daß der Text für Leser, die den Dialekt im Tal nicht kennen, schwerer lesbar wird, hätten wir die entsprechenden Passagen auch in die Schriftsprache übersetzen können. Dadurch aber wäre nicht nur ein guter Teil Authentizität verloren gegangen, sondern auch sehr viel an Lebendigkeit und Prägnanz. So läßt sich wenigstens ein Stück weit erahnen, von welcher Vielfalt und Reichhaltigkeit die Alltagssprache im Pitztal war und zumeist auch noch ist.

Mindestens gleichwertig neben den Texten stehen in diesem Buch die Bilder, die nicht nur als Illustration gedacht sind, sondern zum Teil auch ihre eigene Geschichte erzählen. Einer von uns, Willi Pechtl, hat jahrelang im ganzen Tal unzählige Familienalben durchblättert, Stöße vergilbter Fotografien in allen möglichen Schachteln und Laden durchsucht und mit der Zeit eine umfangreiche Sammlung zustande gebracht. Eine Auswahl daraus haben wir in dieses Buch aufgenommen.

Es sind dies zum Teil Fotografien, wie sie noch bei vielen Familien in der Stube hängen, Erinnerungen an die Vorfahren und ihre Arbeitskollegen im Ausland, an längst vergangene Ereignisse und Feste, teils von professionellen Fotografen, teils auch schon von Amateuren aufgenommen. Sie sind gleichsam Teil der jeweiligen Familiengeschichte, zum Zweck der Selbstdarstellung und Dokumentation für die Nachkommen und als aktueller Ausdruck der Zusammengehörigkeit der Familie oder Gruppe angefertigt. Daneben sieht man Bilder von Landschaftsfotografen und schließlich solche, die frühe Touristen von den Menschen im Tal und von den Bergen gemacht haben – Augen und Objektive immer auf der Suche nach Exotik und überwältigender Natur.

Künstlerisch im Zentrum stehen die Bilder von zwei bedeutenden, aber schon nahezu vergessenen Fotografen aus dem Tal selbst. Es sind dies einige Bilder aus dem Nachlaß des Bauernsohns und Schustergesellen Josef Schöpf (1887–1915) aus St. Leonhard, die auch durch ihre technische Brillanz und die pittoreske Manier auffallen, in der Schöpf die Leute vor der Kamera posieren ließ. Zahlreicher vertreten sind die ebenfalls technisch bestechend guten Aufnahmen des Bauern, Arbeiters und Fotografen Johann Santeler (1898–1972) aus Scheibrand. Vor allem seine Bilder vom Kraftwerks-, Eisenbahn- und Straßenbau in den zwanziger Jahren suchen in Tirol und darüber hinaus ihresgleichen. Dies nicht nur ihrer technischen und künstlerischen Qualität wegen, sondern vor allem auch, weil sie die Arbeitswelt von Menschen zeigen, die weder als Klein- und Nebenerwerbsbauern in der Traditionsbildung des Bauerntums, noch als Taglöhner und Saisonarbeiter in der Traditionsbildung der Arbeiterbewegung eine besondere Rolle gespielt haben. Gleichwohl ihr Schicksal, gerade in Westtirol, von sehr vielen Menschen geteilt wurde, fand es bislang nur wenig öffentliches Interesse. – Alle Bilder von Johann Santeler und zum überwiegenden Teil auch die anderen werden in diesem Buch zum ersten Mal veröffentlicht.

Dieses Buch wäre nicht möglich gewesen ohne die Hilfsbereitschaft, Großzügigkeit und Geduld vieler Menschen im Pitztal. Zahlreiche Leute haben uns voller Vertrauen und oft für lange Zeit ihre Fotografien überlassen, standen uns zu oft stundenlangen Interviews zur Verfügung und haben geduldig all unsere Fragen beantwortet. Jeder einzelne hat dadurch einen unverzichtbaren Beitrag zu diesem Buch geleistet, wofür wir uns auch an dieser Stelle herzlich bedanken wollen.

Innsbruck/Mandarfen, im September 1985
Benedikt Erhard, Willi Pechtl

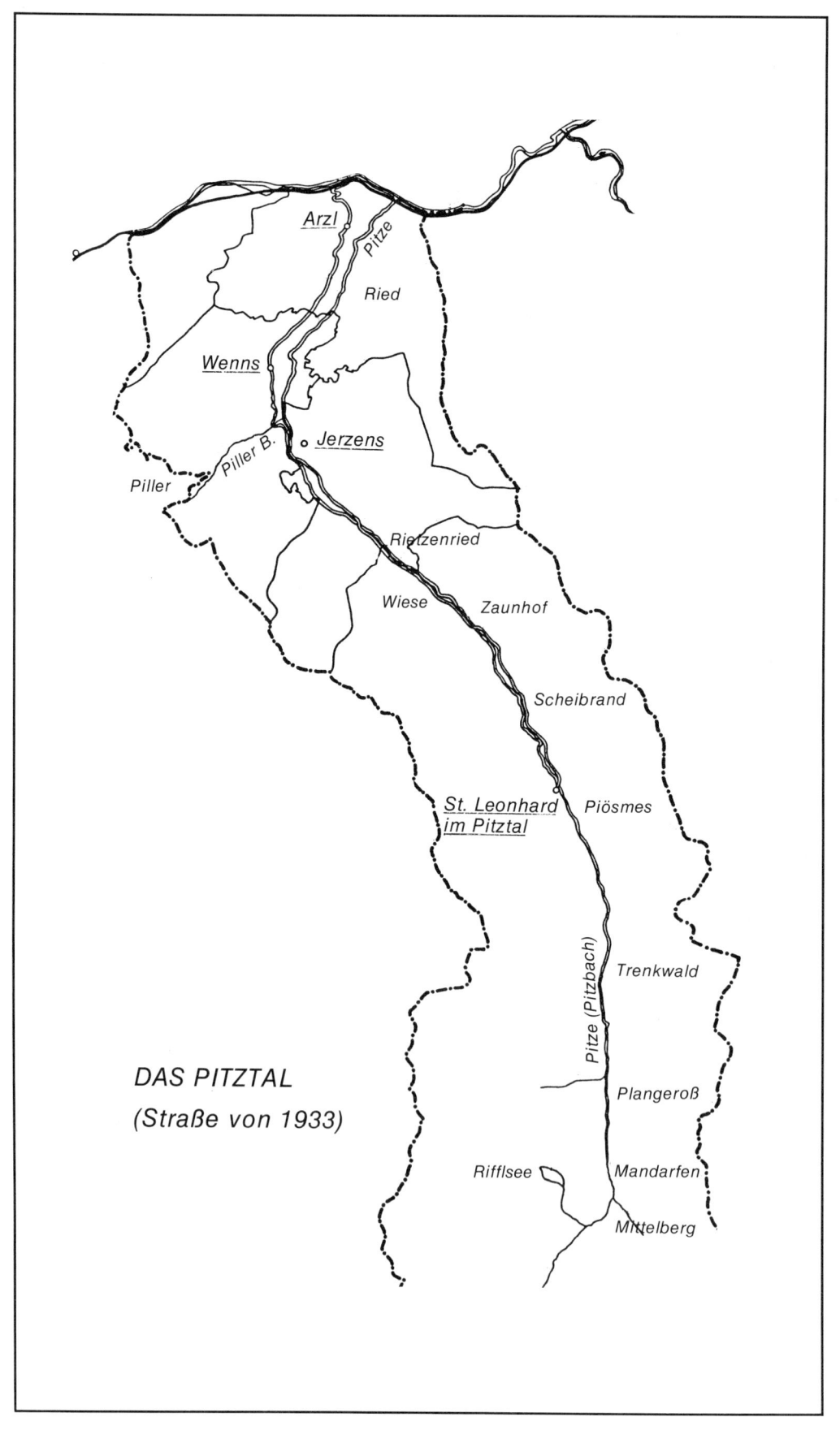

Einleitung

Drei große Hochgebirgstäler ziehen aus dem Massiv der Ötztaler Alpen nach Norden, das Kaunertal im Westen, das Ötztal im Osten und in der Mitte das Pitztal.

Die Bezeichnung »Pitztal« für das gesamte von der Pitze durchflossene Tal ist erst jüngeren Datums. Wie auf jeder Karte unschwer zu erkennen, ist der vordere Abschnitt des Tales, das heutige Gemeindegebiet von Arzl, Wenns und Jerzens umfassend, eigentlich eine Fortsetzung des oberen Inntales, und es steht heute außer Zweifel, daß der Inntalgletscher, der das Tal bis auf 2200 m Höhe auffüllte, seinen Weg über den 1560 m hohen Piller (oder: Piller Sattel) genommen hat. Das eigentliche Pitztal beginnt erst in einem schluchtartigen Einschnitt südlich vor Wenns. – Dem Verlauf des Gletschers folgte bis in die Neuzeit, den wesentlich längeren und gefährlicheren Weg dem Inn entlang abkürzend, auch aller Verkehr in die südliche Schweiz. Erst nach dem Ausbau der Straße über Zams, Landeck und die Innschlucht bis Prutz sowie mit der immer stärkeren Zusammenziehung des Verkehrs auf wenige Routen wurde ab dem 17. Jahrhundert auch der vordere Talabschnitt zum Seitental.

Bis in die dreißiger Jahre unseres Jahrhunderts wurden diese beiden unterschiedlichen Talabschnitte auch offiziell verschieden benannt: Bis 1935 hieß die heutige Gemeinde St. Leonhard, die das gesamte Gebiet von der südlichen Gemeindegrenze von Jerzens und Wenns bis zum Talabschluß in Mittelberg umfaßt, einfach »Pitztal«, während der vordere Talabschnitt verschiedene Bezeichnungen fand; einmal »Wenner Tal«, dann wieder »Pitztal«, je nach Standort und Kenntnis der Lage. Noch bis in jüngste Zeit waren mit den »Pitztalern« nur die Bewohner des hinteren Tales gemeint, während diese den vorderen Abschnitt kurzweg »das Land« nannten.

Die beiden Abschnitte, im folgenden meist das »vordere« und das »hintere« Tal genannt, sind landschaftlich und klimatisch von sehr unterschiedlicher Beschaffenheit: Das vordere Tal ist breit und weitläufig, durch relativ mildes Klima selbst gegenüber den Gemeinden des 200 m tiefer liegenden Inntales begünstigt und auf beiden Seiten von charakteristischen Terrassen gekennzeichnet. Sie bieten Siedlungsraum für die zahlreichen Weiler der drei Gemeinden und fruchtbaren Boden für den Ackerbau zwischen 900 und 1100 m Höhe. Die Hänge des Venet über Wenns und Arzl und die des Zeigerkamms auf der östlichen Seite über Jerzens sind nur mäßig geneigt, erlauben jedoch, wie auch der breite Anstieg zum Piller südwestlich von Wenns, nur in beschränktem Ausmaß maschinelle Bearbeitung.

Das hintere Tal hingegen ist schluchtartig eng und bietet zum überwiegenden Teil nur am Talboden Raum für insgesamt 39 Kleinsiedlungen und ihre Kulturflächen. Die einzelnen Weiler liegen zwischen 500 und 2000 m voneinander entfernt, der niedrigste (Schußlehn) liegt in 1100 m, der höchste (Mittelberg) in 1734 m Seehöhe. Dazwischen erstrecken sich 20 km Weg. Politisches und kirchliches Zentrum der Gemeinde ist der Weiler St. Leonhard, eine Pfarrexpositur für den vorderen Teil der Gemeinde besteht in Zaunhof, eine eigene Pfarrei für den hintersten Teil in Plangeroß. Die Nord-Süd-Ausrichtung des Tales, seine Höhenlage und die steil aufragenden Flanken bedingen ein ziemlich rauhes Klima: Einige Siedlungen haben im Winter überhaupt keine Sonne, die übrigen wenig. Die Schneedecke bleibt durchwegs von Ende Oktober bis Ende April, die durchschnittliche Vegetationsperiode dauert vier Monate. Verkehrsmäßig ist das vordere Tal seit 1923, das hintere seit 1938 bis Trenkwald und seit 1956 zur Gänze durch eine Autostraße erschlossen.

Die Vorgeschichte

Bis mit der Eröffnung des Gletscherschigebietes in Mittelberg 1984 auch das Pitztal der Segnungen des modernen Massentourismus teilhaftig zu werden hoffte, galt es in Tirol als typisches Notstandsgebiet. Als solches war es Produkt einer jahrhundertelangen Entwicklung in Ungleichheit und Abhängigkeit. Die natürlichen Bedingungen des Tales, Lage, Klima und Bodenbeschaffenheit, ließen den Bewohnern nur geringen Spielraum zur Gestaltung ihrer wirtschaftlichen Existenz. Alle politischen und wirtschaftlichen Bedingungen ihrer weiteren Entwicklungsmöglichkeiten wurden fern ihres Tales und außerhalb ihrer Einflußmöglichkeiten geformt.

Das begann mit der relativ späten Besiedlung weiter Teile des Tales ab dem 13. Jahrhundert. Zu dieser Zeit bestanden schon eigenständige Siedlungen in Wenns und Jerzens. Erstere mit der Burg Hirschberg am alten Verkehrsweg über den Piller, letztere als vermutliche Gründung der Wenner in deren Weidegebiet auf der östlichen Talseite und an jenem alten Almweg gelegen, über den die Leute aus der Großgemeinde Imst ihr Vieh auf die Weiden des hinteren Tales getrieben haben. Zu dieser Gemeinde gehörte auch bereits eine Siedlung auf dem Boden des heutigen Arzl. Bis zum Ende des 19. Jahrhunderts war dieser alte Almweg, der »Ochsenweg«, die einzige Verkehrsverbindung ins hintere Tal.

Die Besiedlung des hinteren Pitztales war das Werk der Grundherren, die im 13. und 14. Jahrhundert auf früheren Almen der Imster gleichsam als Außenstellen ihrer Eigenwirtschaft Schwaighöfe anlegen ließen. Dasselbe taten sie zu dieser Zeit auch in der Umgebung von Jerzens. Ebenfalls von den Grundherren veranlaßte Versuche, im 14. und 15. Jahrhundert bis nach Mandarfen im hinteren Tal nach Erz zu schürfen, blieben erfolglos.

Diese Besiedlung des Pitztales durch grundherrschaftliche Schwaighöfe erklärt auch, warum bis zur Grundentlastung von 1848/49 nur rund 11% des Grundbesitzes im hinteren Tal bäuerliches Eigentum war. Wo der Siedlungsraum von bereits ansässigen Bauern weiter ausgebaut wurde, war dieser Anteil wesentlich höher: im benachbarten Paznauntal etwa bei zwei Drittel, in Jerzens und Wenns, wo eine Mischform vorlag, immerhin bei einem Drittel.

Der Vorstoß von Dauersiedlungen in so weit entfernte und hochgelegene Bereiche war nur auf der Grundlage extensiver Viehwirtschaft möglich, die Versorgung mit Salz, Getreide und sonstigen Bedarfsgütern mußten die Grundherren gewährleisten. Der maximale Ausbau des Siedlungsgebietes war im 16. Jahrhundert erreicht. Bis zu dieser Zeit freilich hatte sich auch das System der Grundherrschaft einschneidend gewandelt: Die grundherrschaftlichen Eigenwirtschaften mit ihrer stark regionalen Arbeitsteilung waren – auch im Zuge der politischen Entmachtung des Tiroler Adels im 15. Jahrhundert – bereits aufgelöst. Damit hatten auch die Getreidelieferungen an die Höfe im Pitztal aufgehört. So waren die Bauern nun zur verstärkten Eigenversorgung genötigt und begannen bereits im 16. Jahrhundert bis auf die Höhe von Mandarfen (1675 m) Gerste, bis auf die Höhe von Oberlehn (1500 m) auch Roggen, im vorderen Tal zunehmend Mais und ab Ende des 18. Jahrhunderts im ganzen Tal Kartoffeln anzubauen. Aufgrund der extremen Lage der Bauernwirtschaften des hinteren Tales war es ihnen aber bis ins 20. Jahrhundert nicht möglich, je ihren Bedarf an Ackerbauprodukten über längere Zeit hinweg aus eigenem Anbau zu decken.

Gleichzeitig waren bis zu Beginn des 16. Jahrhunderts ein Großteil der bäuerlichen Abgaben an die Grundherren und die Kirche (Zehent) von Naturalabgaben in Geldzinse umgewandelt worden, womit nun der Markt auch für die Bauern des Pitztales zu einer entscheidenden Instanz ihres Wohl und Wehe wurde. Doch war der nächste größere Marktplatz im Hauptort Imst für die Bauern des hinteren Tales zwischen 5 und 11 Viehtriebstunden entfernt. Und dort sahen sie sich dann nicht nur mit den stets schwankenden und in Tirol notorisch hohen Getreidepreisen, sondern auch mit wechselnden Viehpreisen konfrontiert, auf die sie als Anbieter von ein bis zwei Kühen pro Jahr keinerlei Einfluß nehmen konnten. Zwar hat sich der frühere Austausch zwischen den grundherrschaftlichen Betrieben in den verschiedenen Lagen, ehedem vermittelt über einen Verwalter in Wenns, in der Folge im Warentausch zwischen den Bewohnern der beiden Talabschnitte bis ins 20. Jahrhundert fortgesetzt, die große Anfälligkeit der Wirtschaftsweise im hinteren Tal hat dennoch bis ins 19. Jahrhundert immer wieder zu Hungersnöten geführt.

Auf daß sie überhaupt in dieser Lage ausharrten und damit den Landesfürsten und den zum Teil neuen Grundherren als Zins- und Steuerzahler erhalten blieben, wurden den Bauern schon im 14. Jahrhundert ziemlich freizügige Besitzrechte an ihren Gütern eingeräumt. Zwar mußten sie weiterhin an ihre Grundherren zinsen, unterstanden ihm aber nicht mehr in persönlicher Abhängigkeit und durften ihre Güter vererben, vertauschen und unter Umständen sogar verkaufen. Vor allem aber durften sie ihre Güter im Erbgang teilen. Diese sogenannte Realteilung, das ist die Teilung eines Besitzes auf alle Nachkommen, wurde von den Grundherren und landesfürstlichen Behörden anfangs durchaus gutgeheißen, waren doch mit jedem Erbgang und mit jeder neuen Hofstelle neue Besteuerungsmöglichkeiten verbunden und war damit vorderhand auch noch eine Steigerung der Agrarproduktion möglich.

Wurde etwa der Schwaighof in Plangeroß 1582 noch von einem einzigen Bauern bewirtschaftet, so war er nach Beyer (1964, S. 47) 1629 in zwei, 1634 in drei und 1775 gar in 10 Haushaltungen geteilt. Ähnliches geschah mit den Schwaighöfen im ganzen Tal, die in jener Zeit sich zu den heute bekannten Weilern entwickelten.

Diese jahrhundertealte Güterteilung hatte, wie für ganz Westtirol typisch, eine Aufsplitterung des bäuerlichen Besitzes in immer kleinere Einheiten zur Folge und war eine der Hauptursachen für die bereits im 17. Jahrhundert beklagte, gegen Ende des 18. Jahrhunderts sich aber bedrohlich zuspitzende Übervölkerung dieser Region. Noch die Betriebszählung von 1902 wies nach Wopfner (1954, S. 181) für den Bezirk Imst, zu dem auch das Pitztal gehört, 9 von 10 Bauern aus, deren Besitz an Wiesen und Äckern unter 5 ha maß, und noch bei der Viehzählung von 1928 gab es im ganzen Bezirk nur zwei Bauern mit mehr als 10 Kühen, 1280 Bauern (86%) aber hatten weniger als 6 Kühe im Stall. Die entsprechenden Zahlen für das 19. Jahrhundert dürfen ähnlich gewesen sein.

Bei den Schwaighofsiedlungen überwog anfangs die Form der Flurteilung mit Neubau eines Wohnhauses nahe dem alten Hof. Die Wirtschaftsgebäude wurden nicht getrennt, sondern im Innern geteilt und allenfalls durch Zubauten erweitert. So entstanden die großen Gemeinschaftsställe und -stadeln, wie man sie in fast allen Weilern des hinteren Tales finden konnte. In Plangeroß etwa stand noch bis 1937 ein solcher Gemeinschaftsstall für alle 9 Bauern des Ortes. Er wurde, wie alle anderen alten Ställe auch, im Zuge der Besitzfestigungsaktion der Tiroler Landesregierung abgerissen und durch zwei neue ersetzt.

Nach mehreren oft widersprüchlichen Erlässen der Landesbehörden gegen die zunehmend auch ihre Steuereinnahmen schädigende Güterteilung war im 18. Jahrhundert zwar noch nicht diese selbst, jedoch der Neubau von Wohnhäusern nach dem Erbgang weitgehend verhindert. So wurden nun, wie andernorts in Westtirol schon früher üblich, eben die Häuser geteilt. In die ohnedies sehr kleinen, meist aus Stube, Küche und höchstens zwei Kammern bestehenden Häuser drängten sich im 19. Jahrhundert bis zu 3 Familien, wobei in einzelnen Fällen Stube und Küche einschließlich offenem Herd mit Kreidestrichen geteilt wurden. In den meisten Fällen freilich wurden die bestehenden Häuser ausgebaut und durch zahlreiche ineinander verschachtelte Zubauten ergänzt, sodaß es wie in Plangeroß möglich war, in einem Haus bis zu vier Haushaltungen unterzubringen; war davon eine noch einmal geteilt, lebten fünf Familien unter einem Dach, unter Umständen eine jede mit dem statistischen Durchschnitt von sieben bis acht Kindern.

Solche Mehrfamilienhäuser mit mehreren Hausnummern haben das Siedlungsbild des Tales bis nach dem Zweiten Weltkrieg dominiert. Stattliche Bauernhöfe, wie sie das landläufige Klischee vom Siedlungsbild in Tirol bestimmen, gab es im Pitztal nicht.

Der Höhepunkt dieser Entwicklung war im ersten Drittel des 19. Jahrhunderts erreicht. Die Bevölkerungszahl im vorderen Tal hatte sich nach Wopfner (1954, S. 226) vom Anfang des 17. Jahrhunderts bis 1837 fast verdoppelt, im hinteren Tal vervielfacht. Sie war auf einem Stand, der in Arzl (1640 Einwohner) und Wenns (1409) nach 1945, in St. Leonhard (1148) und Jerzens (790) gar erst nach 1961 wieder erreicht wurde.

Die Ernährung dieser wachsenden Bevölkerung aus eigenen Stücken wurde immer schwieriger. Im vorderen Tal war es wohl möglich, die Ackerflächen noch ein Stück weiter den Hang hinaufzuschieben, und Bär (1939, S. 429) gibt in allen Gemeinden für das Jahr 1857 ein Höchstausmaß dieser Flächen an; durch vermehrte Bewässerung und eine besondere Düngemethode (Schwemmdüngung) konnte dort auch die Gras- und Heuernte und damit die Grundlage der Viehzucht verbessert werden. Im hinteren Tal jedoch war das Maximum längst erreicht. Eine Steigerung der Produktion konnte nicht mehr durch ein bloßes Mehr an Arbeit geschafft werden, denn alle zugänglichen Bergmähder waren geschnitten, alle Weiden genützt, alle Bewässerungsmöglichkeiten ausprobiert. An eine nur durch den Einsatz von Kunstdünger, neuen Pflanzen und besseren Zuchttiere erreichbare Steigerung der Produktivität war schon wegen der Kosten nicht zu denken.

Zum wichtigsten geldbringenden Nebenerwerb der Bauern im ganzen Tal waren im 18. Jahrhundert der Flachsbau und die Leinenweberei geworden. Damit konnte nicht nur der Eigenbedarf an grobem Leinen gedeckt, sondern vor allem auch guter Gewinn am Markt zu Imst erzielt werden. Die Konkurrenz billiger Fabriksware hat den sehr arbeitsintensiven Flachsbau ab der Mitte des 19. Jahrhunderts aber zunehmend unrentabel werden lassen. Nach dem Ersten Weltkrieg wurde im ganzen Pitztal kaum mehr Flachs angebaut.

In Arzl, Wenns und Jerzens hatte sich bereits im 18. Jahrhundert – in Wenns, dem eigentlichen Hauptort des Pitztals, wohl schon früher – ein breit gestreutes bäuerliches Handwerk und Hausgewerbe entwickelt, das seinen im Tal selbst nicht verkäuflichen Überschuß leicht am Markt in Imst oder, wenn es sein mußte, auch auf den Märkten von Landeck, Telfs oder Innsbruck verkaufen konnte. Viele Arzler fanden zudem durch die bis 1810 bestehende Strehl'sche Fabrik in Imst als Spinner und Weber Beschäftigung.

Im hinteren Tal war ein solcher ständiger Nebenerwerb aufgrund der schlechten Verkehrslage und weil der Absatz im hinteren Tal selbst zu klein war, nur für einige wenige möglich. Hier hatte zudem eine übermäßige Nutzung des Waldes durch den erhöhten Bau- und Brennstoffbezug, durch die Nutzung als Ziegen- und Rinderweide und vor allem auch durch die enormen Schlägerungen der landesfürstlichen Saline in Hall bis zum Ende des 18. Jahrhunderts den Waldbestand südlich von Zaunhof auf ein Minimum reduziert. Bär (1939, S. 385) hat gezeigt, daß diese weitgehende Entwaldung nicht nur für die Verwüstung der Felder durch Lawinen und Muren, sondern auch für eine Verschlechterung des Bodenklimas verantwortlich war. Auch darauf sei der seit dem Ende des 18. Jahrhunderts stete Rückgang des Getreideanbaus zurückzuführen.

Wie aussichtslos die wirtschaftliche Lage im hinteren Pitztal vor rund 150 Jahren sein konnte, schildert der Gemeindeausschuß der Gemeinde Pitztal in einer Petition an das K. K. Landgericht Imst vom 26. Oktober 1833:

»Es sei bekannt, daß wegen der Lage ihrer Ortschaften an den Pitzthaler-Gletscher bey ihnen nichts anderes als Gerste, Erdäpfel und Flachs erzeugt werde, daß hierin ihre Hauptnahrung und in dem Verkaufe des Flachs ihre größte Erwerbsquelle bestehe. So schön sich das heurige Fruchtjahr anfänglich gezeigt habe, ebenso fürchterlich hätte es geendet. Die Gerste wäre nur halb reif, und wegen den immerwährenden Regen ganz ausgewachsen, ebenso die Erdäpfel wegen der eingefallenen Kälte ganz erfrohren eingebracht worden, und der Flachs liege noch auf den Feldern, und könne nicht mehr geerndtet werden, weil die ganze Gegend mit einem Schuhe tiefen Schnee überdeckt sey, und dieser für heuer nicht mehr verschwinden werde. Entblöst von allem Vermögen hätten sie wie gewöhnlich ihre Gersten mahlen lassen, und die aus derselben bereiteten Speisen versucht, allein ganz ungenießbar und so gefunden, daß diejenigen, welche aus Hunger demohngeachtet solche Speisen zu sich nahmen, plötzlich erkrankten . . .

Auf gleiche Weise geben auch die Erdäpfel kaum Nahrung, denn wenn sie gesotten werden, lösen sie sich ganz auf, und zerrinnen wie Wasser. Sie hätten vermög diesen nichts geerndtet, was sie für sich zum Leben brauchen könnten, und ebenso wenig, was verkaufbar wäre, und ihnen ein Mittel in die Hand gebe, sich die nothwendigsten Lebensmittel beyzuschaffen. Was ihre Lage noch fürchterlicher mache, sey der Umstand, daß sie auch die zweyte Heuerndte vermissen . . .

Sie befinden sich daher in einem Zustand, dessen Ellend nicht zu beschreiben sey, nicht nur allein, daß sie nicht die mindeste Erndte hatten, müssen sie auch noch ihr wenig Vieh fortgeben, und dadurch ihren fürchterlichen Zustand auf weitere Jahre verlängern, weil sie kein Mittel besitzen, um, wenn das künftige Fruchtjahr es zulassen würde, ihren Viehstand wieder zu vergrößern . . .

Keiner besitzt soviel Vermögen, daß er imstand wäre, sich die zu seinem und zum Unterhalte seiner Familie nöthigen Lebensmittel kaufsweise beizuschaffen, und alle bedürfen der Hülfe, wie dieses nebst den angeführten auch das Zeugnis ihrer Seelsorger beweise, welches sie zum Protokoll legen. Sie erinnern sich noch dankbar der bedeutenden Unterstützung, welche ihnen von Seite der Regierung in den Jahren 1816 und 1817 zur Zeit der Theuerung zugekommen sey, wie dort rufen sie auch gegenwärtig die Hülfe der Regierung an.«

Die Auswege

Einzig die Abwanderung und Saisonarbeit im Ausland boten im 19. Jahrhundert Ausweg aus solch miserabler Lage. Von der Regierung war, zumal im Vormärz, keine wirkliche Hilfe zu erwarten. Was den Pitztaler Bauern aufgrund obiger Petition an staatlicher Unterstützung zugekommen sein wird, wurde ihnen zuvor bereits und hernach schon wieder durch die hohen Getreidezölle und die ebenso hohen Viehausfuhrzölle abgeknöpft. Die industriefeindliche Politik des Tiroler Landtages verhinderte in den ersten zwei Dritteln des 19. Jahrhunderts die Ansiedlung von Fabriken, die die stark übervölkerten Gebiete wenigstens ein bißchen entlastet hätten. Vorhaben zur Förderung der Landwirtschaft kamen damals, zumindest für das westliche Tirol, über reine Absichtserklärungen nicht hinaus.

Bereits 1836 zählte Staffler (1839, S. 370) 6200 Männer und Frauen aus dem Kreis Oberinntal – das waren rund 7% der Gesamtbevölkerung –, die alljährlich mehrere Monate im Ausland arbeiteten, dabei insgesamt rund 185.000 Gulden nach Hause brachten, mit diesen brav ihre Steuern und Zinsen bezahlten und damit dem Land einen nicht zu unterschätzenden Verdienst erwiesen. Zu diesen waren aber noch die jährlich 4500 Kinder zwischen 6 und 16 Jahren zu rechnen, die aus Tirol und Vorarlberg vorwiegend nach Schwaben zogen, um sich dort als Hütekinder zu verdingen; für geringen Lohn und um über den Sommer zumindest als Esser von zu Hause weg zu sein. Das Land bot zu wenig, sie alle zu ernähren.

Auch aus dem Pitztal sind nachweislich seit dem 18. Jahrhundert, vermutlich aber auch schon früher, jährlich zahlreiche Männer, Frauen und Kinder ins Ausland auf Verdienst gezogen. Über die Jahre hinweg hat ihr Zug aus dem vorderen und aus dem hinteren Talabschnitt aber recht unterschiedliche Formen angenommen:

In Jerzens hatten sich, nicht zuletzt aufgrund der relativen Nähe zum Markt in Imst und Wenns, bereits im 18. Jahrhundert zahlreiche Kleinbauern einen Nebenerwerb in Handwerk und Hausgewerbe, vor allem als Zimmerleute, Schuster, Maurer und Weber sichern können. Von Anfang an sind diese, zum Teil wie die Maurer auch zünftlerisch organisiert, nebenher auf Wanderschaft, »auf die Stör«, und auf Saisonarbeit ins Ausland gegangen. Die Maurer und Zimmerer zogen vor allem in die Schweiz, wo der Verdienst am besten und die Möglichkeit sich niederzulassen am größten waren. Das Jerzner Familienbuch von 1869/70 bezeichnete von den 547 Bewohnern des engeren Siedlungsbereiches 65 männliche und 33 weibliche als »Vaganten«, also abwesende. Ob diese über 20% der Gesamtbevölkerung bereits abgewandert sind, war nicht festzustellen (Beyer 1969, S. 61). Unter den im Ort verbleibenden Handwerkern ist es nur wenigen gelungen, sich eine von der Landwirtschaft unabhängige Existenz aufzubauen, darunter aber besonders die einst berühmten Jerzner Messerschmiede, die in drei Betrieben gegen Ende des 19. Jahrhunderts bis zu 14 Lehrlinge und Gesellen beschäftigten.

Der relativ sichere Absatz im Inland und der gute Verdienst im Ausland ermöglichten es einem Großteil dieser Handwerker (9 von insgesamt 88 Haushalten 1856), schon in der ersten Hälfte des 19. Jahrhunderts, ihre landwirtschaftlichen Zwergbetriebe aufzugeben und in Kleinhäusler-Haushalte umzuwandeln. Als dann ab der Mitte des vorigen Jahrhunderts das ländliche Handwerk und Hausgewerbe in eine immer stärkere Absatzkrise geriet, wanderten zahlreiche überschüssige Handwerker und Arbeitskräfte aus dem Hausgewerbe ab. Dies führte kurzfristig zu einem drastischen Bevölkerungsrückgang, der von 1869 (864 Einwohner) bis 1880 (623) annähernd 30% betrug.

Für die verbleibenden Bauern bedeutete die Aufgabe der Zwergbetriebe, daß sie insbesondere nach der Grundentlastung 1848/49 ihren Besitzstand wieder aufstocken und – wiederum bedingt durch ihre relative Gunstlage und Nähe zum Markt – wirtschaftlich absichern konnten. Die Verdienstmöglichkeiten im Handwerk und auf Saisonarbeit hatten zudem auch in Jerzens eine weitere Güterzersplitterung eingedämmt. Der Ausbau der Verkehrswege nach Imst gegen Ende des 19. Jahrhunderts erleichterte den nicht erbenden Kindern die Arbeitssuche, etwa beim Bau der Arlbergbahn 1880–84, und damit auch die Abwanderung. Bis zum Ersten Weltkrieg macht Jerzens jedenfalls äußerlich den Eindruck einer stabilisierten wirtschaftlichen Lage mit einem hohen Anteil an rein bäuerlicher Bevölkerung (1934 noch 77%, der höchste Agraranteil im ganzen Tal). Die Bevölkerungszahl blieb in dieser Zeit nahezu konstant.

Anders verlief die Entwicklung im hinteren Pitztal. Auch von hier zogen während des gesamten 19. Jahrhunderts und schon früher, so berichtet Lässer (1956, S. 58), bis zur Hälfte aller erwerbsfähigen Männer als Saisonarbeiter in die Fremde. Nur waren diese zum überwiegenden Teil keine Handwerker, denn eigenständige Handwerksbetriebe und bäuerliches Hausgewerbe, sieht man von den Leinenwebern ab, konnten sich im hinteren Tal nur im geringen Ausmaß entwickeln, sondern Bauern, die mit ihrem Verdienst in der Fremde die Aufrechterhaltung der Landwirtschaft zu Hause erst ermöglichten.

Dementsprechend hoch war bei den Saisonwanderern aus dem hinteren Tal der Anteil der ungelernten Arbeiter. Namentlich als Holzarbeiter, also als Holzfäller, Brettschneider und Holzflößer, ist die Mehrheit der Männer (jeweils rund 70%) vor allem ins Allgäu und weiter nach Bayern gezogen. Nur jeweils etwa ein Fünftel gingen als Tischler, Zimmerer und Maurer vor allem in die Schweiz. Viele von ihnen hatten ihr Handwerk erst dort gelernt und blieben, wie ihre Kollegen aus dem vorderen Tal, für immer im Ausland.

Die wandernden Frauen aus dem hinteren Tal, an Zahl jeweils höchstens ein Drittel der Männer – Frauen wurden zu Hause zum Betreuen der Landwirtschaft gebraucht –, waren zumeist nicht erbende Töchter. Sie gingen häufig in häuslichen oder landwirtschaftlichen Dienst, einzelne auch als Mörtelträgerinnen oder sogar ins Bergwerk, trugen zur Erhaltung des heimatlichen Hofes auch aufgrund ihres geringen Verdienstes wenig bei und blieben zum Großteil in der Fremde.

Der Höhepunkt der Saisonwanderung aus dem hinteren Tal war in den 80er und 90er Jahren des 19. Jahrhunderts erreicht. Dabei trafen verschiedene Faktoren zusammen: In der Folge der allgemeinen Agrarkrise und der staatlichen Schutzzollpolitik für Getreide waren ab 1882 die Getreide-, Mehl- und Brotpreise neuerlich stark gestiegen, die Viehpreise hingegen stark gesunken. Dies traf die Bauern des hinteren Tales als kleine Viehzüchter besonders hart. Zugleich aber erfuhr die Forstwirtschaft im Allgäu durch die Gründung neuer holzverarbeitender Industriebetriebe einen erheblichen Aufschwung und benötigte zahlreiche billige Arbeitskräfte. Auch eher unplanmäßige Ereignisse, wie die im sogenannten Käferwald, trugen zum plötzlichen Aufschwung der Holzwirtschaft in Bayern bei: Große Kiefernwaldungen südlich von Nürnberg waren in den Jahren 1892–94 vom Kiefernspanner befallen worden. Um diesem Schädling beizukommen, wurden in den folgenden drei Sommern riesige Waldbestände gefällt. Bis zu 800 Holzer, meint Lässer (1956, S. 62), sollen dabei beschäftigt worden sein. Aus dem Pitztal zogen auch mehrere Jahre hindurch bis zu 30 Männer in den Käferwald. Sie hausten dort, wie Holzarbeiter überall sonst auch, in selbstgezimmerten Baracken und verköstigten sich selbst. Des Nachts zündeten sie große Feuer an, in die wie Schneeflocken die Schwärmer flogen.

Für das Jahr 1895 hat Lässer (S. 61) einen Höchststand von 79 Saisonwanderern aus dem hinteren Pitztal ermittelt, von denen allein 53 Männer als Holzarbeiter beschäftigt waren. Die tatsächlichen Zahlen dürften freilich höher gelegen sein, genaue

▷

Die Ortschaft Plangeroß im hinteren Pitztal (1612 m) um 1912. Die steile Talflanke und der spärliche Waldbestand sind der Grund häufiger Muren, die die ohnedies kärglichen Felder bedrohen. Der im Vordergrund sichtbare Gemeinschaftsstall wurde 1937 abgerissen.

Quellen zur Saisonwanderung sind nicht verfügbar. Die relative Entlastung der Bauernwirtschaften des hinteren Tales durch diese Saisonwanderung hatte freilich auch verhängnisvolle Auswirkungen: Die gesamte Haus-, Feld- und Stallarbeit lastete von Ostern bis zum einbrechenden Winter auf den Frauen, jungen Mädchen und Kranken. Auch die Alten gingen, solange sie arbeiten konnten und zumal wenn sie ledig waren, auf Saisonarbeit. Ebenso die Buben – jeder fünfte Bub im schulpflichtigen Alter war als Hütebub außerhalb des Tales beschäftigt und nahm danach meist bruchlos seine Karriere als Wanderarbeiter auf. Dies bewirkte einen gefährlichen Kreislauf: Die Verminderung der Arbeitskräfte hatte auf den betroffenen Höfen eine deutliche Extensivierung der Landwirtschaft zur Folge. Zahlreiche Bergmähder und Almen konnten nicht mehr bearbeitet werden und verwilderten, der Viehstand ging langsam zurück, auch das Ausmaß der Ackerfläche wurde in der zweiten Hälfte des vorigen Jahrhunderts bereits wieder reduziert.

Dies war solange kein Problem, als es ausreichend Arbeit in der Fremde gab, denn der Durchschnittsverdienst pro Saison und Arbeiter lag in dieser Zeit bei 250 Gulden, was etwa dem Erlös aus dem Verkauf zweier mittlerer Kühe entsprach. Nur waren diese kleinen und nun auch noch extensivierten Wirtschaften ohne Saisonarbeit auch nicht mehr zu halten. Ferner war es für die einzelnen Familien von Vorteil, wenn sie viele Kinder und damit mehrere Verdiener im Hause hatten, womit Lässer (S. 78) die während der Blütezeit der Saisonwanderung ab 1860 deutlich ansteigende Geburtenzahl erklärt.

Schließlich ist der häufige Besitzwechsel auf den Anwesen des hinteren Tales – bei nur geringem Rückgang der Bevölkerungszahl von 1148 im Jahr 1837 auf 986 im Jahr 1900 – auch mit dem Verdienst aus der Saisonarbeit in Verbindung zu bringen. Nur dadurch war es den Bauern im Tal selbst möglich, den überschuldeten oder aus anderen Gründen aufgelassenen Besitz eines anderen zu erwerben. Ebenso rasch aber haben sie mitunter ihren Besitz wieder verloren: Von 89 bäuerlichen Wirtschaftseinheiten in Zaunhof und Plangeroß sind in den 200 Jahren vor 1948 nur 12 im ununterbrochenen Besitz einer Familie geblieben. Die Mehrzahl wechselte ihre Besitzer meist nach zwei Generationen, wobei eine deutliche Absetzbewegung zum äußeren Tal hin bemerkbar ist. Die Abhängigkeit rund der Hälfte aller Bauernwirtschaften von der Saisonarbeit, umgekehrt auch die Abhängigkeit der Saisonwanderer als ungelernte Arbeiter in einem konjunkturanfälligen Wirtschaftszweig von der Landwirtschft zu Hause mußte die Situation im hinteren Tal für jede Schwankung besonders anfällig machen.

Schon um die Jahrhundertwende ging der Arbeitskräftebedarf der bayrischen Holzindustrie, bedingt durch Absatzkrisen, Umstellung der Produktionstechniken und das Ende des großen Käferbefalls, merklich zurück. Im Jahr 1909 zählt Lässer aus dem hinteren Tal nur mehr 45 Saisonarbeiter, davon 30 Holzfäller. 1913 gar nur mehr 22 bzw. 15.

Im selben Ausmaß nahm ab der Jahrhundertwende indes die Abwanderung aus dem hinteren Pitztal zu. Sie erreichte in den Jahren zwischen 1918 und 1925 ihren Höhepunkt. Damals verließen rund 250 Menschen das hintere Tal, um zum überwiegenden Teil im häuslichen Dienst (Frauen), als Bauernknechte und Hilfsarbeiter, zum geringeren Teil auch bei der Eisenbahn oder im öffentlichen Dienst ihr Auskommen zu suchen.

Die Ausgangslage der vier Gemeinden des Pitztales nach dem Ersten Weltkrieg und ihre weiteren Entwicklungsmöglichkeiten waren sehr unterschiedlicher Art. Neben den natürlichen Voraussetzungen der Landwirtschaft – eine Veränderung der Produktionsmethoden, etwa durch Mechanisierung und Einsatz von Kunstdünger, war auch im vorderen Tal erst nach dem Zweiten Weltkrieg möglich – war vor allem die Verkehrslage ausschlaggebend. In allen Gemeinden des vorderen Tales hatte sich die wirtschaftliche Situation auf je eigene Weise stabilisiert: In Arzl durch die besondere Nähe zum Hauptort Imst – am Bevölkerungswachstum bis 1934 waren vor allem die Arbeiter bei der Eisenbahn und in den neuen Industriebetrieben in Imst beteiligt, deren Anteil an den Berufstätigen 1934 bereits über 30% ausmachte –, in Wenns durch seine Rolle als Zentralort des Tales, die nun kurzfristig auch dadurch aufgewertet wurde, daß nur bis hierher die Straße führte. Eine relativ hohe Zahl von Handwerkern und Gewerbetreibenden (vor allem Schmiede, Wagner, Frächter) profitierten davon ebenso wie die Gastwirte.

Jerzens und die auf der östlichen Talseite gelegenen, zu Arzl gehörenden Ortschaften Wald und Leins hatten zwar im ganzen Tal die besten Voraussetzungen für die Landwirtschaft – Jerzens galt als höchster Maisanbauort Tirols –, waren jedoch verkehrsmäßig bis in die 30er Jahre stark benachteiligt. Ein hoher Agraranteil (in Jerzens bis 1934 noch 77%), bäuerliches Nebengewerbe in geringem Umfang und nur eine geringe Zahl auswärts Arbeitender prägte hier das Bild bis zum Zweiten Weltkrieg.

Anders die Lage in der Gemeinde Pitztal. Die Situation der Landwirtschaft hatte sich wenig geändert. Der zweithöchste Agraranteil im ganzen Tal (68% gegenüber 61% in Arzl und 65% in Wenns) war nicht Ausdruck der guten Ertragslage, sondern des Mangels an Alternativen. Die Zeit der Saisonarbeit war vorbei. Nach dem Ersten Weltkrieg fiel Deutschland als Zielland nahezu gänzlich aus, und auch die Schweiz verschärfte ihre Bestimmungen für die Beschäftigung von Ausländern laufend, bis diese 1932 völlig unterbunden wurde. Ersatz im Inland war in den 20er Jahren nur für einige wenige als Holzarbeiter in der Steiermark und in Kärnten oder als Bauarbeiter bei den großen Kraftwerksbauten am Spullersee (1919–25) und beim Vermuntwerk (1925–31) zu finden.

Dementsprechend hörte auch die gänzliche Abwanderung aus dem hinteren Tal Ende der 20er Jahre zwangsweise auf. Handwerk und Gewerbe nahmen ab 1918 leicht zu, ohne aber größere Ausmaße anzunehmen. Nicht nur Markt und Absatz fehlten oder waren zu weit entfernt, sondern auch die Berufsausbildung der Menschen im Tal. Mit wenigen Ausnahmen, etwa einer Tischlerei in Schußlehn, einem der vordersten Weiler, oder der Pfuhrmühl in Zaunhof, wo in den zwanziger Jahren ein Sägewerk entstand, oder einem Steinmetzbetrieb in Zaunhof, der bis 1940 bis zu 15 Männer während der Sommermonate beschäftigte, sowie einem Bäcker und einem Frächter in St. Leonhard, blieb diese Lage bis zum Zweiten Weltkrieg bestimmend. Zwar gab es etliche Handwerker – Tischler, Zimmerer, Maurer, Schuster, die ihren Beruf noch im Ausland gelernt hatten –, jedoch kaum einen, der davon im Tal leben konnte.

Zum wichtigsten Nebenerwerbszweig war seit der Jahrhundertwende der Fremdenverkehr geworden. Von ihm profitierten in erster Linie die Gastwirte – bis 1934 gab es im hinteren Tal bereits deren acht –, beim Bau der Hütten und wenigen neuen Häuser aber auch die Maurer und Handwerker, bei der Versorgung die Frächter und Bäcker, nicht zu vergessen die bis zu 40 Bergführer und Träger, die in den 20er Jahren über die Sommermonate fallweise Beschäftigung fanden. 1911 waren es noch rund 60 gewesen. Für sie war diese Beschäftigung in jeder Hinsicht an die Stelle der Saisonarbeit getreten: Sie waren ohne Alternative darauf angewiesen. Eine extreme Verschärfung der Situation für das ganze Tal bedeutete somit die 1933 von Deutschland verhängte Tausendmarksperre: nicht nur blieben schlagartig die Fremden aus, sondern auch die bayrischen Viehkäufer bei den Märkten in Imst, was den rapiden Verfall der Viehpreise mit verursachte.

Eine gewisse Erleichterung brachten die Wirtschaftsförderungsmaßnahmen der Landesregierung. Langfristig am folgenreichsten waren dabei die 1933 ausgearbeiteten Waldwirtschaftspläne und die Übernahme der Beaufsichtigung der gesamten Waldnutzung durch die Bezirksforstbehörde in Imst. In der Folge entstanden daraus auch einige wenige Arbeitsplätze für Waldaufseher und Holzarbeiter im Nebenerwerb.

Eine staatliche Besitzfestigungsaktion stellte ab 1935 den Bauern im ganzen Tal Geld und Material zur Erneuerung ihrer Wohn- und Wirtschaftsgebäude sowie zum Ausbau von Forst- und Gemeindewegen zur Verfügung. Dieses Programm blieb jedoch ab Mitte 1937 wie auch die Viehaustauschaktion von 1936 aus Geldmangel stecken.

Der Bau der Straße hätte vielen Pitztalern Arbeit geben können. Doch durften dabei nur solche arbeiten, die bereits als Arbeitslose erfaßt waren und Unterstützung bezogen. Nicht dazu gehörten die nun ebenfalls arbeitslosen, aber nicht erfaßten Bergführer, Träger und Taglöhner. Die offizielle Arbeitslosenrate für das gesamte Pitztal hat in den dreißiger Jahren 5% nie überschritten. Von den bis zu 60 Straßenarbeitern des Jahres 1937 waren weniger als die Hälfte aus der Gemeinde Pitztal, desgleichen bei den bis zu 40 Männern, die in den 30er Jahren bei der Wildbachverbauung arbeiteten.

Eine wirkliche Änderung dieser Situation auch im hinteren Tal kam nach einer kurzen Aufschwungphase in den ersten Jahren des Dritten Reiches erst in den späten fünfziger Jahren zustande. Mit dem Ausbau der Straße, dem Anschluß des Gebietes von Plangeroß als letztes an das allgemeine Stromnetz (1958), dem Bau neuer Wasserleitungen und ähnlichen Gemeinschaftsinvestitionen wurden die Voraussetzungen geschaffen, den seit 1933 zur Bedeutungslosigkeit herabgesunkenen Fremdenverkehr wieder langsam in Schwung zu bringen. War der Tourismus im ersten Drittel des 20. Jahrhunderts noch zum überwiegenden Teil reiner Alpintourismus und individueller Reiseverkehr gewesen, wovon im Tal selbst nur die Gasthäuser als Durchzugsstützpunkte und die Bergführer und Träger als fallweise Hilfskräfte profitierten, kamen nun zum überwiegenden Teil Erholungsurlauber, die als Dauergäste auch im Tal unten blieben. Ende der fünfziger Jahre nahmen zuerst belgische, dann vermehrt deutsche Reisebüros auch das hintere Pitztal in ihr Programm auf. Sehr schnell wurden nun zahlreiche Häuser zu Fremdenheimen, Pensionen und Gasthäusern ausgebaut. Dieser Ausbau, dem auch bald einige Liftanlagen folgten, geschah weitgehend in Eigenregie, wenn auch vorerst meist mit Schulden. – Eine neue Stufe der Entwicklung in Abhängigkeit wurde erst in jüngster Zeit durch die umfangreiche Investition auswärtigen Kapitals am Gletscher erreicht.

Während dieselbe Entwicklung im vorderen Tal, insbesondere in Jerzens, auf den Umfang der Landwirtschaft keinen unmittelbaren Einfluß hatte, wurde im hinteren Tal nun das Gastgewerbe zur Haupteinnahmequelle und die Landwirtschaft auf ein Niveau reduziert, das sie nahezu 600 Jahre vorher schon einmal erreicht hatte. Zahlreiche vorgeschobene Almen wurden aufgelassen, die Bergheugewinnung seit Mitte der fünfziger Jahre gänzlich eingestellt, die Höhengrenze des Getreideanbaus sank wieder auf unter 1300 m herab. Ihre jahrhundertealte Not haben die Menschen im hinteren Tal dadurch überwinden können – ihrer ebenso alten Abhängigkeit wurden sie jedoch nicht ledig.

▷

Blick vom Abhang oberhalb des Gasthauses Schön nach Süden ins hintere Tal. (Um 1930)

Der Weg durchs Tal

Vom Zusammenschluß ihrer beiden Ursprungsbäche in Mittelberg bis zur Mündung in den Inn erreicht die Pitze eine Länge von 34 km und überwindet dabei von 1740 m auf 740 m einen Höhenunterschied von 1000 m. Der Weg durch das Pitztal über Wenns und Arzl nach Imst ist von Mittelberg aus 40 km lang, bis zum Talschluß aber erst seit 1956 als Straße ausgebaut.

Der vordere Talabschnitt wurde in früherer Zeit durch zwei Wege erschlossen: Bis Anfang des 14. Jahrhunderts ging der bedeutendere Weg beim vergleichsweise leicht passierbaren Inn-Übergang von Roppen nach Obbruck weiter nach Waldele und über die Terrassen von Wald und Ried zur Pitze, von dort steil hinauf nach Brennwald und Wenns, oder weiter nach Leins und Jerzens zum Eingang ins hintere Tal. Wer von dort zu Fuß nach Roppen oder Silz unterwegs war, hat diesen Weg bis ins 20. Jahrhundert hinein benützt.

Der andere ab dem 14. Jahrhundert zunehmend wichtigere Weg überquerte beim heutigen Bahnhof Imst über die Lange Brücke den Inn und führte durch den Arzler Wald steil bergauf, um nach einer guten Gehstunde Arzl zu erreichen. »Hier erhöht sich das Terrain zum mäßigen Mittelgebirge, angenehm wechselnd mit hügeligen Höhen und sanften Tiefen, warm und fruchtbar in Getreide und Gras«, schwärmte Johann Jakob Staffler (1847, S. 274) von dem sich nun öffnenden Plateau. Taleinwärts erreichte man dann nach weiteren 2 Stunden zu Fuß »das heitere Dorf Wenns« unterhalb des »schönen Sonnenberg, eine reizende Fruchtgegend am Abhange des Venetgebirges, mit vielen Häusergruppen gar zierlich bestreut«.

Höhenunterschiede hat man früher leichter überwunden als große Entfernungen oder Schluchten und sumpfige Auen. Darum war auch bis ins 18. Jahrhundert hinein der Weg von Roppen oder Imst über Wenns und den Piller nach Kauns und Prutz die wichtigste Verbindung ins obere Inntal. Dieser gut ausgebaute Weg, von Staffler als »einer der bequemsten Jochübergänge des Landes« gerühmt, war für die Wenner auch Quell zahlreicher Verdienstmöglichkeiten im Gastgewerbe, Säum- und Fuhrdienst und bei der Wegerhaltung.

Wer von Wenns ins hintere Pitztal weiterziehen wollte, mußte wieder hinunter zu den Pitzenhöfen, dort über eine Brücke und weiter über Jerzens – durch eine »noch freundliche, mittelgebirgsartige, und dem Kornbau günstige Gegend« – zum Niederhof am eigentlichen Taleingang, nach Stafflers freilich sehr reichlich bemessenen Angaben 5¼ Stunden von Imst entfernt. Erst ab 1544 und dann auch nur vor dem 24. April und nach dem 16. Oktober durfte man auf der Wenner Talseite bleibend einen kürzeren Weg durch die Felder benützen. Für die nächsten knapp acht Stunden Gehzeit, die man laut Staffler brauchte – Einheimische waren meist schneller unterwegs –, um das Gemeindegebiet von St. Leonhard »bis an die südlichen Eisberge« von Mittelberg zu durchwandern, war es mit der lieblichen Landschaft freilich vorbei: »Alle Wohnungen sind in der Thalsohle, rechts und links an den Pitzenbach hingebaut. Das Gebirge ist steil und abschüssig; das Thal ohne Verzweigung in Nebenthäler meistens schmal und enge, den Erdbrüchen und Schneelavinen bloß gestellt; der Boden in der inneren Hälfte mager; das Klima in Folge der Eislüfte rauh, und dem Fruchtbaue feindlich entgegen. Während die Gemeinden Arzl, Wenns und auch Jerzens nebst guter Getreide-Ernte mit vielem Vortheile den Flachs ziehen, sind die Bewohner des inneren Thales fast allein auf die Alpenwirthschaft verwiesen. Aushilfsweise treiben Mehrere den wenig erträglichen Wildprethhandel. Sie sind arme Leute«, stellte Staffler (1847, S. 280) lakonisch fest.

Der alte Weg ins hintere Tal war der Ochsenweg, über den die Arzler alljährlich ihr Vieh auf die Taschachalm getrieben haben. Mitunter knapp zwischen Felswänden und Bach, mitunter in steilen Stichen Geländestufen überwindend oder Felsstürzen ausweichend, vielfach von Murbrüchen bedroht und häufig weggerissen, schlängelte er sich abwechselnd rechts und links der Pitze durchs Tal. Im Bereich der Siedlungen wurde er von Steinwällen begrenzt, dazwischen etwa 40 Gatter, die das im Wald und auf den Heimweiden grasende Vieh der Pitztaler Bauern von ihren Feldern abhalten sollten. Wegen dieser Gatter und wegen der Erhaltung des Weges gab es immer wieder Streit zwischen den Arzlern und den Pitztalern. Ebenso wegen der von den Arzlern immer entrüstet zurückgewiesenen Vorwürfe, ihr Vieh würde ausgrasen und sich an den ohnedies so kargen Weiden der Pitztaler Bauern gütlich tun. Um solche

Straßenbau durch russische Kriegsgefangene nördlich von Arzl. Zur Überwindung von eiszeitlichen Senken wurde ein Damm aufgeschüttet. (1917)

Im Oberdorf von Wenns (1927). Durch diese Gasse führte der vielbegangene Handelsweg über den »Pieler« (Piller Sattel) ins Obere Inntal.

Wenns von Norden mit dem 1921 eingestürzten »Turm zu Wenns« (Schloß Hirschberg) und dem alten Weg durchs Unterdorf. Rechts hinten der »Pieler«. (Um 1910)

Streitereien zu vermeiden, aber auch, damit die Treiber am selben Tag wieder zurück nach Arzl gehen konnten, wurde häufig schon während der Nacht getrieben.

Zu Peter und Paul (29. Juni) war »Albfahrt«. Abends gegen neun Uhr oder frühmorgens ging einer mit einer großen Schelle durch Arzl und die umliegenden Weiler, um den Zug auszuläuten. Jeder Bauer mußte sein Vieh selbst zur Alm bringen, nur die Schafe wurden gemeinsam aufgetrieben. Maria Winter aus Arzl ist auch mehrmals mitgegangen: »Jå wia so Kinderlähmung gwese ischt, det håm mar ållerhånd miterlebt, gall, håm mår miaße bei der Nåcht fåhre und die dumme Kälber, dia sein ållm in Båch gflogn. Iatz, tua die Kälber wieder außer! A Stier, der isch amål 's längste Trum in Båch durchaus, nå ischt er kemen gånz derschläge, åber er isch wieder z' Weg kemen auf der Ålbe innen. Jå, då håt man miaßn bei der Nåcht fåhre wegen der Kinderlähmung, i woaß eigentlich nit warum.«

Nach etwa 12 Stunden war die Alm erreicht. Am selben Tag ist man wieder zurückgegangen, wer es sich leisten konnte, fuhr mit dem Postauto.

Zwischen 1867 und 1893 wurde der Weg von Imst mit Landesmitteln soweit ausgebaut, daß zumindest bis Wenns täglich einmal ein Stellwagen fahren konnte. Der Fahrpreis für eine Person betrug freilich noch um 1900 eine Krone. Soviel hat ein Arbeiter, etwa beim Oberbau der Bahn, gerade als Taglohn erhalten. Die Mehrzahl der Einheimischen ging weiter zu Fuß. Der Weg ins hintere Tal war auch jetzt nur unter großer Mühe mit Fuhrwerken befahrbar, wovon zahlreiche Kreuze und Marterln Zeugnis gaben. Sie sind von Fuhrleuten aufgestellt worden, die sich oder ihre Fuhrwerke und Waren nach manchem Sturz wieder unbeschadet aus der Pitze retten konnten. So ist es auch dem Vater von Josef Pfeifhofer aus Trenkwald ergangen, der anfangs der 30er Jahre beim Gasthof Wiese als Knecht gearbeitet und für den dortigen Wirt die Frächterei betrieben hat.

»Då ischt er mit die zwoa Roß gfåhre und durch irgend an Schreck oder wås, die Roß sein jedenfålls derschrockn. Er håt ållm gseit, er hei des går nit mitkriagt, ischt auf amål ålls z'samen inwärts in der Pitze gståndn. Inner Köfels bei den großen Boum, die volle Fuhr. Weinfåsseln oder wås er då drauf ghet håt, håt er ållm gseit. Des muaß in August gwest sein, weil a so a Hoachwåsser auße ischt. Åber nix gfåhlt håt der Fuhr, går nix! – Des håt er hålt ållm derzählt.«

Die Kaufleute von Wenns indes profitierten von den schlechten Wegverhältnissen, konnten sie doch ihre Waren um einen gut bemessenen Botenlohn von Imst herauf teurer verkaufen. Die Leute aus den vorderen Weilern von St. Leonhard gingen daher lieber selbst zum Einkaufen nach Imst.

Nachdem bereits 1906 ein von den Wenner Kaufleuten heftig bekämpfter Antrag in Innsbruck eingebracht worden war, konnte erst 1917 mit dem Bau einer neuen Fahrstraße von Imst herauf begonnen werden. 1923 wurde der Bau wieder eingestellt. Die neue Straße führte nun über Wenns auf der linken Talseite bleibend hinunter zur Pitze, die sie bei Niederhof überquerte, und endete beim Gasthof Schön. Gleichzeitig wurde von dort aus eine Abzweigung hinauf nach Jerzens gebaut. Die Jerzner Terrasse liegt seitdem abseits des Hauptverkehrsweges in einer Art Sackgasse. Der alte Weg über Wald herauf verfiel zunehmend. Für die Benützung der neuen Straße war bis 1938 in Arzl eine Maut zu entrichten. Einen Großteil dieser Trasse haben übrigens russische Kriegsgefangene gebaut, die oberhalb von Wenns in einem Barackenlager untergebracht waren. »Dia håbe hålt miaße de Stråß baue, gell, des håbe ålls die Russe tån«, erinnert sich Therese Grassl, die damals in Blons als Magd bei einem Bauern war. »Dia sein z' Wenns gwest, då håt man zwoa lange Baracke ghet. Då sein mir ou ålli (immer) zuakehrt und håbe ihnen eppas bråcht, Äpfl gstohle oder Brot und dene Russe zuatråge. Mei håbe dia an Hunger glitte! Nå håbe se ins ålli selle Ringlen gschmiedet, ›Russeringle‹ håt man dia ghoaße. Jå sinscht, die Weiberleit håbe viel ghet mit dene Russe, die junge Weiberleit. Mei, d' Russe sein ou wieder froah gwesn, wenn se eppas kriagt håbe, gell, und die Weiberleit håbe si gere schiantian glåt.... So genau woaß i 's wieder nit, bin jå no a Fråtz gwesn.«

1928 wurde die Straße ins hintere Tal weitergebaut, 1933 erreichte sie St. Leonhard, 1937 wurde der Bau knapp hinter Köfels wieder eingestellt. »Nåcher wår Schluß, nåcher wår Kriag« (Josef Pfeifhofer). Das Postauto fuhr nun bis Trenkwald. In den 30er Jahren wurde auch begonnen, in freiwilligem Arbeitsdienst

Der Weiler Trenkwald (Gemeinde St. Leonhard). Bis hierher fuhr ab 1937 das Postauto. (Um 1940)

▷

Schon vor dem Ersten Weltkrieg hat es vereinzelt Fahrräder im hinteren Tal gegeben. Sie waren aber auf dem schlechten Weg kaum verwendbar und außerdem für die meisten Leute auch unerschwinglich. Nach 1918 konnten sich vor allem Saisonarbeiter diesen Luxus leisten. (Um 1920)

und im Zuge der Besitzfestigungsaktion ab 1935, die vielen höher und abseits gelegenen Höfe des Tales durch Wege zu erschließen. Diese Arbeiten waren aber bereits 1938 aus Geldmangel steckengeblieben und wurden erst in den 50er Jahren fertiggestellt.
Mit dem Bau der Straße mußten auch die alten Viehgatter verschwinden. Schon in den 20er Jahren hatte der Alpenverein zur Erleichterung des Reiseverkehrs versucht, die Bauern zur Einzäunung ihrer Heimweiden zu überreden, und sich daran auch finanziell beteiligt.
»Zerscht håt 's Volk jå nit kennt verstian, wenn die Stråßn durchgeaht, daß man då koan Gatter mehr kånn inchntian«, erinnert sich Franz Pechtl aus Mandarfen. »Då ischt a mords Sturm glofn worn dagegn. Jå wenn du an Kilometer oft Viechwoad håsch und plötzlich geaht die Stråß durch und ischt koa Zaun und nuicht! Teils håt 's nåcher die Stråß (die Straßenbauverwaltung) übernommen, teils håbn hålt die Leit gmiaßt salt an Zaun måchn.«

Durch den Ausbau der letzten acht Kilometer von Trenkwald bis Mittelberg ab 1956 wurde das gesamte Pitztal dem modernen Verkehr erreichbar. Nicht nur Touristen, auch der Bäcker aus St. Leonhard, zu dem man vorher von Plangeroß aus noch gute 2 Stunden zu Fuß unterwegs war, und nicht zuletzt auch der Arzt konnten nun mühelos bis Mittelberg fahren. Freilich nur, solange die Straße offen war. Im Winter, wenn bis zu 80 Lawinen das Tal bedrohten, bei Hochwasserkatastrophen wie 1965/66 und bei Murabgängen war das hintere Tal bis in jüngste Zeit immer wieder von der Außenwelt abgeschnitten.

Als Korbflechter durchs Pitztal

In Imst hat unlängst Karl Götsch seine Werkstatt zugesperrt und ist in Pension gegangen. Er war einer der letzten selbständigen Korbflechtermeister des Landes und hat von seinem siebten Lebensjahr an bis in die späten 50er Jahre das Tiroler Oberland, alljährlich auch das Pitztal durchwandert, um den Bauern seine Weidenkörbe zu verkaufen und die alten Körbe zu reparieren. Das Handwerk hat er von seinem Va-

Der alte Weg von Wiese nach Zaunhof durch die Kitzgartenschlucht wurde von der Pitze häufig unterspült und weggerissen. (Um 1920)

ter gelernt. Mit ihm hat er im Frühjahr in den Innauen um Imst Weiden geschnitten, die dann geschält und über den Sommer getrocknet wurden. Im Winter wurden dann daraus Körbe geflochten, für die früher in der Bergbauernwirtschaft reichlich Verwendung war: Henkelkörbe »für d' Marend«, Wäschekörbe, Strickkörbelen, Reitern, Wannen – »nur âlte Typen, 's nuie isch erscht iatz aukemmen«. Und natürlich jede Menge Rückenkörbe in allen Größen, das universelle Transportbehältnis der Menschen im Tal und am Berg. In ihnen wurde der Mist auf die Felder getragen und Erde auf die Äcker, die Kinder sammelten darein Beeren und trugen sie nach Imst, Kleinkinder wurden darin mit aufs Feld getragen und Mehl, Zukker und Salz, mitunter auch Ferkel vom Markt nach Hause. Auf den Weg zur Alm bargen sie die Habseligkeiten für den Sommer, auf dem Weg zurück Käse und Schmalz. Franz Rimml aus Trenkwald schleppte darin das Gepäck seines Jagdherrn, und dem Alois Melmer aus Piösmes diente ein solcher »Ruckkorb« einmal dazu, ganz schnell eine gewilderte Gams hineinzustecken, sie mit Hobelspänen gut zuzudecken und klopfenden Herzens bei dem vor der Tür wartenden Jäger vorbei zum Nachbarn zu tragen, in dessen Rauchkammer sie wieder in Sicherheit war. – Nicht alle diese Körbe, aber sehr viele von ihnen hat Karl Götsch gemacht.

Sieben Jahre war er alt, als sein Vater ihn 1926 das erste Mal auf die Reise mitnahm. »Dâ hât man hâlt grob gnâgelte Schuach ânghet und dâ isch man nâ gângn mit an Hândwagele.« Um vier Uhr früh war Abmarsch in Imst, gleich das erste Wegstück nach Arzl war eine Tortur. »Jâ, den Arzler Wâld auchn isch a raucher Weg gwest, a steiler Weg. Dâ hâsch kennt ziachn mit den Hândwagele als wia a Roß. Des isch gânz a steiler Weg gwest. Nâ isch die âlte Strâß no einchn gângen unter Timmls durch in Stoanhof, vo Stoanhof nach Wenns.«
Im Pitztaler Hof zu Wenns wurde das erste Mal übernachtet. Dafür hat man etwa einen Schilling pro Person bezahlt. Das Essen sei gut und reichlich gewesen in den alten Gasthäusern. »Wirklich guat! In jedn, wo mir gschlâfn hâbn, hâm mir a guats Essn ghet. Z' Nâcht hât 's Schelfenerdäpfl (Pellkartoffeln) gebn, Butter und Kas und Milch. Hât man gnuag ghet, nit. Und heint werfn se dir 's nâch, die Jungen!«

Am nächsten Tag ging's weiter ins hintere Tal. Es war ein »holpeter und stuaniger Weg«, bös zum Gehen und manchmal auch unpassierbar. Bei Ritzenried sei einmal der ganze Weg weggerissen worden, da mußten sie mühsam ihren Handwagen und bald alle Körbe einzeln hinüberschleppen. In St. Leonhard wurde beim Lieselewirt (Gasthaus Sonne) Rast gemacht, am Abend dann beim Edelweiß in Trenkwald oder im Gasthaus Traube in Plangeroß übernachtet. Am nächsten Tag ging's meistens wieder zurück bis zum Gasthof Schön, wo ein drittes Mal übernachtet wurde. Tags drauf dann mit leerem Wagen zurück nach Imst.
Andere und beschwerlichere Routen führten über Wald, Leins und Jerzens ins hintere Pitztal oder oberhalb der alten Straße über Timmls, Hochasten und Tränk nach Wenns und von dort auf den Piller. »Am Piller dobn, bein Emil im Gâsthaus, isch man so gern zuakehrt, weil der Emil a so a feiner Mensch gwest isch. Ob ârm, ob reich, der hât nicht gekennt, dem sein die ârmen Leit liaber gwest wia die reichn.« Vom Piller (1558 m) ging man zuerst hinunter nach Fließ (1066 m) im oberen Inntal, dann wieder zurück auf den Sattel – »det isch a Schoderweg gwest a gânz a wiatiger, det hâsch zochn, daß di mit 'n Soal schier aughengt hasch!« – und von dort weiter ins Kaunertal.
Bis zu dreißig Körbe wurden auf eine Tour mitgenommen und, wenn alles gut ging, auch verkauft. Die meisten Bauern hatten in den 30er Jahren ja wenig Geld, und das eine Stück Vieh, weiß auch Götsch zu erzählen, das sie im Herbst auf dem Markt verkaufen konnten, brauchten sie zum Abzahlen der Schulden und Steuern. Ein Henkelkorb hat aber doch einen Schilling, ein Ruckkorb zwei Schilling gekostet. Viele haben sich ihre Ruckkörbe darum auch selbst geflochten, das habe einer auch fertig bringen können, wenn er nicht »vom Fach« war, muß Karl Götsch eingestehen. Die Reparaturarbeiten aber mußte er durchführen. Mit diesen Reparaturarbeiten und wenn man gut verkauft hat, konnte man in den 30er Jahren pro Tour bis zu 250 Schilling »Lösung« machen. Besonders viel sei das ja nicht gewesen »und mit dem Geld hât man miaßn lebn, Vâter und fünf Kinder. Âber det isch der Schilling mehra wert gwesn wia heint hundert. Um fünf Schilling hâsch an gânzn Rucksâck voll Lebensmittl einkoft.«

Zwei Höfe standen im Weiler Arzlair (1153 m) nördlich von Timmls (Gemeinde Arzl), weitab vom oberen Talweg und in bezug auf die Lebensbedingungen durchaus mit dem hinteren Tal vergleichbar. Im Bild die Familie Schmied (Honseler) um 1927.

Das Gasthaus Schön, südlich der Ortschaft Jerzens am Eingang zum hinteren Tal gelegen, hatte vor allem für den Verkehr im Tal selbst, als Treffpunkt, bei der Aufteilung des Almviehs usw. Bedeutung. (Um 1920)

Der Weiler Ritzenried mit der alten Mühle, in deren Anbauten auch ein Sägewerk (bis 1887), eine Vorrichtung zum Flachsbleuen und eine Drehbank zum Drechseln von Spulen (bis 1930) untergebracht waren. (Um 1940)

Das Leben auf Wanderschaft sei wohl hart gewesen, aber es habe auch Vorteile gehabt. Vor allem sei er im Pitztal immer gut aufgenommen worden. »Guat! Immer! In jedn Haus, wo man einchnkemen isch, håt 's ghoaße: ›Håsch schon gessn? Sinscht kånnscht mit ins essn.‹ Nåcher håt man ›Vergelts Gott!‹ gseit und isch wieder weiter. Des Wort ›Vergelts Gott!‹, des hert man heint nimmer, heint hoaßt 's ›Danke schön!‹. . . . Åber oans muaß i no sagn: I dånk den gånzn Pitztålern, dia mir von siebtn Lebensjåhr bis zum 65. Lebensjåhr die Wår okåft håbn, seien no amål herzlich bedånkt. Mehr kånn i nimmer sågn.«

Von Mandarfen zum Markt nach Imst

Bis zum Ende des Ersten Weltkrieges sind die Menschen aus dem ganzen Tal durchwegs zu Fuß nach Wenns oder Imst gegangen, und was sie dort kaufen oder tauschen konnten, haben sie auf dem Rücken wieder nach Hause getragen. In vielen Familien lastete häufig die gesamte Arbeit der Landwirtschaft und des Haushalts auf den Frauen allein – die Männer waren auf Saisonarbeit oder im Krieg. So mußten auch die Frauen häufig den langen Weg durchs Tal auf sich nehmen, um ihre Familien mit dem Nötigsten zu versorgen. Franz Pechtl aus Mandarfen war 6 Jahre alt, als der Erste Weltkrieg zu Ende ging, und kann sich noch gut erinnern, wie seine Mutter nach Wenns gehen mußte, um die ohnedies kargen Verpflegsrationen und Mehlzuteilungen abzuholen: »In erschtn Waltkriag håt d' Muater gmiaßt ållm auf Wenns, då håbn die Leit die Fåssung bekemen. Då isch d' Muater – der Våter isch ou no bein Kriag gwest, bei die Ståndschützn – z' morgez um a zwoa durch, muasch denkn vo Mandarfen auf Wenns, und wås sie bekemen håt, Meahl und Zucker und a bissl eppas, des håt sie nå am Ruckn hergetrågn. Håt sie zerscht kennt die 25 Kilometer außn marschiern und nå 25 Kilometer wieder zruck, åm gleichn Tåg!«

Nach 1918 gab es dann aber sowohl in Wenns als auch im hinteren Tal bereits mehrere Frächter, die mit ihren Pferdefuhrwerken einen mehr oder minder regelmäßigen Verkehr von Imst bis Mittelberg aufrechterhalten, die Post beförderten und vor allem die Gasthäuser und Berghütten versorgt haben. Doch nicht alle konnten sich den Frachtpreis leisten und mancher wird, wie Franz Pechtl selbst, auch das Fuhrwerk versäumt haben.

»Und die Schweinln, sall bin i ou no dabei gwest, in Imst hålt in Korb inchn und geträgn bis dåher auf 'n Ruckn, die jungen Schweir. – Mit 'm Frächter, des ischt oft nit guat gwest. Då isch der Moaschter no alloan gfåhrn då von Stillebach, und wenn er voll ghet håt, . . . Er ischt so uma neine in Imst weggfåhrn, wenn du bis det nit die Schweir am Fuhrwerk ghet håsch, nåcher håsch nuicht mehr kriagt, håsch kennen trågn.«

Drei Tage war man unterwegs, erinnert sich Franz Pechtl, um von Mandarfen aus das Vieh nach Imst auf den Markt zu treiben und danach wieder heimzukommen.

»Då ischt man am erschtn Tåg auf Wenns, det ischt man übernåchtet. Am zwoatn Tåg onchn auf Brennbichl, det ischt ållm Vormårkt gwest. Det håt man schon teils verkoft, håt man meistns mehr bekemen åls wia auf 'm Hauptmårkt, weil då lei wianiger Viech gwest ischt. Nåcher auf Imst onchn und håt det hålt gschaugt, daß man an Ståll bekemen håt. Nåcher åm dritten Tåg ischt man nåcher auf 'n Mårkt gfohrn, nit, und wenn man um zwölfe nit verkoft ghet håt, håt man gekennt mit 'n Viech wieder hoamfåhre. Det ischt man nåcher durchgfåhrn am sall Tåg bis wieder dåher, ischt man um a elfe, zwölfe z' nåcht hoamkemen.«

Bei der Familie Schatz in Imst haben viele Pitztaler Marktfahrer vor dem Markttag ihr Vieh über Nacht eingestellt und haben selbst im Heu geschlafen. Ganz wohl sei ihnen ja nicht dabei gewesen, dafür auch noch Geld zu verlangen, erzählt Agnes Schatz heute. Aber in diesem Fall traf die Armut aus dem Tal auf die Armut in der Stadt und schließlich sei ihnen ihr eigener Mangel drückender gewesen als ihr schlechtes Gewissen:

»Jå, reich seimer ou nit gwest, mir sein ou bei die Årme und bei die Dürftige gwest. Und då håt man ållweil gwårtet, wenn die Mårktleit kemmen sein und die Küh über Nåcht eingstellt håben. . . . Iatz, då sein insere Buabe, die sein ållweil a bissl spekuliere gånge beim Mårkt und håbe nåcher gschaugt, daß sie wen kriage. Håbe sie a påår Grosche kriagt und verlångt,

Die Ortschaft Zaunhof (Gemeinde St. Leonhard) im Jahr 1900. Die Prozession durch den Triumphbogen wurde anläßlich der Primiz von Alois Deutschmann (1875–1931) aus Zaunhof abgehalten.

und die håbe hålt froh sein miaße, daß sie 's Viech håbe einstelle kenne.... Nå håt man hålt decht etwas verlångt, weil man damit grechent håt, åber es håt oan load tån, wenn man denen no a Geld abnehme muaß. ... Då håbe sie hålt bettelt, daß sie håbe übernachte kennen, håbe sie im Heistock gschlåfe, sein froah gwesn. Man håt jå früher, mein Gott, sein überall viel Kinder gwest, håt man im Haus nit viel Plåtz ghet. Åber då håbe sie im Heistock gschlåfe. In der Friah håt man ihnen nåcher a Suppe oder an Kaffee, wås man ghet håt, schon geben. Nåcher sein sie am Mårkt, nåcher håt man sie nimmer gsechn bis zum nächsten Mårkt, je nåchdem.... Und bei jedem Mårkt sein se kemen, nå håt man hålt des Viech gfuatert und in der Friah håt man d' Milch ghet davon und nå håt man hålt a bissl wås verlångt. Åber des håt man schon gwißt, daß des nit nett ischt, wenn man de nit umasinscht einstelln låßt.«

Vom Nutzen der Post

Seit 1869 gab es eine Postverbindung ins Pitztal, die auch das hintere Tal mit mehreren Postablagestellen – bei den Wirten und Fuhrleuten – und zuerst wöchentlich einmal mit einer Tragpost versorgte. Nachdem der Weg 1893 verbessert worden war und die wachsende Touristenzahl auch eine bessere Nachrichtenverbindung zur Außenwelt erforderlich machte – touristisches Erlebnis bedurfte der Reservierung von Betten und Bergführern und wollte auf Postkarten dokumentiert sein –, wurde um 1900 auch eine wöchentliche Fahrpost von St. Leonhard nach Wenns eingerichtet und die Tragpostverbindung ausgebaut.

Freilich war auch die Post für einen guten Teil der Talbewohner vorderhand und für längere Zeit noch ein Luxus, den man sich nur in seltenen Fällen leistete. Etwa um treuen Gästen einen Weihnachtsgruß zu schicken. Dafür mußte man aber, wie sich Franz Pechtl an die Zustände in den 30er Jahren erinnert, lange vorsorgen:

»Bei ins ischt es hålt meist a so gwest, håscht vor Weihnachtn oder nit schon im Herbst außn für a påår Briaf oder Kårtn 's Porto weggetån, nåcher håscht hålt gekennt z' Weihnachtn nummer schreibn. Des ischt gang und gäbe gwest.«

Telefonisch ist das Pitztal seit etwa 1910 mit der Außenwelt verbunden, wobei bis in die 50er Jahre hinein nur die Gasthäuser, der Gendarmerieposten und ähnliche wichtige Stellen mit Anschlüssen versehen waren. Dementsprechend außergewöhnlich war es, wenn jemand eine telefonische oder telegrafische Nachricht erhielt. Während des Ersten Weltkrieges bedeutete das zumeist, daß wieder eine Familie einen Gefallenen zu beklagen hatte. Raimund Eiter, der Pfuhrmüller aus Zaunhof, war 1918 zwar erst 5 Jahre alt, seine Eltern haben ihm aber oft erzählt, welche Angst die Leute in Zaunhof erfaßt hat, wenn von der Postablagestelle wieder einmal einer unterwegs war, »Telefon auszutragen«:

»Es ischt a Postabläg då gwest und Telefon in gånz Zaun ischt nur auf der Postabläg gwest und nåcher åls zwoates in Gåsthaus Wiese. Åber sinsch håt 's in gånz Zaun koa Telefon gebe. Und då håbe mir meine Eltere derzählt, bein erschte Waltkriag, wenn då irgend wieder oaner gfållen ischt, då ischt nåcher telefoniert gwore då auf die Posthilfsstell her. Und då håbe die nåcher miaße Telefon austråge. Und då seien se ållm wieder derschrocke, wenn se die betreffende Person gseche heie kemen. Nåcher hei hålt jeder wieder Ångst ghet, daß er a traurige Nachricht bekimmt.«

Indes die Kinder im Tal wußten sich wohl immer zu helfen und aus der Fahrpost in ihrem Sinn billigen Nutzen zu ziehen. Wieder ist es Raimund Eiter, der aus seiner Kindheit nach dem Ersten Weltkrieg erzählt:

»Då håt 's ghoaße, in der Woche oamål isch Fåhrpost und zwoa- oder dreimål Trågpost, Summer und Winter. Und då bei der Fåhrpost ischt von der Gemeinde auf Wenns gfåhre gwore um die Packle, drum håt 's eben Fåhrpost ghoaße. Und do ischt der Fuhrmånn, ischt ou a recht a Kinderliebhaber gwest, und der håt hålt ou gwißt, daß mir Kinder gere auhockn a Trimmle auf 'n Loaterwåge. Dafür håbe mir åber nå miaße bei so rauche Weg, wo soviel Stua in Weg

▷

Der Weiler Piösmes (Gemeinde St. Leonhard) um 1925. Vorne links das Gasthaus Alte Post, ein für die Entwicklung des Fremdenverkehrs im hinteren Tal wichtiger Stützpunkt. Deutlich sichtbar auch der schmale Talweg.

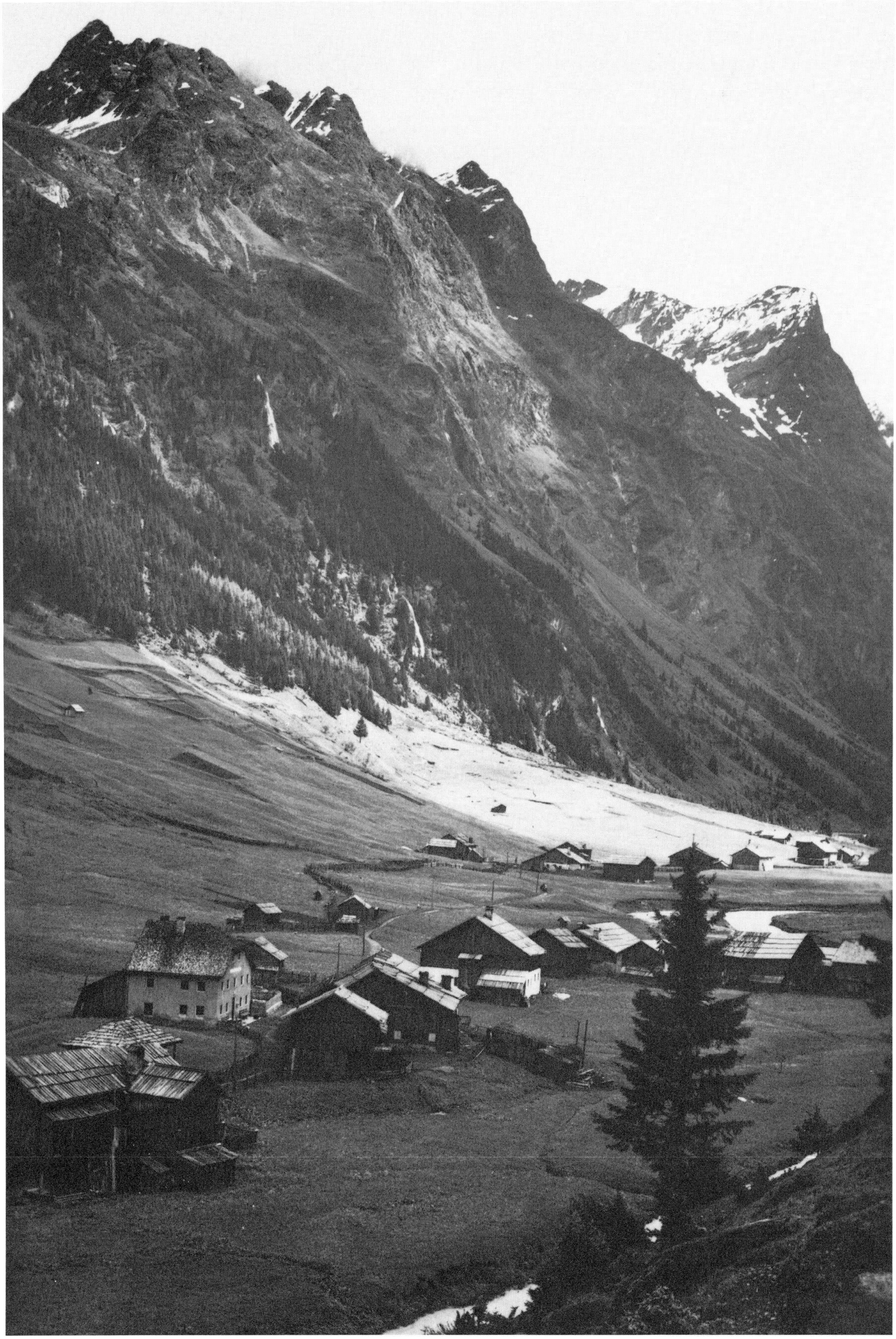

gwest sein, Stua aus 'n Weg klauben, daß es nit går a so gholpert håt. Und nåcher, derweil er ins då gsechn håt, håbn mir hålt Stua aweggeklaubet, und wenn er nåcher wieder weiter weg ischt, håbn mir hålt wieder augheart.«

Für Kranke war der Weg am längsten

Für das gesamte Gebiet des Pitztales gab es bis zum Ersten Weltkrieg nur einen einzigen Arzt, der saß in Wenns. Die meisten Wege waren für ihn nur zu Fuß zu bewältigen, zumal im Winter. Allerdings konnten sich die meisten Bauern im Tal ohnedies nur in den seltensten und schwersten Fällen einen Arzt überhaupt leisten – eine gesetzliche Krankenversicherung hatte es für die Bauern ja erst 1965 gegeben, zumeist hätten sie sich auch keine leisten können. War jemand krank im Haus, wurde er zuerst mit altbewährten Kräuterextrakten und Tees behandelt, mitunter wurde auch der Pfarrer zu Rate gezogen. Erst in schlimmeren Fällen wurde ein gesundes Mitglied der Familie zum Arzt geschickt, um Rat und Medizin zu holen. So ist der Vater von Theresia Santeler kurz vor dem Ersten Weltkrieg einen ganzen Winter hindurch alle zwei Wochen einmal an einem Tag von Scheibrand nach Silz (rund 36 km) und wieder zurück gegangen, um bei einem ihm dort bekannten Arzt Medizin für seine schwerkranke Frau zu holen.

»D' Muater håt a Mågngschwür ghet und ischt det 'n gånzn Winter im Bett gwest. Sinscht, Dokter ischt jå koaner zuaher, hattn mir nen ou nit vermeige. Der Pfårrer Kessler håt ihr ållm so Saftlen zum Trinkn gebråcht und ischt ållm kemen. . . . Nå ischt ihr det des Mågngschwür durchbrochn inwendig, der Muater. Nå sei der Eiter über 'n Stubnbodn grunnen. Då håbn mir Kinder åber nummer in d' Stube gederft gian, a so schlecht ischt se gwest. Åber då ischt a so a guater Dokter z' Silz gwest, und nå ischt er um zwoa z' nåcht fort z' Fuaß, der Våter, 'n Båhngleis nåch ochn auf Silz. Ålle 14 Tåg håt er gmiaßt ochn, Medikamente holn und ischt wieder huam. Um zwölfe, oans ischt er kemen. Åber a so håt er se davon gebråcht, ischt se no 82 Jåhr ålt gwore.«

Wenn die Rede auf Arztbesuche in früheren Zeiten kommt, erinnert sich fast ein jeder an den alten Dr. Angermeier. Wenn er hoch zu Roß durchs Tal geritten ist, konnte das nur Schlimmes bedeuten.

»Jå, då ischt lei für 's gånze Tål, ischt lei z' Wenns der Sprengelårzt gwest. Und zun Dokter ischt man natürlich lei in die högscht seltnste Fälle gången. Det håt 's schon miaße gånz grob fahle, daß man zun Dokter gången ischt. Und wenn man schon irgendwia an so an dringenden Fåll ghet håt, håt man miaße entweder z' Fuaß auße oder spater mit 'n Fåhrradle. Nåcher håt er oan hålt a Medizin gebe, und wenn 's gånz a dringender Fåll gwest ischt, nåcher freilig håt er miaße kemen. Åber des ischt nåcher, in gånze Tål ischt des augfålle, wenn der Dokter durchs Tål ischt. Zerscht mit 'n Fåhrradle und nåcher mit 'n Roß, nåcher mit 'n Motorrådl, bis er nåcher 's Auto grichtet håt. Und då, wenn er durchs Tål ischt, håbe nåcher die Nåchbårsleit ållm so zsamengredet: ›Wås werd epper heint gfåhlt håbe? Mei, ischt der Dokter inche!‹« (Raimund Eiter, Zaunhof)

Nicht selten aber konnte auch der Arzt nicht mehr helfen. So etwa erzählt Theresia Santeler, daß ihre Schwester im Jahr 1919, gerade 16jährig, schwer an Blinddarmentzündung erkrankt sei. Man habe lange hingewartet, und als die Schmerzen immer ärger wurden, sei ihr Bruder geschickt worden, den Pfarrer um Rat zu fragen. Er habe ihn nicht angetroffen und so hat sich ihr Vater dann doch tags drauf auf den Weg gemacht, den Arzt zu holen. Auf halbem Weg sei der ihm aber zufällig schon entgegengeritten.

»Nå håt er gseit, der Angermaier, mir solln ihr no die Sakramente spendn låssn und dånn glei damit ins Spital. Åber er tat ins råtn, håt er gseit, ins Sanatorium, det werd der Mensch wia a Mensch behåndelt, und vielleicht daß es no gang. Nå håt der Pfårrer no die Kommunion bråcht und nå håt er no gholfe. Håbn mir den Hornschlittn in d' Stube inchn getån und an Stroahsåck drau, an gfülltn, und a Leintuach. Und då håt man se nåcher a so ingebettet und nå sein se durch. Und der Pfårrer håt no gholfn, 'n Schlittn durchs Haus aus trågn und håt greart (geweint). Då håbn se se nåcher durchs Tål aus, und wenn 's owärts gången sei, nå hei se gschrien vor Schmerz, weil då ischt es Hügl au, Hügl o gången. Friaher der Weg, des ischt jå lei a so a Ding, wo man Schlittn fåhrn kånn, da

Der Frächter Rochus Eiter (Erharten Rochus) aus Bichl auf dem Weg nach Imst. Dreimal mußte er auf jeder Wegstrecke anhalten, um die Pferde zu füttern. Das Futter führte er mit sich. (Foto: Johann Santeler um 1930)

Familie Rauch im Weiler Köfls im hintersten Pitztal um 1920. Bis hierher wurden 1937 die Grabungsarbeiten für den Straßenbau durchgeführt, die Straße selbst wurde jedoch erst 1956 weitergebaut.

Plangeroß, Siedlungszentrum und Kirchort des hintersten Pitztales (1617 m) von Süden aus. Das Bild aus der Zeit um 1950 zeigt noch eine rein bäuerliche Siedlung.

Mandarfen, der letzte Weiler im Pitztal (1682 m) von Süden aus. Den Weg von hier nach Wenns (25 km) und zurück konnte man zu Fuß gerade noch in einem Tag schaffen. Zum Viehmarkt in Imst war man drei Tage unterwegs. (1922)

Der Talabschluß mit dem Mittagskogel. An dessen Fuß (links) das Gasthaus Mittelberg am Weg zur Braunschweiger Hütte, rechts der Eingang ins Taschachtal, im Vordergrund Mandarfen. (Foto: Franz Pechtl um 1935)

isch no koa Auto und des nit gwest, koa Stråß. – Und nå isch es in drittn Tåg gången, håbn mir hålt scho a bissle Hoffnung ghet. Und nå isch in åndern Tåg in der Friah a Telegramm kemen, daß se gstorbn isch.« Haben in der Erzählung von Theresia Santeler nicht nur der weite und so beschwerliche Weg, sondern auch die durchaus finanziell bedingte Scheu ihrer Eltern vor einem Arzt zum Tod der Schwester geführt, so kann sich Franz Pechtl an einen Fall aus Mandarfen erinnern, bei dem der lange und schlechte Weg in besonders tragischer Weise zum Verhängnis wurde: »Då bischt hålt im hintern Tål, und bis du då nåcher am rechten Ort bischt, ... Åls wie bei die Serafinen det, då håbn mir amål dobn a Woad gezäunt, då beim Planegg, då håt er die Nägel ausgeputzt für 's Viech und es håt niemand gmerkt, daß er nuamehr zruck geaht. ... Nå håt 's ihn derwuschn, håt 's ihm den Årm ogschlågn und a påår Rippn. Ischt er aber salt no ochngången ins Tål. ›Jå, den miaßn mir ins Spital tian.‹ Katteres håt a Roß ghet, an Stroahsåck auf 'n Loaterwågn inchn, då auchn und außn auf Wenns, det legn s' ihn mit der Rettung au. Um zechn z' nåchts ischt er schon gstorbn. Durch den Transport håbn ihm die Rippn in die Lunge gstochn und innen ausgebliatet. Muascht denkn, salt no ochn gången, von det obn. Wenn man ihn då vielleicht hat liegn glåt, vielleicht hat 's ihm går nicht getån ghet, nit, weil amål an Årmen o oder zwoa Rippn, des war ållm no z' måchn gwest. ... Ischt vielleicht a 34, 35 Jåhr ålt gwest.«

Daß allerdings auch die Bewohner des äußeren Tales durch die oft langen Wegstrecken Probleme hatten, zeigt der nachstehende Bericht von Alois Schrott aus Ried, einem zur Gemeinde Arzl gehörenden Weiler, südöstlich davon auf der rechten Talseite gelegen. Da er bereits Anfang der 50er Jahre ein Motorrad besaß, wurde er häufig aus der Nachbarschaft gebeten, den Arzt oder die Hebamme in Wenns oder Arzl zu verständigen oder zu holen. Telefon hat es ja noch nicht überall gegeben. Und da konnte es ihm schon passieren, daß er den Gesuchten nachfahren mußte; hinauf zum Piller oder auf die andere Talseite hinüber nach Jerzens, wo er dann die über mehrere Hangstufen sich hinziehenden Weiler einen nach dem anderen absuchen mußte.

»In oaner gånz an eiskålten Wintersnåcht, also es håt gråd a so glitzert vor Kälte, hån i miaße ou für a Nåchbårsfrau d' Hebamme hole. Und die isch in Arzl und i hån gmoant, i wiß wo sie wohnt, und hån dort gweckt und mit alle Schwierigkeite hån i nåcher eppan außebråcht. Und nå håt man mir erklärt: ›Na de wohnt iatz seider kurzem nummer då, die wohnt in a åndere Gåsse, muasch det schauge.‹ Nå bin i det hin, gleicher Vorgang. Nå isch der Månn außerkemen. ›Jå de isch nit då, de isch bei a Wöchnerin in Wald.‹ ›Jå bei wås für oaner?‹ Also in an Nachbårdorf (wieder auf der anderen Seite des Tales). Jå des woaß er nitte. Mit 'm Motorråd isch des gwest und mir isch scho a so z' kålt gwest! I hån mir oncherwärts denkt, bis die Hebamme, bis si de ångleit håt und bis de fertig isch, kånn i mi a bissele auwärmen. Und derweil hån i iatz zwoamål gweckt und bin no nia z' wärme kemen! Nå hån i d' Lederhandschuach ozochn, i hån gmoant, es sei wärmer, wenn i koane Handschuach ånhån. A so komisch isch die Såch, wenn oam amål richtig z' kålt ischt!

Nåcher nåch Wald, nåcher det isch Gottseidånk in an Ståll a Licht brennt. Nåcher bin i amål in den Ståll inche, weil i det innen eppan vermuatet hån. Jå isch a Frau dinnen gwesn, hån i gseit: ›Wo kånn då z' Wald d' Hebamme stecke? Wo isch då irgend mit oarer Frau die Såch so weit? Sie sollt bei a Wöchnerin in Wald då sein.‹ Jå, sie woaß ou nit genau, sie woaß ou nit genau. ›Aber du kånntscht iatz amål in obere Weiler auche schauge, vielleicht isch se då dobe.‹ Nåcher bin ich då auche kemen, ah jå, isch se dobe gwest. Nåcher seimer gach her auf Ried, d' Hebamme hintn dobe. Die jammert heit no, isch zuafällig d' Schwester vo mei Frau då, wia ihr z' kålt gwest ischt! Nå hån i mir denkt: ›Åber Gottseidånk iatz, iatz bin i då!‹ Då håbe s' mir scho Tee grichtet ghet und Schiebl, a sellgmåchte Wurst. Und d' Hebammen isch ins Zimmer zur entbindenden Muater gånge då, und i hån iatz då derweil gwärmt und gesse. Nåcher keme se, i muaß sofort no 'n Dokter hole, es hat Komplikatione. Nå hån i då, hålbs gessner und hålbs gwärmter, wieder mit 'n Motorradle fåhrn miaße. Nåcher hån i vo Wenns 'n Dokter gholt und der isch ou schnell mit her. Und es isch nåcher alls kritisch gwest, des Kind isch lebend zur Welt kemen, åber isch nåch Innsbruck in d' Klinik kemen und isch det nåcher in a påår Tåg gstorbe.«

▷

Schwabenkinder aus dem Pitztal und aus dem Ötztal vor der Abfahrt am Bahnhof in Zams. (Um 1900)

Die Pitztaler auf Wanderschaft

»Ja, und zu die Kinder, des ischt bei viele Leit so gwest, håbe die ålte Leit gseit: ›Jå, wenn 's nit folget, nå kemmets ins Schwåbelånd oder es holen enk die Judn! Und in Schwåbelånd då bekemmts lei des z' Fressn, wås die Schweir (Schweine) håbn. Mit die Schweir und mit die Hennen kennts fressn!‹ – A so håbn se ins Firchtn gmåcht!«

Noch Agathe Melmer aus Piösmes – sie ist 1926 geboren – hat als Kind die Drohung vernommen, wer nicht brav sei, müsse ins Schwabenland. Daß statt dessen auch die Juden kommen könnten, mag neben anderem auch zeigen, wie sehr sich das Schicksal der Schwabenkinder bereits zum Symbol verdichtet hat. »Ins Schwabenland gehen« wurde zum Inbegriff einer gnadenlosen Vertreibung der Kinder aus dem Tal in eine bedrohliche Fremde, wo sie wie Tiere arbeiten müßten und auch nur wie solche gehalten würden. Auch wenn die Realität der »Schwabenkinder« ganz anders aussah und sich von der ihrer zu Hause bleibenden Altersgenossen häufig sogar positiv abhob, war sie doch bitter genug. Im Jahr 1915 haben die Tiroler Behörden die Kinderwanderung verboten. Bis dahin zogen alljährlich noch bis zu 500 neun- bis vierzehnjährige Kinder (um 1860 waren es rund 1500) aus den Westtiroler Notstandsgebieten von Josefi (19. März) bis Simon und Judä (28. Oktober) über den Arlberg in die Oberschwäbischen Viehzuchtgebiete. Um während der Sommermonate den elterlichen Haushalt zu entlasten und für einen geringen Verdienst, ein paar Schuhe und doppeltes Gewand, verdingten sie sich dort bei größeren Bauern zumeist als Hirten. Oft ging es ihnen dabei, vor allem beim Essen, besser als zu Hause. Es gibt jedoch tatsächlich auch zahlreiche Berichte von Kindern, die von ihren Dienstherren nicht besser als Sklaven gehalten wurden.

Schon im frühen 19. Jahrhundert wurde dieser jährliche Zug der Schwabenkinder Gegenstand heftiger Auseinandersetzungen verschiedener politischer und kirchlicher Behörden, wobei letztere sich insbesondere um das moralische und sittliche Wohl der Kinder, erstere um mögliche Infiltration von aufklärerischem Gedankengut besorgt zeigten. In der Diskussion über mögliche Einschränkungen des Hütekinderwesens überwog jedoch bis um die Jahrhundertwende das Argument der Pragmatiker, daß man bei aller berechtigter Sorge doch auch der drückenden Armut in den Herkunftsgebieten machtlos gegenüberstünde und die Kinder ja eine nicht zu unterschätzende Summe Geldes mit nach Hause brächten, wovon dann vor allem Steuern bezahlt würden.

1890/91 wurde von einigen christlichsozialen Politikern und Geistlichen in Landeck ein »Verein zum Wohle der auswandernden Schwabenkinder und jugendlichen Arbeiter überhaupt« gegründet, dessen Funktion die Vereinheitlichung und Kontrolle des Hütekinderwesens war und der sich durchaus engagiert zum Wohle der Kinder einsetzte. Vor allem der von 1901 bis zur Auflösung des Vereins 1915 als Vorstand wirkende Alois Gaim, 1899 bis 1910 Kooperator in Landeck und 1911 bis 1936 Pfarrer in Hochgallmigg ober Landeck, ist allen noch lebenden Schwabenkindern in bester Erinnerung. Ab 1901 unternahm er allsommerlich ausgedehnte Visitationsreisen zu den Dienstplätzen und hat dabei so manches Kind, das von seinem Bauern verprügelt wurde, zu einem anderen Dienstplatz gebracht, manch anderem den vorenthaltenen Lohn eingetrieben und ähnliches mehr. Zu diesem Zweck hatte er als einziger Geistlicher der Diözese Brixen von seinem Bischof die Erlaubnis erhalten, ein Fahrrad zu besteigen.

Der Hütekinder-Verein arbeitete eng mit den Ortspfarrern in der Heimat und an den Dienstorten zusammen. Interessenten konnten sich im Winter beim Pfarrer melden, der besorgte dann die Schuldispens und den Reisepaß und organisierte die talschaftsweise Sammlung der Kinder. Für das Pitztal war der Pfarrer von Arzl zuständig. Ab 1895 gab es ermäßigte Karten für die Arlbergbahn und das Schiff von Bregenz nach Friedrichshafen, später wurden die Fahrtkosten überhaupt vom Verein übernommen. (Bis dahin waren die Kinder den ganzen Weg zu Fuß gegangen!) Waren die Kinder früher auf allen möglichen Bauernmärkten mit ihren Dienstherren in Kontakt getreten, wurde nun im katholischen Friedrichshafen der Kindermarkt zentralisiert. Verträge wurden von dem die Kinder begleitenden Geistlichen aufgesetzt und ihre Einhaltung vom Ortspfarrer beim sonntäglichen Kirchgang kontrolliert.

Vor allem am jährlichen Kindermarkt in Friedrichshafen erhitzten sich um die Jahrhundertwende die Gemüter in in- und ausländischen Zeitungen und politischen Parteien. Vom »Verkauf von Kindersklaven« berichteten sogar amerikanische Zeitungen. – Mit dem 1915 erlassenen Verbot der Kinderauswanderung ins Schwabenland waren freilich weder die wirtschaftlichen Probleme Westtirols noch das Problem der Kinderarbeit gelöst.

Die Kinder armer Leute

Von den Pitztaler Kindern sind nur die aus Arzl, Wenns und Jerzens zahlreich ins Schwabenland gezogen. Aus der Gemeinde St. Leonhard gingen nie mehr als sechs bis zehn Kinder, zumeist nur Buben. Das hat seine Gründe darin, daß die Pitztaler selbst einen hohen Bedarf an Hütekindern hatten und daß die Kinder aus dem hinteren Tal von alters her in verschiedenen näher gelegenen Nebentälern ihre Stammplätze als Hirten hatten. In erster Linie Bauern aus dem mittleren Lechtal haben sich immer wieder Pitztaler Hütekinder geholt, auch noch nach dem Ersten Weltkrieg. – Diese Kinderwanderung hat freilich kaum Aufsehen erregt, sie war nicht so zahlreich, passierte keine Grenzen und konnte damit auch nicht den Paßbehörden zum Ärgernis werden. Zwar haben wir deshalb auch keine Zahlen zur Verfügung, doch dürfte es im hinteren Pitztal bis in die 30er Jahre hinein wenig Kinder gegeben haben, die während des Sommers nicht als Hütekinder in die nähere oder weitere Umgebung ziehen mußten. Lässer (1956, S. 75) hat herausgefunden, daß im Pitztal »jeder Bursch, bevor er als Saisonwanderer hinauszog, bereits ein bis drei Jahre als Hirt in der Fremde war«. Wenn ehemalige Schwabenkinder erzählen, beziehungsweise in ihren spärlich überlieferten Berichten (bei Uhlig 1978 oder Wopfner 1954), weisen sie immer wieder auf drei zentrale Erfahrungen hin, angesichts derer die Erinnerungen an erlittenes Leid verblassen: Im Schwabenland hätten sie auch nicht viel mehr arbeiten müssen als zu Hause, dafür aber seien sie dort selbständiger gewesen. Im Schwabenland hätten sie – oft zum ersten Mal in ihrem Leben – ein gutes Gewand und gute Schuhe bekommen, während sie zu Hause meist jahraus, jahrein nur ein Gewand besessen hätten und den ganzen Sommer barfuß laufen mußten. Im Schwabenland hätten sie genug zu essen bekommen, zu Hause hätten sie gehungert. Szenen wie die folgenden, von älteren Pitztalern aus ihrer Kindheit vor und nach dem Ersten Weltkrieg erzählt, mögen diesen Kontrast veranschaulichen.

Theresia Santeler, Jahrgang 1900, aus Scheibrand mußte auch schon als junges Mädchen die Kälber des Weilers hüten und kam ab ihrem 12. Lebensjahr jeden Sommer zu größeren Bauern gegen Unterkunft und Kost in Dienst:

»Der Våter isch årm gwest, dem isch 's Haus ogebrunnen mit 18 Jåhr. Und dann håt er miaßn des Guat übernemen und håt miaßn 's Haus aubaun und dann håt er jung gheiratet, mit uans-, zwoaezwanzig Jåhr. Die Muater isch aus Trenkwåld gwest. Nå sein zehn Kinder gwest, zwoa sein kluaner gstorbn. Und nå håt er då nåcher Schuldn måchn miaßn bein Hausaubaun. Und nå mir Kinder, håbn mir nå ållm Kalblen ghiatet. Gånz obn, jedn Tåg fåscht bis auf 's Joch håbn mir miaßn gian, oft bårfuaß. Weil mir lei oa Påår Schuach ghet håbn und dia lei für 'n Sunntig. Und i woaß guat, bin i åmål gånz obn gwesn und nå håt 's ångfången schneibn. Nå bin i a Trimmle schnell gschwind ochn und hån mir 'n Rock um d' Fiaß umcher gwundn, daß i hån kennt a bissle wärmen. Isch schon kålt gwest! Åber då håbn mir jedn Tåg gmiaßt gian! Und nåcher bin i åmål auf Trenkwåld inchn kemen und det hån i gmiaßt ålles auf 'n Kopf trågn, 's Hei. Und då hån i gezählt, hån i über hundert Traglen an Kopf gnommen. A so årm isch man ameah (früher) gwest.«

Jakob Schöpf, Jahrgang 1892, aus Arzl war selber 2 Jahre im Schwabenland, hat dort aber, wie er weiter unten berichten wird, außerordentlich gute Erfahrungen gemacht. Was er vom Leben in Arzl um 1900 erzählt, war bis in die 30er Jahre auch im hinteren Tal noch gang und gäbe:

»Heit muaß man hålt såge, die Kinder, die Kinder die sein heit ålle nia nit z'friede, ålls mecht guat lebe und ålles und nuit tian. Isch nit wåhr? I hån ålli zu meine Buabe gseit, i tat enk nua jå wünsche a Jåhr, wie 's i ghet hån in die junge Jåhr: Oa Hose, a Lodehose, dia håt man 'n gånze Summer und in Winter ånghet, gell. Schuach, in Såmstig håm mar miaße d' Schuach oziache und putze, daß man sie håt kennen in Sunntig ånlege, håt man miaße d' Påtsche ånlege und 'n gånze Tåg nummer vor d' Tür auße gian. Der Weg isch ålli voll Dreck gwest, gell, då håsch nummer kenne auße gian mit die Påtsche. Und Påtsche håt man selber gmåcht, mein Gott. Und Unterhose in Winter, des håbe mir nit kennt, i hån nia koane ghet, nur dia Hose. Håt nuit gfahlt, då isch man scho so hårt augwachse. Und gschläfe in an Lokal, wenn d' ins Nåchtgschirr håsch inchn gmåcht, z' morgez isch ålls gfrore gwest. In gånze Haus d' Stube håt man kenne hoaze und sinscht nia nit. Und då sein viel Kammere gwest, dia wo lei a Bretterwånd ghet håbn und bei die Klüft håsch kennen außeschauge, des isch ållgemein gwest. Und ålls offne Abort. Heit tat man såge, jå die Weiberleit, dia ware jå ålle krånk! Mir håbe an Abort ghet, det isch nåcher a so a Solder (Balkon) auße gånge und des isch jå nåcher weit ochn, då håt 's decht auchezoche! Heit gang koa Mensch mehr in den Abort! Håt man ou nuit gheart. Die Fraue håbe ameah ou koane Unterhose ånghet, lei an Kittel, im Winter ou. Und wenn oane an Unterhose ånghet håt, nå håt se an offne ghet, daß man nit braucht, wenn man muaß 'n Notdurft måche, nit oziache. – Ohje ohje, des gang heit ålls nummer, na!«

Alois Melmer, Jahrgang 1914, aus Piösmes erzählt zuerst eine Szene von Kinderarbeit, die ihn selbst heute außerordentlich fremd anmutet, auch wenn sie damals im hinteren Tal, wo Zugtiere in der Landwirtschaft nicht denkbar waren, durchaus üblich war. Nur die alten Holzpflüge sieht man heute noch mitunter – zum Schmuck neuer Häuser an die Wand gemalt.

»Der Katterer håt ou amål mit die vier Buabn gfuhrwerkt in Langes. Die håt er ingspånnt ålle viere mit an Pfluag, dia håbn gmiaßt 'n Pfluag ziachn, und er håt 'n gloatet. Ålle viere håt er ingspånnt ghet. Mit an so an primitivn Holzpfluag. – Siecht man heint schon no åb und zua oan augmåln . . .«

Auch die Bilder seiner eigenen Kindheit entbehren, trotz aller Komik, mit der Alois Melmer sie zeichnet, nicht einer gewissen Tragik. Sie zeigen ein leider typisches Szenarium: Mit dem Geld, das er sich von der Wanderarbeit ersparen konnte, und mit erheblichen Schulden hat der Vater ein kleines Anwesen gekauft. Dann starb die Mutter viel zu früh, und der Vater mußte eine Hausgehilfin anstellen. Die Schulden vom Kauf und die laufenden Kosten konnten – wie schon in den Erzählungen von Theresia Santeler und Jakob Schöpf und wohl in vielen anderen Familien ebenso – nur dann beglichen werden, wenn alle Kinder möglichst früh verdienen oder mindestens zu anderen Bauern in die Kost gingen. Auch Alois Melmer und seine Geschwister waren als Hirten im Tal und als Taglöhner unterwegs. Wurde im Langes, im Frühjahr also, ein Schwein geschlachtet, mußte alles Fleisch verkauft werden, um die Bankschulden abzahlen zu können. Wie viele seiner Alterskollegen durfte auch Alois Melmer die Schuhe im Sommer nur am Sonntag anziehen. Als Kind habe auch er häufig Hunger gelitten.

»Vorn zwoatn Waltkriag, det isch es årg gwest! 1924 isch die Muater gstorbn, nåcher håt er des Huamat gekoft der Våter, nå isch die Muater gstorbn, nå håt er gmiaßt a Heiserin håbn. Die Zeitn sein schlechter gworen. Er håt gmiaßt in der Hypothekenbånk 's gwisse Gald in Langes und in Herbscht oliefern und då håbn mir hålt a Noat ghet! Wenn mir a Langesschwein ghet håbn, sein insere vier Buabn gwest, des hattn mir jå z'samengfressn, åls wia i woaß nit wås. Des håbn se åber gmiaßt hergebn für 'n Langes zum Zinsn. Und in Summer, wia koa Schual gwest isch, håbn se ins in Mantiger (am Montag) – mir håbn lei oa Pååar Schuach ghet – håbn se ins die Schuach fort und versteckt. Und åm Såmstig nåch 'n Marend håbn mir se kriag zun Putzn für 'n Sunntig zun Kirchngian. Gånzn Summer koane Schuach ånghet! Wenn då schlecht Wetter gwest ischt, nå sein mir schon årme Teifl gwest. Jå, Fiaß håbn mir ghet, gånz schwårz! Gian håbn mir jå gekennt durch ålle Meirer durch, des hat ins nicht getån, åber . . .!

Und amål håt der Våter von Moaschter (dem Frächter) a Roß gekoft, des ischt ou vorn zwoatn Waltkriag gwest, a Roß gekoft und augårbeitet und gsålcht, weil Kiahltruchn håt man det no koane ghet. Und nåcher håbn se an Haufn Schieble (Würste) gmåcht, i moan båld a dreihundert, und Fleisch ou. Und des håbn se nåcher zun Santeler ochngeträgn und in der Salch getån. Und a so a zwanzg Schieble håbn se untern Dåch auchn, in Kamin auchnghängt, daß se ållm a pååar kennen a so schon holn und siadn (kochen). Då håt man gmiaßt übern Dåch au gian, amea sein jå die schliefbåre Kamin gwest, und då håt er hålt die Schieble auchn.« Aus diesem begehbaren Kamin unter dem Dach des elterlichen Hauses haben sich Alois Melmer und seine Brüder dann die noch rohen Pferdewürste geholt und haben sie trotz erheblicher Verdauungsprobleme heimlich verzehrt.

Die Männer aus dem hinteren Tal sind im 19. Jahrhundert vor allem als Holzarbeiter nach Bayern und in den Bregenzerwald gezogen. Dieses Bild von Pitztaler Holzfällern wurde um 1894 vermutlich im sogenannten Käferwald südlich von Nürnberg aufgenommen, wo um diese Zeit riesige Föhrenbestände geschlägert wurden, die vom Kiefernspanner befallen waren. Dabei fanden jährlich auch bis zu 30 Männer aus dem Pitztal Arbeit.

▷

Holzarbeiter aus St. Leonhard im Bregenzerwald (um 1910). Trotz ihrer harten Arbeit wurden diese Männer von den Daheimgebliebenen beneidet, wird erzählt. Denn wenn sie im Herbst zurückkamen, hatten sie Geld.

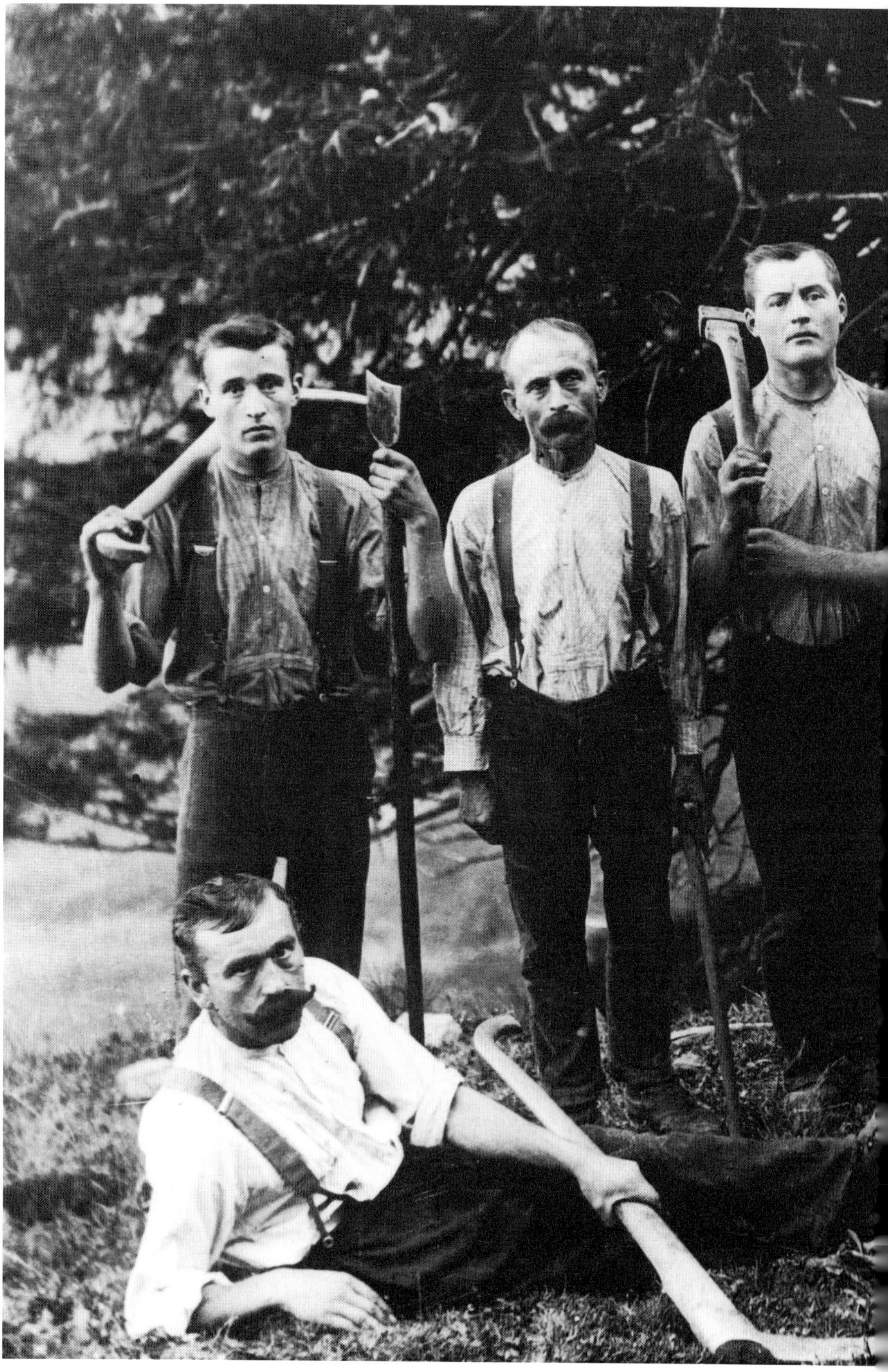

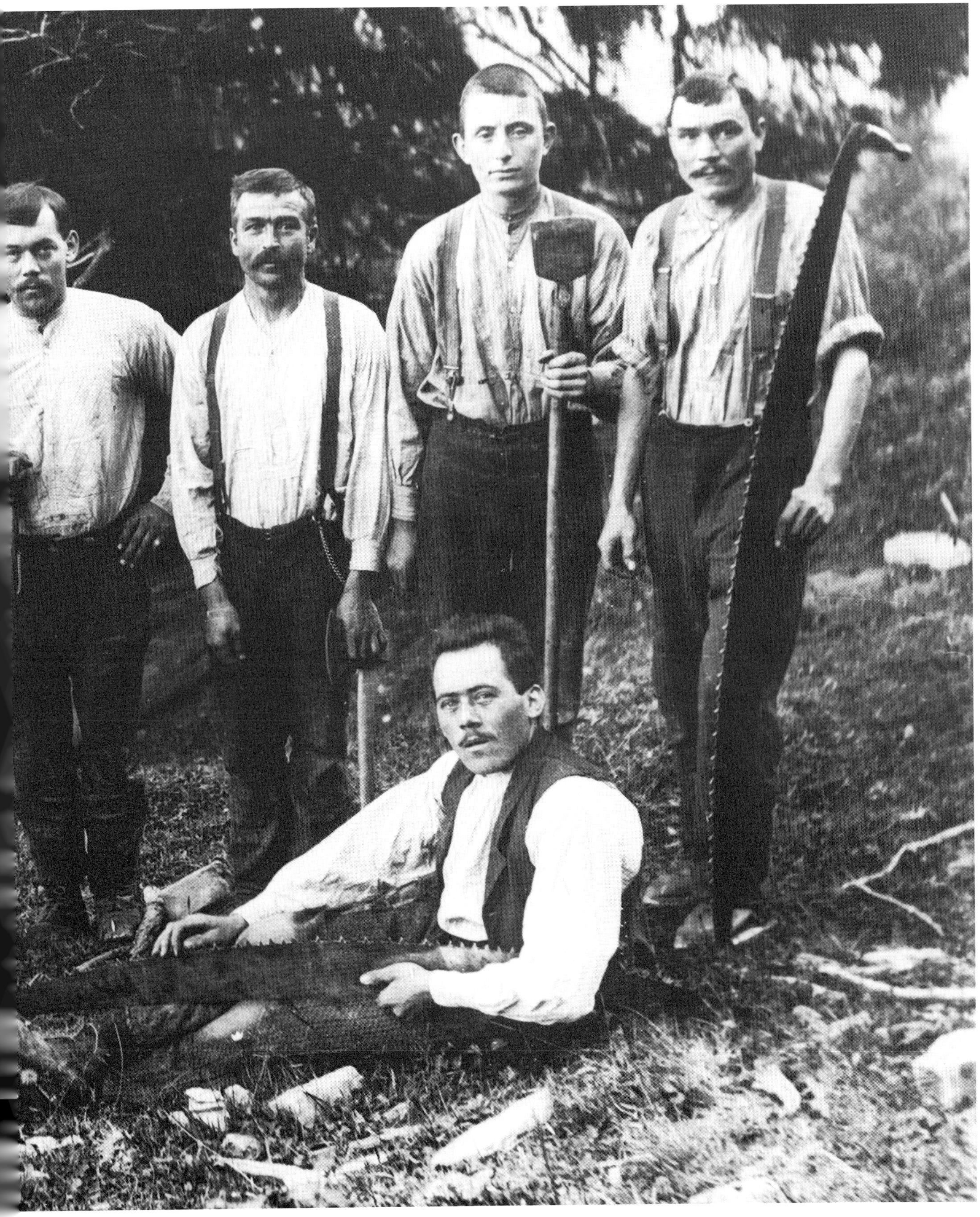

»Und mir Buabn håbn hålt ou Hunger ghet! Nåch 'n drittn, viertn Tåg håbn mir ins ålle pååar Tåg oan gholt. Und nåcher, in a vierzehn Tåg, håt der Våter gwellt die Schieble holn gian. Und mir håbn nen schon gsechn übern Dåch au gian – då sein mir durch! Sein lei mehr a zwoa dobn ghångn, die oan håbn mir ålle vor zua gfressn, a so roacher und gruaner (grün). Åber i såg dir 's, mir håbn gstunkn wia die Iltis! Håbn decht mir gstunkn vo den Fleisch då. Leck mi an Årsch, mir kimmt decht vir, mir håbn die House no ganz fuchset ghet vo lauter Farzn und Stinkn! – Jå, mein Gott, mir håbn hålt ou Hunger ghet!«

Jakob Schöpf: Im Schwabenland

Eigentlich hätte Jakob Schöpf aus Arzl, Jahrgang 1892, eine vergleichsweise sorglose Kindheit vor sich gehabt. Seine Mutter führte einen kleinen Gemischtwarenhandel, der Vater eine kleine Bauernschaft, davon hätte die Familie mit den drei Kindern, zwei Buben und ein Mädchen, schon ihr Auslangen gefunden. Aber dann starb die Mutter viel zu früh, und Jakob, damals 11 Jahre alt, mußte mit 8 anderen Kindern aus Arzl ins Schwabenland gehen. Sein um zwei Jahre älterer Bruder Josef war schon 1902 geschickt worden.

»Mei Våter isch vo Timmls gwest und nåcher håt er då koft in Arzl. Und die Muater håt nåcher a Gschäft ångfångt, Gassenschank und Tabak und Gemischtwarenhandlung und so a Zuig. Des isch guat gången, guat! Aber die håt hålt ou miaße sterbn friah, des wår inser Untergång. Wenn der Våter gstorbe war, war 's besser gwest. Die Schwester (der Mutter), die isch in Grödental drein verheiratet gwest. Håt hålt ou schlecht verdiant, nåcher sein sie außer z' ins und håbe den Låde übernomme, weil mir sein jå no z'jung gwest, inser zwoa Buabe und a Mådle isch gwest. Nåcher, mir håbe hålt des Baurschaftle ghet und der Bruader isch drei Jåhr in Schwåbe gwest und i zwoa Jåhr. Mir håbe nia koan schlechte Plåtz ghet.«

Auch wenn Jakob Schöpf gleich zu Anfang seiner Erzählung betont, nie einen schlechten Dienstplatz gehabt zu haben, heißt das nicht, daß er besonders gern von zu Hause weggegangen sei. Allerdings kann er sich nicht erinnern, daß um den Abschied viel Aufhebens gemacht wurde. Am Markt in Friedrichshafen, so klingt in seiner Erzählung durch, sei er sich beim ersten Mal schon eher hilflos vorgekommen. Doch hatte er Glück, hat zumindest nette Dienstgeber gefunden, auch wenn die Arbeit im Stall und auf dem Feld für einen Elfjährigen sicher sehr hart war. Sehr ausführlich mag er sich an diese erste Stelle aber nicht mehr erinnern.

»Vo Abschied, då håt 's nit viel gebe! A Pååar Schuach und a Gwandle in Såck inne und a Lääbele Brot, a so seimer fort. Außn bis Bregenz, nåcher in Schiff bis auf Friedrichshafen, då wår der Mårkt. Då sein die Baure gstånde: ›Gang, geah du mit mir!‹ Nå håt man hålt ghåndlt. ›Wås verlångscht?‹ und a so. Dia, wo scho 's zwoate Jåhr gwest sein, selle håbe schon mehr ghet, dia håbe scho gwißt, wia 's geaht. Jå, jå, månchmål håt 's scho schlechte Plåtz gebe, årbeite vo in der Friah bis auf d'nåcht und Esse ou schlecht. Åber wia i såg, i hån nia koan schlechte Plåtz ghet. 's erschte Jåhr bin i in Liggersdorf gwest, des isch vo Überlingen (am Bodensee) no a Weile z' fåhre gwest mit der Kutsche. Mei, i wår jå no a junger Bua, bin elf Jåhr ålt gwest. Då sein vier Buabe gwest und a Mådle, der Våter wår Maurermoaschter, die Buabe sein ålle mit 'n Våter gånge, und 's Mådle und d' Frau und i håbe die Baurschaft gårbeitet. In Samstig sein se kemen und in Mantig sein se wieder fort in d' Årbet. Sein sinscht guate Leit gwest und die Buabe ou, dia håbe mi gere ghet.

Nå hån i alli (immer) Kopfweah ghet. Nåcher isch der Baur kemen, nå håt er gseit, des wear mar scho mache. Vor 'm Haus isch a Båch grunne und då sein Bluategl gwest. Nå håt er mir drei Bluategl augleit, zwoa Tåg, und nå bin i guat gwest.«

Andere Buben hätten wohl erzählt, daß sie es viel härter gehabt hätten, aber für ihn sei wichtig gewesen, daß er wenigstens gut und genügend zu Essen bekommen hat, viel besser und reichlicher als zu Hause.

»Am schlechteste sein dia gwest, de so då in Wangen gwest sein, in Unterwangen und Oberwangen, det soll 's so schlecht gwest sein. Und a pååar sein in Allgäu gwest, då isch es ou nit rar gwest. Då håt 's alli ghoaße, nit guat, schlechts Esse, um viere z' morgez austian und ålles mögliche, a Masse Viech putze, ausmischte håbe d' Buabe miaße. 's geit allerhand, Guats und

Schlechts. – Åber man håt miaße froah sein, daß man an Plåtz håt und daß man eppes z' esse ghet håt. Mein Gott, wås håt man denn ghet dahuam? Mir håbe hålt z' morgez ålli Brennsuppe oder Pfitschsuppe ghet – Pfitschsuppe isch a Wåsser gwest und a bissle an Ogschmolznes und a Brot inbrockt, des håt man Pfitschsuppe ghoaßn. Nur Sunntiger an Kaffee. Und dauße in Schwåbe, det håt man an Kaffee kriagt und a Håbermuaß z' morgez. Åber des isch guat gwest, des hat inghebt, i hån 's gere gesse! Und Moscht håt man ghet zun Trinke – als Junger! –, guate Moscht.«

Seinen zweiten Dienstplatz bei einem Viehhändler in Hausen vor Wald habe Jakob Schöpf dann mit Hilfe seines Bruders besonders gut getroffen. Bei der wenigen Arbeit, die ihm dort übertragen wurde, war er gänzlich auf sich allein gestellt, berichtet er nicht ohne Stolz. Aus einer Brauerei mußte er mit dem Pferdefuhrwerk Malz holen, in der Küche mußte er Besteck putzen, und am Abend mußte er auf der Kegelbahn seiner Dienstherren die Kegel aufstellen. – Tätigkeiten, die für ein Schwabenkind ebenso ungewöhnlich waren wie für ein Kind im Pitztal.

»'s zwoate Jåhr nå, der Seppl håt si schon besser auskennt, det seimer in Hausen vor Wald gwest bei an Viechhändler. Und då bin i åls junger Bua mit zwoa Roß auf Donaueschingen einigfåhre mit a långe Blechtruhe Målz hole. Und då håt man nåcher die Ochse gmåschtet. I bin lei a so a Krote gwest, åber i hån mi glei auskennt. Vo Hausen vor Wald håt man mit zwoa Roß a guate hålbe Stund ghet, ålli alluan. Bei d' Brauerei håsch nix z' tian ghet, 'n Wågen herfåhre, nåcher isch von Silo ocher ins Fåß inchn, bis voll gwest isch. Und då håsch kenne Bier trinke derweil, soviel de håsch welle. I hån an selle Bauch huambråcht, vor lauter Biertrinken. Guat ghet! Då hån i nit årbeite brauche als wia so. Wenn i augstånde bin nåmittåg uma drui, ochn Essen, mit Messerputze umadumtriebe, weil dia håbe a groaße Pension ghet und då hån i hålt nåcher Messer geputzt, bis i hån miaße wieder Kegel austelle gian. Guat gwest. Des isch gången bis uma zwölfe oft. Nåcher hån i kenne ins Bett gian, mi håt niamand augweckt, i hån kenne schlåfe, solang i hån welle!«

Auch von anderen ehemaligen Schwabenkindern wissen wir, daß diese relative Selbständigkeit, die ja auch schon im Arbeitsvertrag mit dem Bauern zum Ausdruck kam, eine sehr wichtige Erfahrung war, die sie zu Hause nie hätten machen können. Freilich waren dieser Selbständigkeit Grenzen durch den Hütekinder-Verein gesetzt, der von Jakob Schöpf wie selbstverständlich zum Schwabengehen gehörend erlebt wurde, dessen Vorstand Gaim ihm aber auch sehr geholfen habe, als seine ersten Dienstgeber ihm die Krankenversicherung vom Lohn abziehen wollten.

»Då håt man si oanfach beim Pfårrer gmeldet, daß man ins Schwåbe geaht, und der håt 's weitere gmåcht. In März isch man då weg und 'n Simon und Judå, 'n 28. Oktober, isch man huam. Der Baur isch verpflichtet gwest, di entweder auf Konstanz oder auf Friedrichshafen z' liefere. Und vo det håt 's nåcher der Verein gmåcht, gell. Då isch an extra Zug gånge, då håt man nuit zåhlt, i woaß nit, wia des finanziert wore isch, hålt ou durch die Geistlichkeit oder wia då für a Verein gwest isch, des håt nuit kostet, huamfåhre nuit und auße nuit . . . Der Landecker Kooperator, der håt die Schwåbekinder betreut. Der isch mit 'n Fåhrradl im Summer zwoamål kemé und håt gfrågt, wia 's geaht und wo man z'frieden isch und dies und jenes, und wenn 's oa hålt går schlecht ghet håt, nå håt er ihm um an åndern Plåtz gschaut . . . Zu mir isch der eh viermål kemen. Und zerscht, die håbe koa Krånkegald zåhlt, håbe se scho, åber mir håbe se 's nåcher ozoche von Lohn. Nå hån i 's 'm gseit, nå håt er gseit: ›Såg no nuit‹, håt er gseit, ›in Herbst, båld du huamgeascht, wearn mir se scho påcke.‹ Nå uma Weihnachte hån i gmiaßt zun Pfårrer gian, isch 's Gald kemen, håbe sie 's miaße schicke.«

Bei rund siebeneinhalb Monaten Dienstzeit bekam Jakob Schöpf damals 80 Mark Lohn. Das entsprach ungefähr dem, was ein Taglöhner beim Eisenbahn- oder Straßenbau in zwei Monaten verdienen konnte, war also für die Familie ein beachtlicher Zusatzverdienst. Zusätzlich und mindestens ebenso wertvoll war die Ausstattung mit einem doppelten Gewand (Hose, Joppe, Hemd) und einem Paar Schuhe.

▷

Johann Santeler aus Scheibrand (vorn rechts) war in seiner Kindheit als Hütebub auf den Almen in Partenen (Montafon). Hier besucht er seine früheren Dienstleute. (Foto: Johann Santeler um 1930)

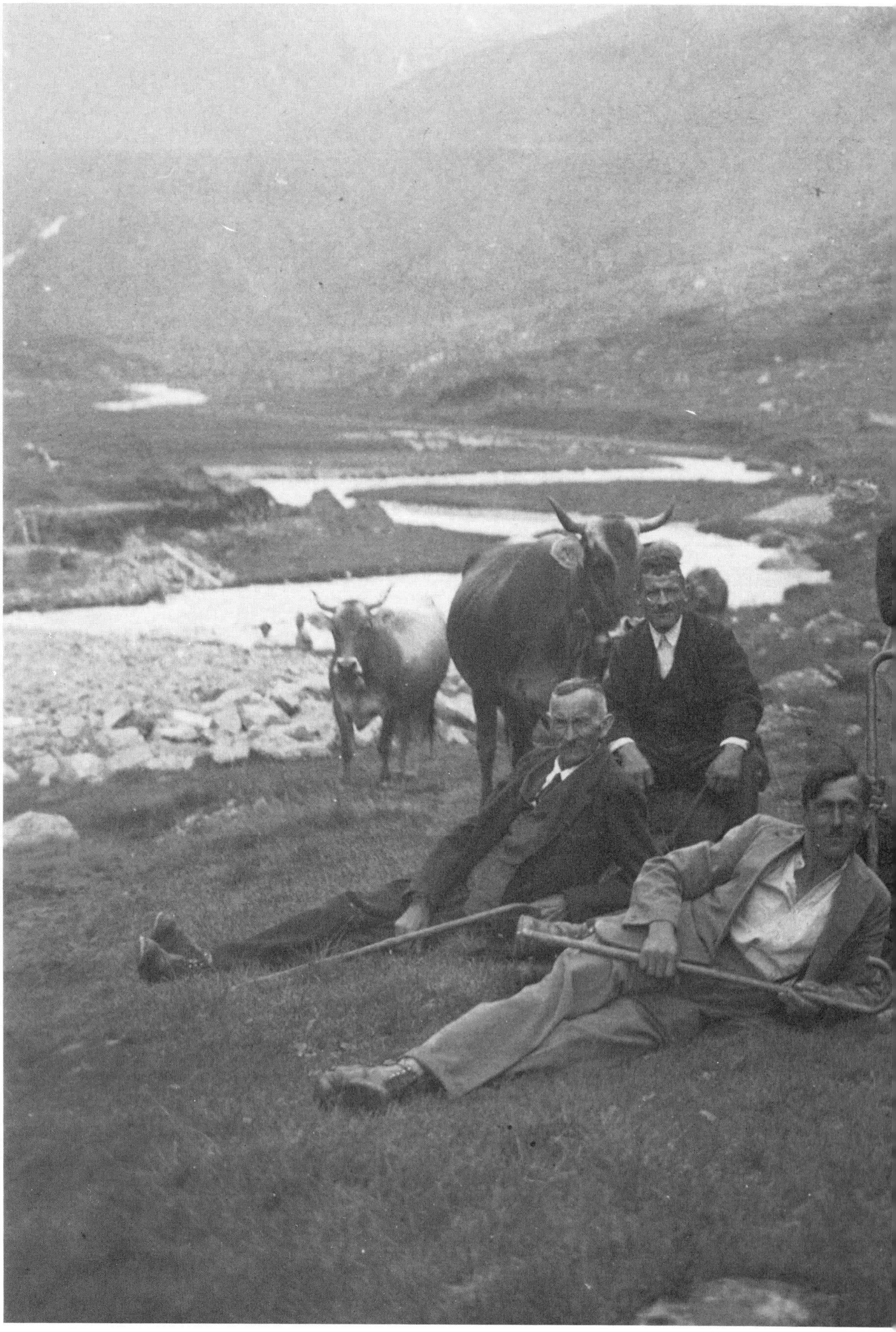

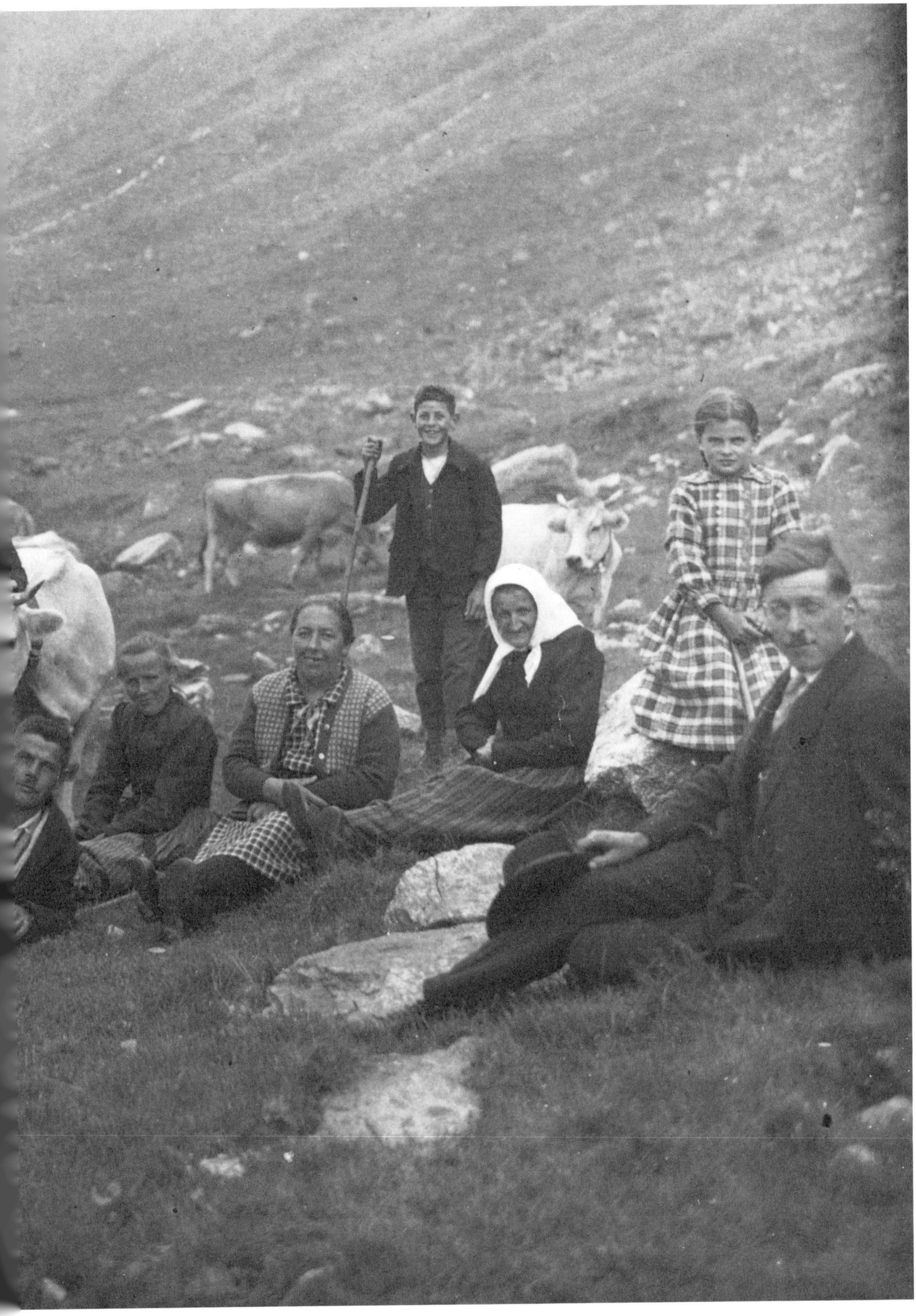

»Mein Gott, i hån hålt 's erschte Jåhr 80 Mark ghet. Ja freilich, isch woll a Gald gwest, wenn man 's umgwechslt håt. Dåzumål håt man für a Mark 68 Kreuzer kriagt. Und doppelt Gwånd, oa Påår Schuach, Hemater. Und des håt man ålls nå in an Erdäpflsåck einitån und huam – mit an Sechserstrick, untn in die zwoa Ecke håt man an Erdäpfl einitan, daß man ihn håt schian kennen umabinde. Isch ålls gången.«

Diese Kleidung und die neuen Schuhe waren zumeist von besserer oder zumindest anderer Qualität als die der Kinder zu Hause. Und hinter dem Spott, den die »Stiefelscheißer« aus dem Schwabenland anfangs über sich ergehen lassen mußten, dürfte auch eine Portion Neid gesteckt haben. Zumal die Schwabenkinder auch mit Knallfröschen und ähnlich exotischen Mitbringseln Eindruck zu machen verstanden. Dies mag ihnen über die neuerlichen Anpassungsschwierigkeiten hinweggeholfen haben: Hatten sie zu Beginn ihrer Dienstzeit den schwäbischen Dialekt kaum verstanden, so wurden sie nach ihrer Heimkehr erneut ausgelacht, weil sie nun schwäbisch redeten. Auch hier war es wieder der Pfarrer, der vermittelnd eingriff, die Schwabenkinder aber auch wieder in die alten Schranken verwies.

»Gwånd, wia i außn bin, hån i nit viel ghet, oans hån i ånghet und sinsch koans. Dauße hån i miaße mir gånz zearscht Schuach kofe, i hån scho ghet, åber wås für! Huamwarts håm mar ålle selle Stiefel ghet, nå håbe ins d' Buabe ållweil nåchgschrian: ›Stieflscheißer!‹ ... Jå mei, in Ånfang håt man jå hårt tån, man håt se nit verstande, gell, sie håbe ins Kinder nit verstånde. Åber nåcher isch man hoamkeme, derweil håt man ins då ausglåcht, weil mar schwäbisch gred håbe. Bei ins håbe se hålt ålli am ärgsten in der Schual glåcht, gell, wia ma gredt håt. Kinder ålli glåcht, verstånde håbe se nit, nå håbe se hålt glåcht. Der Pfårrer håt scho verstånde. Des dauert nit lång. Und wia mar z'ruckkemen sein, mir håbe an Haufn Zuig bråcht. Selle kloane Frösch håt man z' kofe kriagt dauße in Konstanz um a Bagatell, håm mar hålt an Haufe Frösch koft. Und nå 'n Åbend, beim Oktoberrosenkranz, nåch 'n Krånz håm mar se hoamlig ånzunde am Plåtz vor der Kirche. Mei, nå sein d' Leit umanåndghupft! Nåcher håt 's der Pfårrer in der Schual gseit, also des derf mar nummer måche.«

Die Alternative: Nachtarbeit in der Fabrik

Auch die weitere berufliche Laufbahn von Jakob Schöpf war vorerst durchaus typisch für die Verhältnisse in Arzl. – Seit dem Bau der Arlbergbahn (1880–1884) und der Eröffnung der Textilfabrik Jenny & Schindler 1892 in Imst konnten immer mehr Männer aus Arzl, aber auch aus Wenns, als Tages- oder Wochenpendler Arbeit und ganzjährigen Verdienst in der Nähe finden. Sie mußten nicht mehr, wie ihre Kollegen aus Jerzens und dem hinteren Tal, als Saisonarbeiter in die Fremde ziehen. Zur Zeit der größten Arbeitslosigkeit und Not im hinteren Tal war 1934 bereits jeder dritte berufstätige Arzler als Arbeiter oder Angestellter zumeist in Imst und Umgebung beschäftigt.

Im Jahr 1906, 14jährig, beginnt Jakob Schöpf »beim Schindler« in Imst zu arbeiten. Die Spinnerei, in der er als Hilfsarbeiter beschäftigt wurde, hat ein eigenes Elektrizitätswerk betrieben. Da dieses während der Wintermonate nicht voll arbeiten konnte, wurde die Produktion gedrosselt und dafür in zwei je zwölfstündigen Schichten gearbeitet. Insgesamt zwei Stunden war jeweils Pause.

»I hån miaße mit 14 Jåhr nåchtårbeite von erschte Oktober bis in erschte Mai. Weil in Winter wianig Wåsser gwest isch, nå war 's gånze nit gånge. Håbe viel miaße nåchtårbeite. I bin in der Spinnerei gwest, i hån 's hålt a so troffe. Håbn mir hålt 25 Kreizer mehr Lohn ghet ... Von Arzl ochn und in die Fabrik, mir håbe miaßn um sechse ånfånge und um sechse Feiråbend. In Winter um fünfe mit 'n Schlietn (Rodl) bis in Båhnhof ochn, 'n Schlietn håt man hålt am Båhnhof duntn glåt, und z' Fuaß eini. Bei åller Kälte, då håt 's nicht gebe.«

Jakobs Bruder Josef hatte zu dieser Zeit bereits eine bessere Anstellung. Er war wie jeweils weitere 10 bis 12 Arzler bei der Eisenbahn im Oberbau, also beim Ausbau und bei der Instandhaltung der Gleisanlagen beschäftigt. Anfang 1910 kam auch Jakob dazu.

»I bin in zehner Jåhr, bin i in Oberbau kemen. Då håt man an Voråbeiter ghet und an Båhnmoaschter und an Båhnrichter. Mei Bruader isch in Oberbau gwest und i bin in die Fabrik gånge. Und då hån i hålt ou welle in Oberbau gian. In Båhnmoaschter gfrågt, nå

Viele Männer aus dem Pitztal, vor allem aus Arzl und Wenns und einige auch aus dem hinteren Tal, fanden Arbeit beim Oberbau der Arlbergbahn. Hier Sigmund Santeler als Chauffeur einer Draisine in der Nähe von Landeck. (Foto: Johann Santeler um 1920)

håt er gseit: ›Freili, kanscht morgen anfangen.‹ Håt man miaßn auf Landeck fåhre zun Båhnårzt. Bisch tauglich gwest, håsch kennen in nägschtn Tåg ånfangen. – Jå wås håbn mir denn Lohn ghet? I hån 85 Kreizer ghet in Tåg. Kriagt håbn mir hålt alli (immer) so durchschnittlich. Mir håbn hålt ålli a so zwanzig bis dreißig Gulde, håbn mir kriagt (pro Monat). Und mit denen Gulde, oh, då håsch an Haufe Zuig kriagt! Ja, wenn man a Krone in Såck ghet håt, isch man schon reich gwest!«

Jakob Schöpfs Anfangsverdienst von 86 Kreuzer lag deutlich unter dem damals im Oberbau üblichen Taglohn von 1 bis 1,20 Krone. – Wie die Mehrzahl seiner Kollegen in dieser Dienstklasse war auch er noch im Familienverband in Arzl integriert, lieferte dort seinen Verdienst ab und wurde dort auch verpflegt. Gewerkschaftlich war er vorderhand nicht organisiert. Erst später in Innsbruck schloß er sich der christlichen Eisenbahnergewerkschaft an, ohne aber jemals besonders aktiv zu werden. – Doch nun brauchte er nicht mehr während der Nacht zu arbeiten und hatte außerdem Aussicht auf Beförderung, was 1912 mit seiner Versetzung nach Innsbruck auch zutraf. Bis dorthin war sein Lebensstil freilich ebenso bescheiden wie sein Verdienst. In seiner Erinnerung wird dies wieder am Beispiel des Essens deutlich:

»Wås håbe mir mitkriagt zun Esse, wie i in d' Fabrik gånge bin? Man håt woll zwoa Schweir ogstochen dahuam. A Stückle Speck und in der Bierflasche an hålbe Liter Kaffee. Des wår inser Mittågesse, åbends und in der Friah håt man jå dahuam gesse, gell. Von a Marend håt man nuit gheart. I bin in Oberbau gwest, da hån i ou ålli lei a Bröckle Speck und a Brot und an Kaffee ghet. Bis nåcher spater, håt man nåcher Esse tråge, gell. Mei Schwester håt ins 's Esse bråcht z' mittåg, oa Kandle in der Hånd und oa in der Tasche. Wenn mir auf der Strecke gwest sein, wo mir hålt gwest sein, sein se hin, håt man hålt mittåggesse, sein se wieder huam, viel. Hauptsächlich isch hålt gwest Knedl, Türkenknedl, Bluatknedl und nåcher Fleisch, a Selchfleisch, des wo scho gstunke håt von der Roch (Selchkammer) ocher, gell, håt man ålls gesse. Weil man nit ånders ghet håt.«

Nachdem Jakob Schöpf den Ersten Weltkrieg als einer der wenigen seines Jahrganges aus Arzl überlebt hat – auch sein Bruder Josef war bereits 1915 in russischer Gefangenschaft umgekommen –, ging er 1918 wieder zu den Bundesbahnen nach Innsbruck. 1930 wurde er in seiner Freizeit, er war mit seiner soeben geheirateten Frau gerade auf dem Weg zur Wallfahrt nach Maria Waldrast, in ein Zugsunglück verwickelt und schwer verletzt. Die Folgen dieser Verletzungen führten 1933 zu seiner Frühpensionierung. Er zog zurück nach Arzl, übernahm die Vertretung einer Versicherungsgesellschaft, später auch einen Landmaschinenhandel, überstand den Zweiten Weltkrieg im Wachdienst beim Metallwerk in Imsterau, ging Mitte der 60er Jahre ein zweites Mal in Pension und lebt heute in Arzl.

Arbeit in der Fremde

»Jesus treibt den Teufel aus und die Pitztaler über d' Sölde aus.« Dieser von Lässer (1956, S. 53) überlieferte Spruch, nur noch wenigen Menschen im Pitztal geläufig, kennzeichnet die Situation Dutzender Frauen und Männer vor dem Ersten Weltkrieg. Bis zu 100 Frauen und Männer – nahezu 10% der Bevölkerung und bei den Männern etwa die Hälfte aller Arbeitsfähigen, die Hütekinder nicht mitgerechnet – gingen alljährlich aus dem hinteren Pitztal auf Arbeitssuche in die Fremde. Sie zogen meist am 3. Fastensonntag, auf dessen Evangelium sich der erste Teil des Spruchs bezieht, über die »Sölde«, die letzte ebene Wiese gegenüber dem Weiler Schußlehn, kurz vor der Gemeindegrenze von St. Leonhard. Mindestens ebensoviele Saisonwanderer kamen aus dem vorderen Talabschnitt hinzu.

Die meisten Frauen, die Lässer (1956, S. 67) als Wanderarbeiterinnen aus dem hinteren Pitztal registriert hat – vergleichbare Untersuchungen für die Gemeinden des vorderen Tales fehlen leider und lassen sich aus Mangel an Quellen auch kaum mehr nachvollziehen –, gingen als Hausgehilfinnen nach Innsbruck, Zürich, Bozen oder Meran und ab der Jahrhundertwende auch als Kellnerinnen ins benachbarte Ötztal. Es gingen ausschließlich ledige Frauen, die weder einzige Erbinnen noch Bräute von Hoferben waren. Viele, zumal die Hausgehilfinnen, blieben für längere Zeit oder auch für immer fort, wie etwa Creszenz Zauner aus St. Leonhard, die von 1891 bis 1931 bei einer Familie in Zürich den Haushalt führte. Taglöhnerinnen und Bauarbeiterinnen,

Einen »Kulturaustausch« besonderer Art haben diese Männer aus Arzl und Umgebung inszeniert: Sie seien als Holzarbeiter in Bayern gewesen, wird erzählt, und hätten sich dort als Sängerrunde einen Zusatzverdienst zu schaffen versucht.

▷

Zimmerleute aus dem Pitztal auf einem Bau im Ausland, vermutlich bei der Firma Lechner in Zürich. (Um 1910)

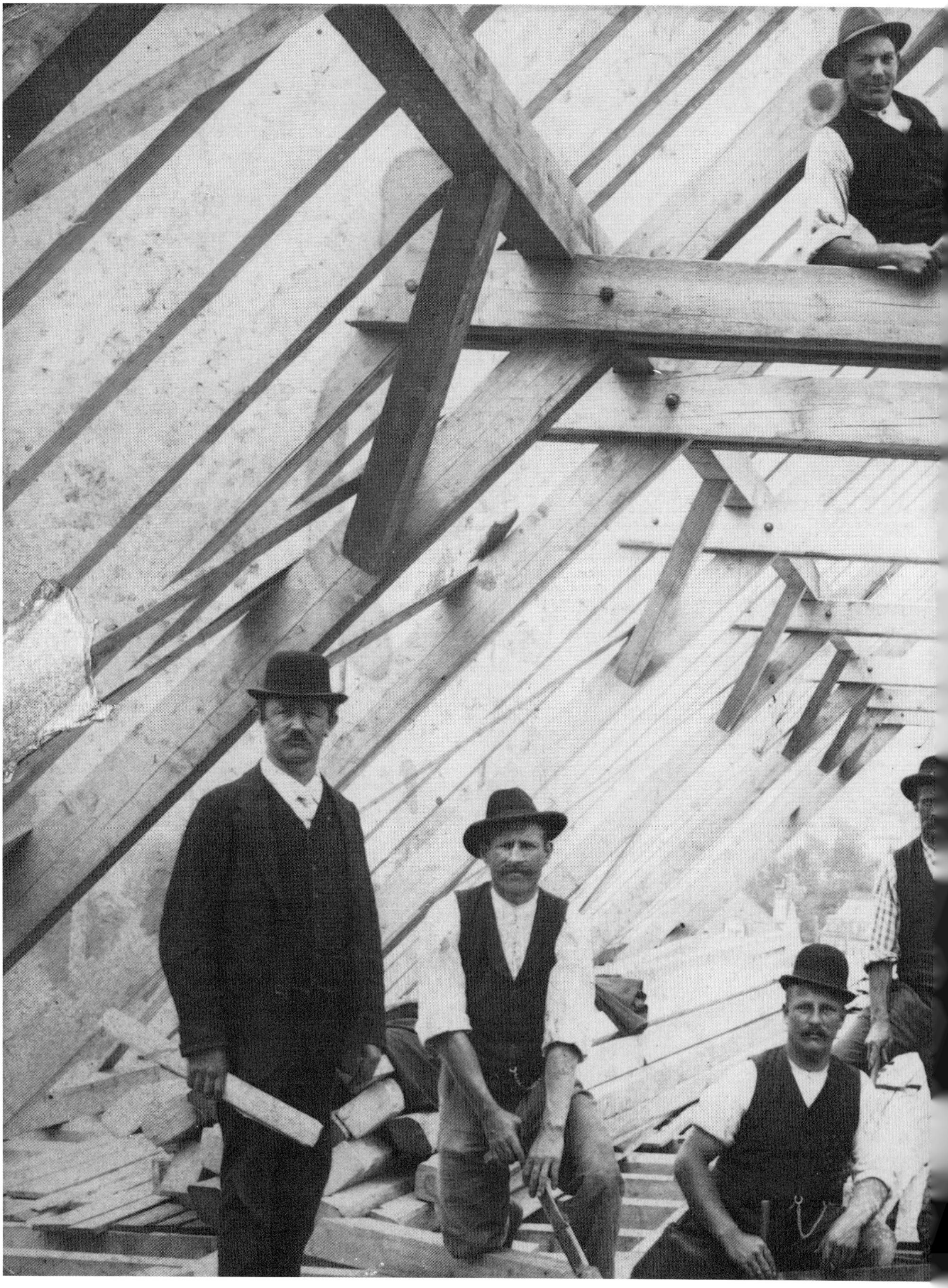

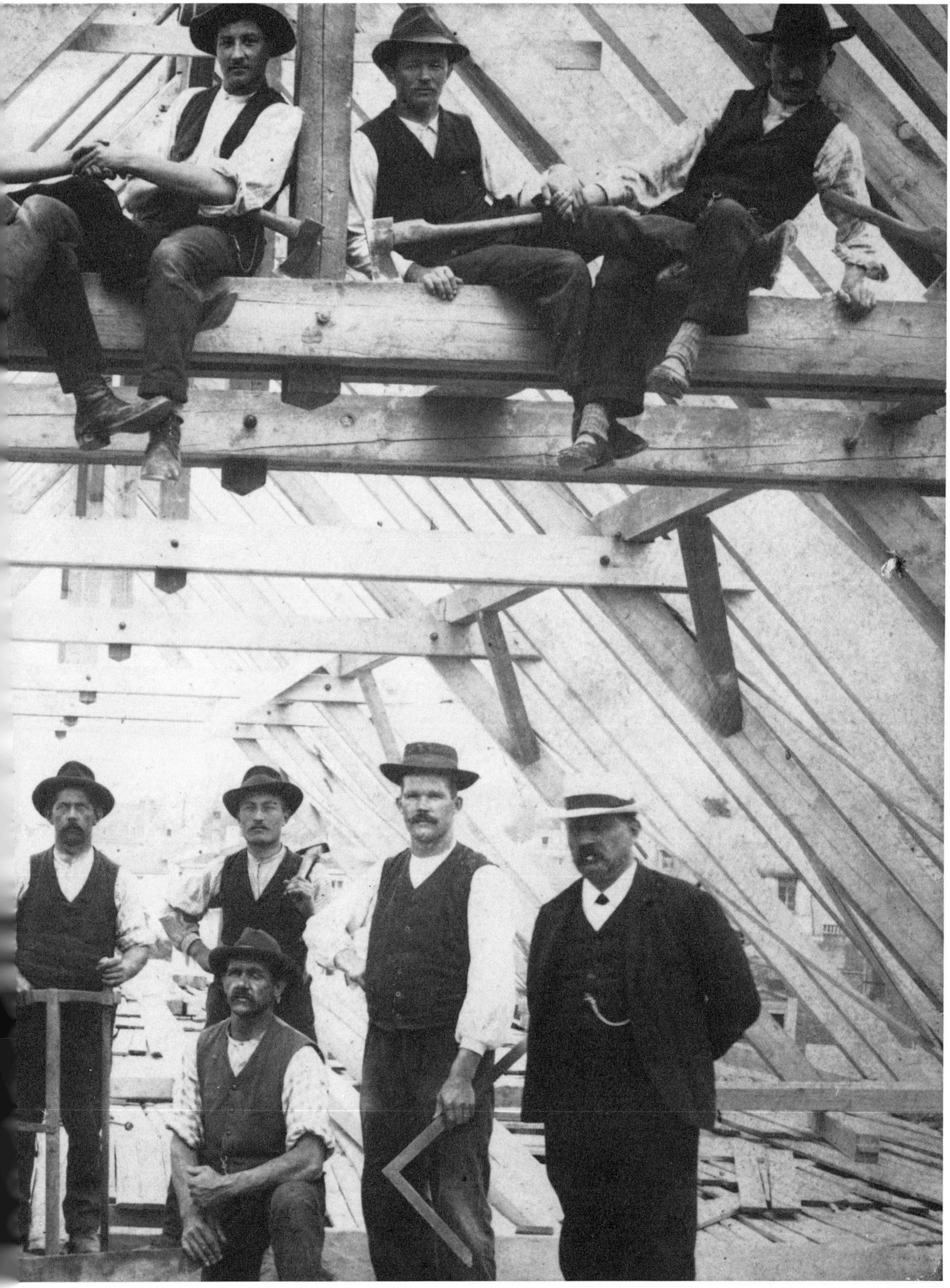

wie sie noch im 19. Jahrhundert auch aus dem Pitztal durch die österreichischen und deutschen Länder gezogen sind, gab es nach 1918 keine mehr. Indes war es noch lange üblich, daß Mädchen kinderreicher Familien im Sommer auf die Alm und zu größeren Bauern im Pitztal oder im oberen Inntal ins Tagwerk oder über den Sommer in die Kost geschickt wurden. Auch die Männer waren zum überwiegenden Teil ledig und beendeten im allgemeinen mit der Hochzeit ihr Wanderleben. Nur wenn der übernommene Hof zu klein war und gleichzeitig die Eltern noch arbeitsfähig waren, gingen auch verheiratete Männer auf Wanderschaft. Der Verdienst, den Lässer (1956, S. 78) für die zweite Hälfte des 19. Jahrhunderts mit durchschnittlich 250 Gulden pro Saison angibt, wurde zum überwiegenden Teil im Elternhaus abgeliefert und diente dazu, den Jahresbedarf der Familie zu decken – den Zukauf von Lebensmitteln, Kleidung und Werkzeug, die Steuern und die aus häufigem Besitzwechsel und Erbteilungen herrührenden Schulden. Zumal im hinteren Tal hätten die meisten Familien ohne dieses Geld nicht überleben können. In günstigen Fällen konnte ein Saisonarbeiter einen Teil des Verdienstes auf die Seite legen und dann später seinen Erbteil am Hof durch den Zukauf einiger Wiesen soweit aufstocken, daß er darauf eine Familie gründen konnte. Manch einer hat auch das im Ausland erlernte Handwerk im Tal in einer eigenen Werkstatt weitergeführt.

Unter den ledigen Männern, die überhaupt nichts erbten oder deren Erbteil zu klein war, um darauf eine eigene Existenz im Tal zu gründen, und die im Ausland sich nicht niederlassen konnten oder wollten, gab es richtiggehend »ewige« Saisonwanderer, wie etwa Sigmund Thurner aus Oberlehen, Jahrgang 1878, dessen Wanderungen Lässer (1956, S. 65) festgehalten hat: Bereits 8jährig ging er 1886 als Hirt in die Gegend von Imst, war 1887 bis 1889 Geißhirt in Hairlach, 1890 Kuhhirt in Oberlehen, 1891 Hirt in Namlos, einem Seitental des mittleren Lechtales, und 1892 Hirt in St. Anton. Ab 1893 zog er, damals 15jährig, bis 1898 jeden Sommer nach Zürich, wo er bei der Firma Lechner (ehemals gegründet von den Gebrüdern Lechner aus dem Weiler Enzenstall, Gemeinde St. Leonhard) das Zimmerer-Handwerk erlernte und ausübte. Die drei Sommer von 1900 bis 1902 verbrachte er als Holzarbeiter im Allgäu, 1903 ging er ebenfalls als Holzarbeiter in den Bregenzerwald. 1905 fand er beim Ausbau der Braunschweiger Hütte das erste Mal wieder Arbeit im Tal. Danach zog er als Zimmerer durch ganz Tirol, arbeitete nach den großen Bränden 1908 in Zirl, 1933 in Fließ, mitunter auch in der Gemeinde St. Leonhard, etwa beim Neubau des 1910 eingeweihten Schulhauses.

Waren die meisten Männer aus Jerzens einem sich über die Generationen verfestigenden Brauch gemäß vor allem als Maurer in der Schweiz und in Bayern unterwegs, so zogen die Männer aus dem hinteren Tal zum überwiegenden Teil als Holzarbeiter ins Allgäu und, als dort die Arbeit knapp wurde, in den Bregenzerwald. Sie waren dort als Holzfäller, Holzflößer und Brettschneider beschäftigt. Noch um die Jahrhundertwende zogen einige Pitztaler auch alljährlich nach Eisenerz ins dortige Bergwerk. Haid und Walcher (1982, S. 12) meinen, daß diese auch das heute noch gesungene Lied vom »Bergmann im schwarzen Gewande« mit nach Hause ins Pitztal gebracht haben.

Franz Rimml aus Trenkwald, dessen Großvater Menegid Kirschner im Jahr 1903 bei der Holzarbeit in Sibratsgfäll (im Bregenzerwald) tödlich verunglückt ist und der selbst auch noch lange Zeit als Saisonarbeiter unterwegs war, erzählt eine Geschichte, die deutlich macht, wie die Menschen aus dem hinteren Tal sich gefühlt haben mögen, wenn sie in die Fremde zogen. Beim Zurückdenken an das Pitztal mag sich mancher gedacht haben, man kommt von weit her, wenn man von dorther kommt:

»Im Langez sein sie außn und im Herbst wieder inchn und die sein z' Fuaß gängn. Des Werkzeug, des hâbn sie in an Såck getån und des håbn s' am Buckl gnomen, Sage, Håcke, Zepin, des håbn sie ålls mit außn getrågn bis auf 'n Plåtz, nit. – Wås håt der ålte Serafin in Mandarfn ållm glåcht! Håt er gseit, wie er 's erschte Mål außn sei, bei Immenstadt in der Nåchn, ischt er det außn ins Holz als Bua. Und då ischt er in erschtn Tåg gängn bis auf St. Anton und det ischt er über Nåcht geblibn. Nå hei 'n der Wirt gfråget, der Schuler: ›Jå Bua, wo kimmscht denn du her?‹ ›Jå von Tirol‹, hei er gseit, er kåm von Tirol. Håt er gmoant, er sei weiß Gott wie weit über der Grenz, derweil ischt er erscht in St. Anton gwest. Håt er ållm glåcht, jå des

Johann Santeler aus Scheibrand (vorne links) als Vorarbeiter beim Bau des Schrägaufzugs zum Vermuntstausee in Partenen (Montafon). (Foto: Johann Santeler 1926)

wiß er no guat. 1870 um die Zeit werd des gwest sein, då ischt no koa Båhn gångn.«

Gottfried Lechthaler aus Wenns, Jahrgang 1889, ist bis zum Ausbruch des Ersten Weltkrieges jedes Jahr im Ausland gewesen:
»Årbeit håt 's bei ins koane gebn, nå ischt man in Langez fort ... I bin in Zürich gwest und in Boaren (Bayern) amål. In Boaren håm mar 's schlecht ghet. Det håb mar an Pitztåler ghet als Vorårbeiter und då håt 's im Herbscht koa Gald gebe. Er håt nuicht ghet und mi håt er nuit mege. Zerscht seimer in Immenstadt gwest bei di Wegmåcher, wianig verdiant, nit amål drei Mark in Tåg und eppa nit lång Årbeit. Und nåcher seimer hålt det wieder oghaut und sein nåcher ins Rohrmoos inche, des isch då bei Kirchdorf. Då håb mar koa Årbeit kriagt, nåcher seimer weiter in Bregenzerwåld åls Holzer. Det sein ou scho Pitztåler gwest. Im Herbscht seimer nåcher mit wianig Gald mehr huam.«
Die übrigen Jahre war Lechthaler in der Schweiz, hat in Zürich einmal bei der Firma Lechner gearbeitet und einmal, 1908, in der Nähe der Stadt in einem Ziegelwerk:
»Det hån i 's nit guat derråte. Wenn 's ischt wårm gwest, dann isch es scho gånge, åber wenn 's håt gregnet und du bischt in Zieglstådl gwest, det håsch ausgschaut, det håsch nit årbeite kenne.« Die schwere Arbeit im Lehm und Dreck tritt in Lechthalers Erinnerung freilich zurück hinter das Problem der schlechten Verpflegung und die Versuchung, sich vom kargen Lohn zu viel Essen zu kaufen. Gar mancher habe den gesamten Verdienst gleich in Essen und Trinken umgesetzt. »Verdiant håsch 42 Rappe in der Stund. Und då håt man no ozoche viel, mån håt miåße Kostgald zåhle, für 's Esse håb mar 36 Rappe zåhlt. ... Då håsch zerscht kriagt z' morgez an Kaffee, drin isch nit viel gwest, viel Wasser hålt, 'n Zucker håsch miåßn seperat kofe, 's Brot håsch ou miåße extra kofe. Brot håt man in 14 Tåg sechs tolle Wecke gesse. Jå, mir hatte scho mehr gesse, åber man håt miåßn spårn, daß es si ausgeaht. ... A Toal håbe hålt nuit zamengebråcht und a Toal nuit viel. Und dia des Gald veresse hatte, dia hatte ålls leicht deresse.«
Gottfried Lechthaler hat sich in den Jahren seiner Wanderschaft aber doch so viel Geld erspart, daß er sich 1918 aus altem Armeebestand zwei Pferde und einen Wagen kaufen und einen kleinen Frachtbetrieb aufnehmen konnte, mit dem er von Wenns aus das ganze Pitztal belieferte.

Die wachsenden Grenzschwierigkeiten, die wirtschaftlichen Probleme in den ehemaligen Hauptzielländern Schweiz und vor allem Deutschland, schließlich auch die Bestimmungen der österreichischen Arbeitslosenversicherung, die Arbeitszeiten im Ausland nicht anrechnete, ließen den Pitztalern nach dem Ersten Weltkrieg die Saisonarbeit im Ausland nur mehr vereinzelt als Ausweg ihrer wirtschaftlichen Misere offen. Für die Menschen im äußersten Talabschnitt boten die Industriebetriebe in Imst und die Arbeit bei den Bundesbahnen zumindest zeitweisen Ersatz. Aus dem hinteren Tal konnten in den 20er Jahren noch einige wenige, wie Franz Rimml und Alfons Rauch, beim Straßenbau und als Holzarbeiter im Bregenzerwald oder in Kärnten Arbeit finden, und fünf bis sechs Männer zogen aus St. Leonhard alljährlich bis 1931 mit Johann Santeler als Vorarbeiter auf die Großbaustellen der Kraftwerksbauten am Spullersee und in Partenen.
Wer solche Möglichkeiten hatte, konnte Ende der 20er Jahre im Herbst noch bis zu 600 Schilling mit nach Hause bringen, was in etwa dem Preis von zwei mittleren Kühen oder dem Saisonverdienst eines guten Bergführers entsprach. Franz Rimml aus Trenkwald, Jahrgang 1909, hat im Sommer 1928 mit Johann Santeler beim Kraftwerk in Partenen gearbeitet und zog dann im Herbst gleich weiter in den Bregenzerwald, wo er auf seine zwei Brüder traf und mit ihnen bis zum Herbst 1929 beim Brückenbau arbeitete:
»1928 isch des gwesn, i bin det im Herbst nit huam, i bin nåcher ins Kloane Walsertål außn und bin det bei der Wildbachverbauung gwest. Det isch der kålte Winter gwest, ischt der Bodensee zuagfroren gwest, mit Roß und Wågen håbn se gekennt übern Bodesee fåhre. Im Kloan Walsertål in Ritzlern sein mar gwest und bei der groaße Brucke håm mar det gårbeitet, mir håbn die Sockl betoniert, wo die Brucke nå draukemen ischt. Und daneben ischt a so a tiafer Gråbn gwest, den Gråbn håm mar ingfüllt, von a so an Bergruckn då weggegråbn und mit die Rollwågn håm mar då den Gråbn augfüllt. Det håm mar a Mark ghet in der Stund, det isch es fåst gleich gwesn, Mark und Schilling – då in Vorarlberg (Partenen) håm mar

Diese Männer sind im Jahr 1900 von Wenns und Umgebung nach Amerika ausgewandert. Das Bild wurde 1903 in Colorado aufgenommen und in die Heimat geschickt.

96 Groschn ghet pro Stund. I woaß, der Sigmund håt sich det an Ånzug måchn glåt in Bürs, der håt ihn 300 Schilling gekostet, ischt a kåmmgårnener Ånzug gwest. Geblieben ischt ins hålt von Langez bis in Herbst a so 500, 600 Schilling bis du glebt håsch ghet, weil gessn natürlich håm mar det ou!

Mir sein zu fünft gwest, zwoa Südtiroler, oar håt Kilian ghoaßn und oar håt Lois ghoaßn, sein Briader gwest und bei ins sein drei Briader gwest, der Hermann, i und der Sigmund. Und då ischt oft hålt graft (gerauft) wordn, per Hetz hålt so vor und nåch der Zeit. Und mir håbn ållm am meisten Brot gessn. Z' morgez håt 's nur Kaffee gebn, Kaffee håsch gnuag bekemen, an guatn Kaffee. Det ischt a Kuchl dabei gwest, a Bregenzerwälder ischt Koch gwest. Gegn die 30 Årbeiter sein då gwest ållm und z' mittåg håt der nå richtig gekocht und am Åbend håt 's meistens hålt nå Kaffee und Riebl gebn. Åber då håm mar viel z' wianig ghet, mir sein då im ärgstn Wåchsn dinnen gwest und a so im Monat zwischn 25 und 28 Wecken Brot håm mar gessn, a jeder. Ischt Weißbrot gwest, woasch, und des håt ins nåcher no extra gschmeckt! Sunntiger det håt er lei z' mittåg gekocht, det håt 's sinscht nicht gebn außer z' morgez an Kaffee und Brot. A selle Trum Brot då z' morgez mit dem Kaffee, des håsch ochngschlungen als wia nuicht! Håsch an Hunger ghet und in ärgschten Wachsen gwest und gårbeitet håt man ou, nit.

Sein schiane Zeitn gwest davorn, jå. Seider bin i numme außnkemen det.«

▷

Alois Schöpf vom Schrofen (St. Leonhard) betrieb neben der kleinen Landwirtschaft das Schusterhandwerk und zog mit seinem Werkzeug durch das ganze hintere Tal von Hof zu Hof, wo er für Kost, Übernachtung und ein kleines Entgeld die anfallende Flickarbeit erledigte. Das Bild wurde um 1900 von seinem Bruder Josef aufgenommen, der sein Geld ebenfalls als Flickschuster, autodidaktischer Mechaniker und – als erster im Tal – auch als Fotograf verdiente.

Von der Arbeit und vom Mangel

»Hoch oben auf den Bergen stehen einsame Balkenhäuser der Bauern, mühsam zu erklimmen, abgeschieden vom Treiben der Welt, als ob sie viele Meilen von Städten und Marktflecken entfernt lägen. Die Staffage von Menschen, die ich im Thal sah, war spärlich: ein Bauer, der in der Ache Forellen für den Herrn Kuraten von Jerzens fing, irgend Einer, der zum Grasropfen auf einen hohen Pelfen hinaufstieg; Jätherinnen, gar nicht weit von einem Lawinenüberrest gebückt ihrer Arbeit obliegend; Weiber, die in Körben die breiten Blätter der Pletschen heimtrugen, welche mit Milch zu einem Saufutter gekocht werden; ein Kretin, der mit lautem Geschrei das Herannahen schlechten Wetters verkündete; Pechler, welche die Spuren ihrer Thätigkeit an harzigen Stämmen zu verkleben und zu heilen suchten; Weiber, die strickend neben dem Weg Rinder hüteten; eine Haderntragerin: das waren die lebenden Gestalten am Wege . . .«

Reiseschriftsteller wie Heinrich Noë (1878, S. 537) haben wohl zu allen Zeiten den kulturellen und sozialen Kontrast zu jener bürgerlich-städtischen Welt gesucht, in der sie und ihr Lesepublikum zu Hause waren. Die Bewohner Afrikas und Asiens dürften mithin aus ähnlichen Motiven zu literarischen Ehren gekommen sein wie die Bewohner ferner Alpentäler. Neben einer guten Portion Überheblichkeit des Europäers gegenüber den Primitiven, des Städtebürgers gegenüber dem Bergbauern und neben aufgeklärtem Antiklerikalismus – Noës Bauer darf natürlich nicht etwa für sich selbst, sondern muß justament für den Kuraten fischen! – findet sich in ihren Schilderungen immer wieder auch blankes Unverständnis. Wie können Menschen in einer Gegend wie dem Pitztal überhaupt existieren?

Selbst dem vielgerühmten Tiroler Volkskundler Ludwig von Hörmann (1873, S. 68) erschien dieses Tal noch als Ort, an dem Leben nahezu unmöglich ist, es sich jedenfalls aber nicht lohnt: »Was findet man im Pitztal? Rechts ist ein Felsen, links ist ein Felsen, und in der Mitte drin ist – nichts. Das ist nach der Versicherung eines Talkenners die kürzeste und zugleich richtigste Beschreibung dieses gesegneten Landstriches.«

Auch wenn es keinen Anlaß gibt, die früheren Verhältnisse im Pitztal romantisch zu verklären, hat sich doch hinter diesem Hörmannschen »Nichts« ein viel-

Die Arbeit der Kinder war in der Berglandwirtschaft ebenso selbstverständlich wie unverzichtbar. – Alois Füruter (Àgades Loisele) aus Weißwald. (1937)

Bilder wie diese wurden im Tal von den Touristen aufgenommen, denen Arbeit und Leben unter solchen Bedingungen ebenso exotisch schienen, wie den Reiseschriftstellern des 19. Jahrhunderts. – Filomena Pechtl und vier ihrer Kinder bei der Heuarbeit in Mandarfen. (1922)

gestaltiges wirtschaftliches und soziales Leben verborgen, das uns heute sehr fremd anmutet. Während die Verhältnisse in Arzl und auch in Wenns durch die günstigeren Bedingungen der Landwirtschaft schon zu Noës und Hormayrs Zeiten besser waren als im hinteren Tal und in ihrer Entwicklung aufgrund der besseren Verkehrslage mit den umliegenden Gebieten einigermaßen Schritt halten konnten, hat sich die Lage im hinteren Tal bis nach dem Zweiten Weltkrieg wenig zum Guten geändert.

In den heutigen Erzählungen der Alten im Pitztal kommt immer wieder Verwunderung darüber zum Ausdruck, daß und wie man früher überleben konnte. Die häufigen Bemerkungen, heute könne man sich solch schwere Arbeit nicht mehr vorstellen, heute würde ein solches Leben niemand mehr aushalten, scheinen auch nicht nur zu den üblichen Redewendungen zu gehören, mit denen ältere Menschen ihre eigene Vergangenheit als etwas Besonderes darzustellen versuchen, um sich aus der Anonymität der Geschichte ein wenig hervorzuheben.

Gerade im hinteren Pitztal, das erst so spät dem Verkehr der Waren, Dienstleistungen und Touristen erschlossen wurde, scheinen Gestern und Heute besonders nahe beieinander zu liegen, scheint deshalb die Kluft zwischen beiden besonders tief. Der Wandel in den Lebens- und Arbeitsverhältnissen der Menschen während der letzten 20, 30 Jahre ist dadurch um so augenfälliger.

Die schwere Arbeit auf den Bergmähdern und das jährliche Erde-Rollen, wenn auf den steilen Ackerflächen im Frühjahr die heruntergerutschte Erde wieder zum oberen Rand hinaufgetragen werden mußte – Lechthaler (1968, S. 92) berichtet davon auch noch aus seiner Kindheit um die Jahrhundertwende in Wenns –, solche Mühen sind innerhalb eines halben Menschenalters ebenso undenkbar geworden wie viele Formen der Kinderarbeit oder die langen Fußmärsche zu den Märkten in Wenns und Imst. Nicht daß die Marktabhängigkeit der Menschen im Tal heute geringer wäre, aber sie ist zum einen weniger augenfällig – der »Markt« findet durch die verbesserten Verkehrsbedingungen gleichsam vor der eigenen Haustüre statt –, und die Ausgangsposition der Pitztaler hat sich durchaus gebessert. Die materielle Not des Tales scheint heute weitgehend überwunden.

Beim Einbringen des Heus oberhalb von Arzl. (Foto: Köhle um 1945)

▷

Ehrenreich Neururer beim Bergheutragen zum Pill am »Brand« oberhalb von Köfls. (Um 1948)

70

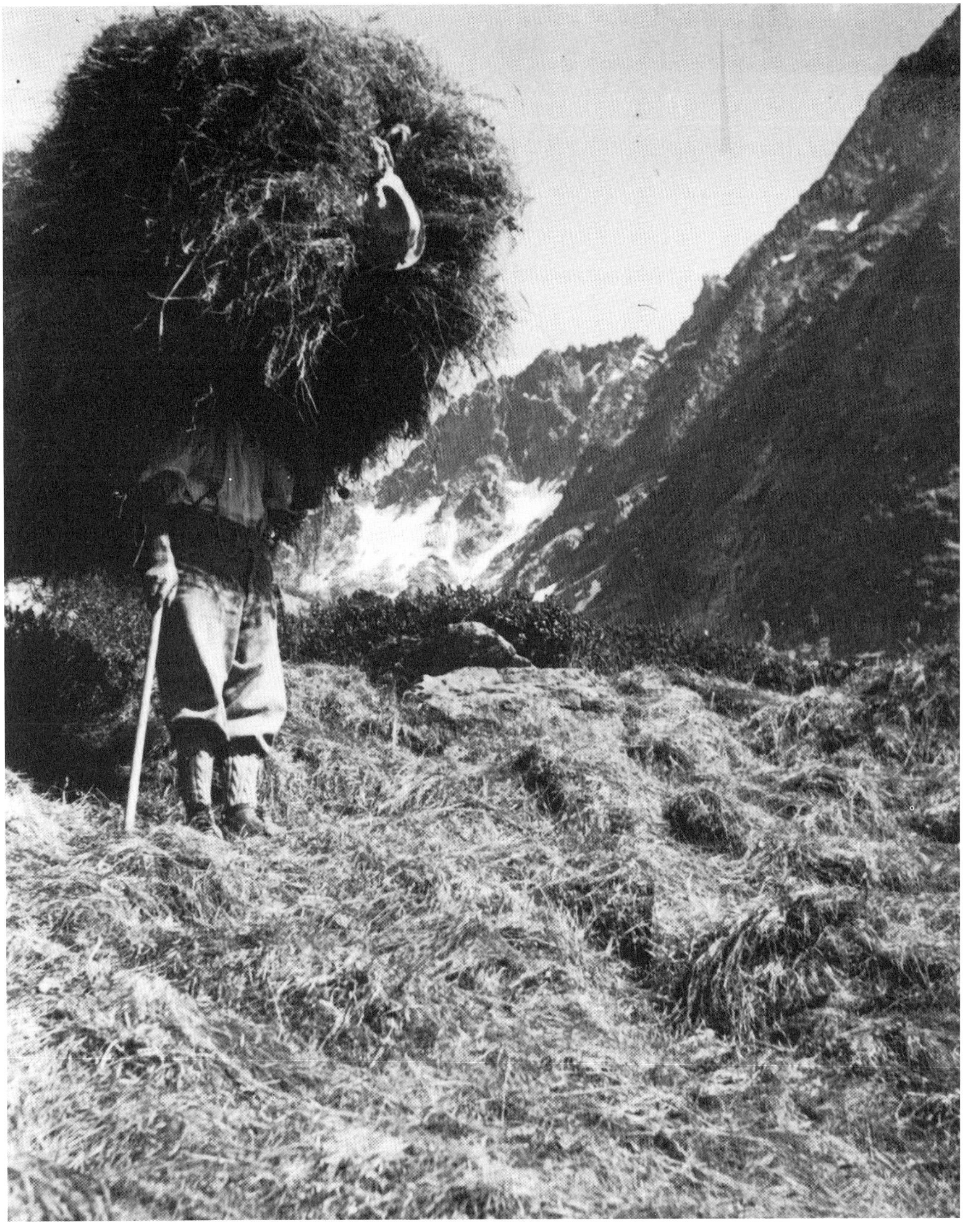

Damit aber verschwand auch jene eigentümliche Ökonomie des Mangels, die sich im Pitztal über die Jahrhunderte entwickelt hat und von der mannigfache Formen der Gemeinschaftsarbeit und Nachbarschaftshilfe ebenso zeugen wie eine unglaubliche Fülle von Formen des Neben- und Zusatzverdienstes. Man wußte sich, scheint es heute, immer wieder zu helfen. Wirklich hart sei es erst geworden, als selbst diese Ökonomie des Mangels versagte; als die Inflation nach dem Ersten Weltkrieg den Verdienst einer Saison im Holz auf den Gegenwert eines Achtel Weines zusammenschrumpfen ließ; als man als Gastarbeiter in der Schweiz und in Bayern keine Arbeit mehr bekommen konnte; als die Italiener kein Vieh mehr über die Grenze ließen und man die jährliche Kuh am Markt zu Imst kaum mehr verkaufen konnte; als mit der Tausendmarksperre ab 1933 auch die Fremden noch ausblieben. – Das war die Zeit der großen Not.

»Pitztaler Kühe«

Franz Pechtl erzählt, wie die Landwirtschaft in Mandarfen, dem letzten Weiler im Pitztal, auf 1682 m Höhe nach dem Ersten Weltkrieg, nach dem Wegfall der Saisonarbeit ausgesehen hat:
»Jå, då håt man hålt nur von der Låndwirtschåft kennen si derhåltn. A sechs Schafl werd hålt a so a Baur ghet håbn, fünf, sechs Schafle, a påår Hennen und hålt nåcher a fünf Stückle Viech, sechse vielleicht, und a zwoa Kalblen gezügelt (aufgezogen). Und wenn koans hingången ischt, nå håt man gekennt zwoa verkofn am Mårkt, natürlich greaßere Rinder nåcher, entweder Kålben oder Kiah. Und des ischt des gånze Jåhr für die Familie des Gald gwest, wås sie ghet håbn ... Gerste håt man hålt so, wenn 's guate Jåhr gwest sein, a so a 16, 18 Streumåß ghet – a Streumåß håt 15 Kilo ghet – und a zwoa-, dreitausend Kilo Erdäpfl. Und sinscht ischt hålt bei der Låndwirtschåft 's Gras gwest, und davon vielleicht oan Drittl von die Bargwiesn dobn. Ischt man an gånzn Monat im Summer, im August, ischt man auf die Bargwiesn dobn gwest. Mit Steigeisn hah gmåcht und im Winter nåcher ochngezochn. – Im Summer mit Steigeisn håsch gmiaßt årbeitn, weil es ischt viel z' stickl (zu steil) und viel z' rutschig gwest.«

Da die Gerste im hinteren Tal oft nicht mehr ausreifen konnte und auch die Kartoffeln häufig bereits vom ersten Frost im September vernichtet wurden, war die Viehzucht für die Bauern von umso größerer Bedeutung. Der Viehstand wurde so hoch gehalten, daß man ihn über den Winter gerade noch durchfüttern konnte. Hatte man sich verrechnet, mußte Reisig und Stroh gefüttert oder um teures Geld Heu von Bauern im vorderen Tal dazugekauft und mit dem Schlitten nach Hause geschafft werden. Wurde das Vieh dann im Frühjahr auf die eben ausgeaperten Heimweiden getrieben, war es manchmal bereits so sehr abgemagert, daß es sich kaum aufrecht halten konnte. Um die Armut im hinteren Tal zu beschreiben, wird in Arzl und Wenns jedenfalls heute noch erzählt, die Bauern hätten ihr Vieh im Frühjahr auf die Weide tragen müssen, und dort habe jedes Kind die Tiere umschupfen können. Raimund Eiter aus Zaunhof meint, so arg sei es nun auch wieder nicht gewesen, man habe das Vieh eben rauh gefüttert:
»Mir håben a so a vier Stuck Viech ghet dåmåls. Åber natürlich håt man se nit a so fuatere kenne, åls wia man se heit fuatert. Heit fuatert man, mei mit der Hälfte Viechstånd fuatert man des leicht au. Man håt sie natürlich wohl rauch gfuatert, Dasche (Zweige), Mias (Reisig), Stroah gekoft, vor ållem 'n Galtviech. Daß se in Langez, wenn se vom Ståll außer sein, gråd umgfålle sein, war bei ins gråd nit gwest. Hunger leide håbe se gråd so nit miaße, rauch gfuatert sein se hålt gwore. Und bei die Kiah natürlich hålt dementsprechend ou die Milchleistung nåcher schlecht. Und von an Kråftfuater koufe isch jå går koa Red gwest, håt man går nit drån gedenkt, weil man kaum 's Noatwendige für 's Haus derkoft håt.«

In Imst waren die Pitztaler Kühe als eigener Schlag bekannt. Es handelte sich um das normale Oberinntaler Grauvieh, das unter den rauhen Bedingungen im Tal meist kleiner geriet, bei guter Fütterung aber durchaus gute Milchleistungen brachte. Lässer (1956, S. 108) berichtet, noch in den 50er Jahren haben ausgewachsene Kühe aus St. Leonhard meist unter 320 kg gewogen, während das normale Durchschnittsgewicht bei 350 bis 380 kg lag. Agnes Schatz in Imst hatte selbst einmal eine solche Kuh im Stall:
»Ja, bei uns dahoam då håt man ållerweil gseit, die Pitztaler, die sein årm. Und mir håbe im Ståll a Kuah ghet, a graue, a kloane, då håt 's ghoaßn 's ›Pitztaler

Der Weiler Piösmes (Gemeinde St. Leonhard) um 1955. Die durch jahrhundertelange Realteilung stark zerstückelten Felder ziehen sich weit den Hang hinauf, da der verhältnismäßig breite Talboden immer wieder verwüstet wurde. So auch 1919, als ein großer Murbruch vom Arzler Alpl die Pitze aus ihrem Bett verdrängte und großen Schaden an den Feldern und an einem schönen Lärchenbestand anrichtete. (Foto Mathis)

▷

Johann Haid und Johann Neururer auf der Neubergalpe oberhalb St. Leonhard. (Foto: Santeler um 1935)

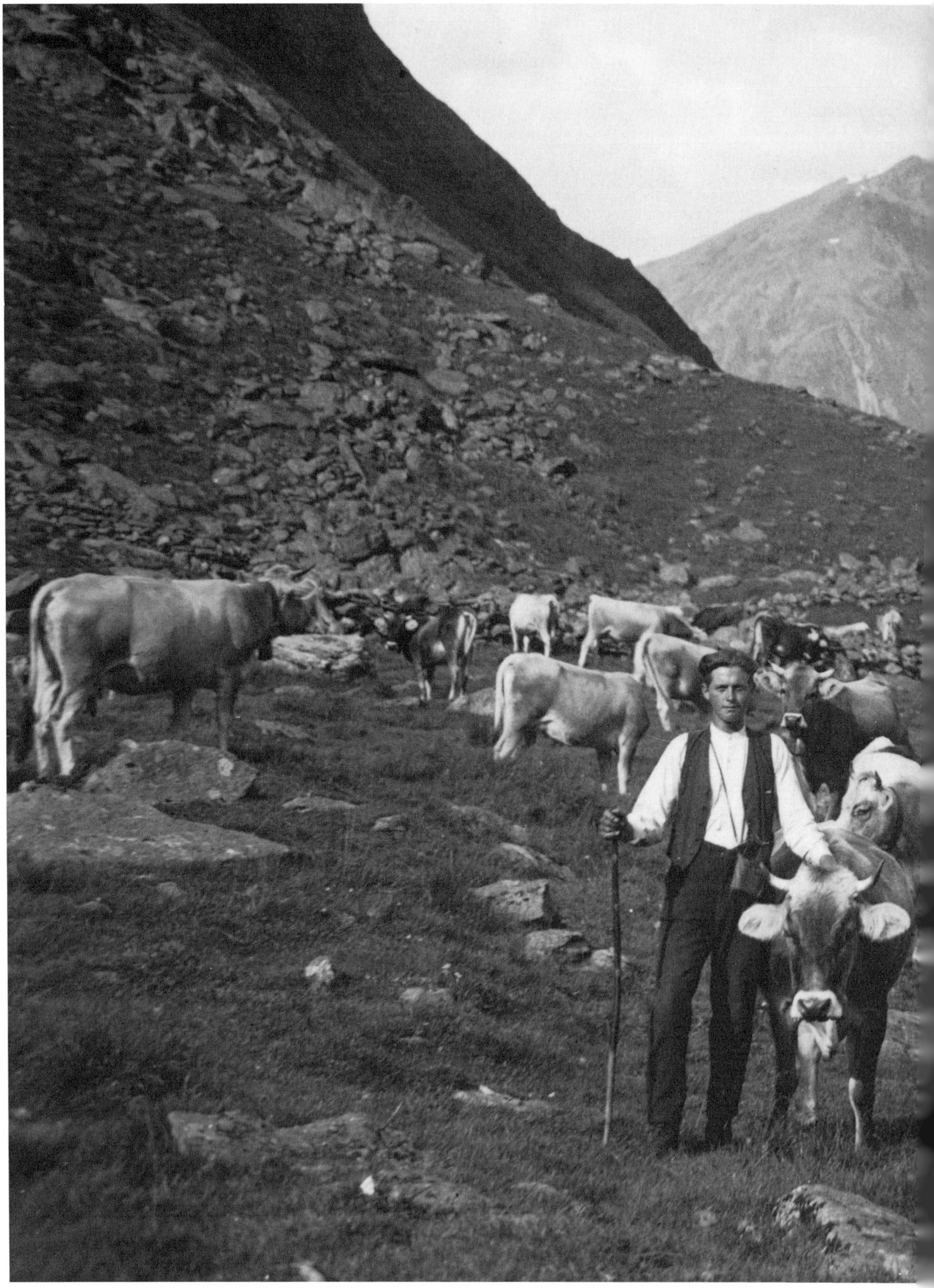

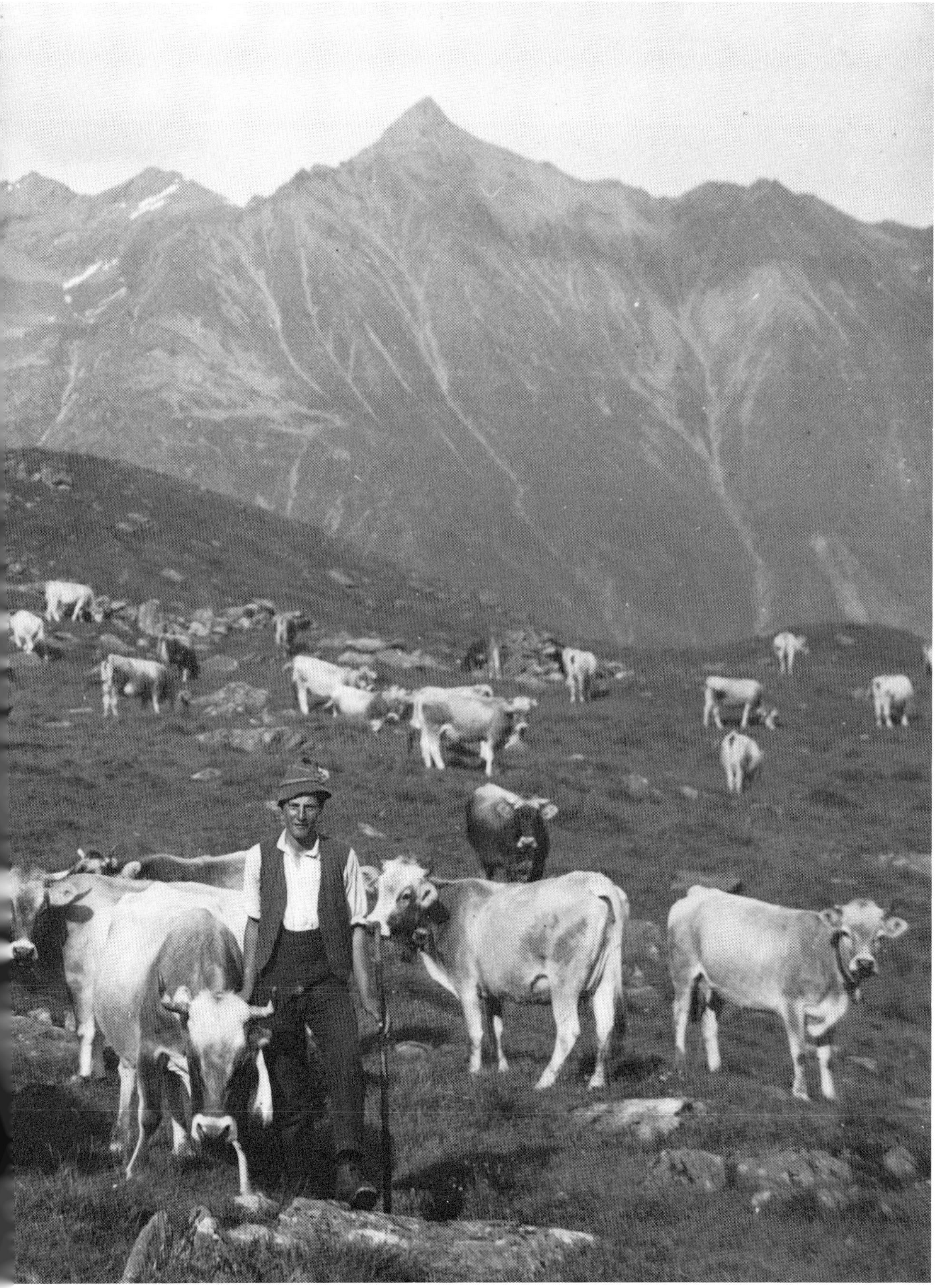

Kühele«. Und dei håbe ålls so kloan, weil se nit viel zum Fresse håbe, die Viecher. Åber Milch håbe se viel gebe. Des wår a guats Kühele.«

Vom Heuziehen

Der relativ hohe Viehstand konnte, solange niemand Kraftfutter zuzukaufen vermochte, nur durch eine ausgiebige Nutzung der Bergwiesen und des Wildheus gehalten werden. Bei manchen Bauern im hinteren Tal betrug der Anteil des Wildheus am Heuvorrat bis zu 50 Prozent. Es wurde auf Bergmähdern gewonnen, die hoch oben auf der Trogschulter des Tales in Regionen lagen, die vom Vieh selbst nicht mehr beweidet werden konnten, weil sie zu steil und ausgesetzt waren. Während die Bergmäder im Gemeindegebiet von Wenns und Jerzens relativ leicht zu bearbeiten waren, konnten sie im hinteren Tal meist nur mit Steigeisen betreten werden. Sie wurden in drei- bis sechsjährigem Turnus gemäht, der Graswuchs der Zwischenzeit verfaulte und diente als Dung.

Im hinteren Tal waren diese Flächen zum überwiegenden Teil Gemeindebesitz und wurden meist alle 20 Jahre durch Los auf alle Bauern neu verteilt. Im vorderen Tal waren sie ausschließlich Privatbesitz einzelner Bauern. Wer daran als Kleinbauer keinen Anteil hatte, konnte nur auf das verbleibende Gemeindegebiet ausweichen und meist zwischen Steinen und im allerunwegsamsten Gelände mit einer kleinen Sichel das Gras »rupfen«. An diesem zum Teil recht umfangreichen Grasrupfen haben sich vor allem die Jagdherren gestört, viele Kleinhäusler haben aber nur so ihr Vieh über den Winter bringen können.

Therese Grassl vom Flickerloch oberhalb von Wenns hat das Bild vom Grasrupfen aus ihrer Kindheit vor dem Ersten Weltkrieg noch gut in Erinnerung:
»Mei, i woaß no guat, wia d' Muater um die Staude umcherkroche isch und Gräs gropft håt und ålls ausgropft håt! Auf die Berg dobe isch jå nicht umcher. Ackerle håt man båld koane ghet und daß man zwölf Stuck Viech fuatere håt kenne, håbe mir miaße ålle Bichl okrablen und Staude ausropfe, daß man soviel Hei ghet håt.«

Im August zog, wer von der häuslichen Arbeit abkömmlich war, bis zu sechs Wochen zur Mahd auf den Berg. Das Heu wurde in kleinen Stadeln, Pill genannt, gesammelt und im Winter, sobald es die Schneedecke erlaubte, ins Tal gebracht. Bergmahd und Heuziehen gehörten zu den anstrengendsten und gefährlichsten Arbeiten der Berglandwirtschaft. Doch bot das Heuziehen im Winter auch willkommene Abwechslung. Wie bei der Holzarbeit halfen reihum alle Familien zusammen. Die meisten Männer waren während des Winters ohnedies zu Hause und arbeitslos. Geholfen wurde freilich rein auf Gegenseitigkeit. Um das Heu im Tal zu haben, bevor die Sonne die sorgfältig präparierte Schleifspur, den »Rieß«, aufweichen konnte, mußte man oft schon bald nach Mitternacht aufbrechen und hat deshalb schon beim jeweiligen Bauern oder dessen Nachbarn übernachtet. Natürlich gab es dort auch ein besseres Essen und nach der Arbeit manch langen Abend mit Kartenspiel, »Huangart« und Gesang.

Franz Rimml ginge heute noch gern, wenn er es schaffen könnte und wenn überhaupt noch Heu gezogen würde. In den 50er Jahren hat sich das aber aufgehört, und die alten Bergmäder sind schon längst verwildert.

»Mir sein kemen vom Darfner (Mandarfner) Barg dinnen und von Taschach dinnen bis auf Scheibrand. Sell isch eigentlich 's strengste Ding gwesn, 's Hahziachn, åber schian! Hahziachn, sell tat i, moan i, heit no gern, wenn i 's päcken tat. Des isch 's schianste gwest von gånzn Winter eigentlich. Då sein die Leit, wenn oaner an Pill voll dobe ghet håt, oder a Triste wia man seit, an Schober, då håben se zerscht 'n Weg augetån und håbn auchn grießt (den Schleifweg, das Rieß, vorbereitet), håbn die Vorstätt gmåcht, wo man nåcher die Biertlen (Bürteln) aufgfaßt håt.«

Diese Bürteln waren bis zu 200 kg schwere Heuballen. Sie wurden mit Ästen oder mit Holzkufen, »Hahschienen«, unterlegt und mit einem Seil zusammengebunden. Je nach der Steilheit des Rieß wurden bis zu sechs von ihnen aneinandergehängt und dann ins Tal gezogen. Dort wurden sie auf großen Schlitten, »Granzeler« genannt, in einen nahen Stadel oder zum Hof geschafft.

»Und då sein se nåcher frågen gången in den Haus: ›Gångsch mir du morgn Hahziachn?‹ und a so weiter und då håben sie oft zehn, zwölfe gfrågt. Und natür-

Beim Heuziehen auf der »Scheibe« am Plangeroßer Berg um 1950. Bis zur Hälfte des für die Überwinterung des Viehs nötigen Heus wurde bis in die fünfziger Jahre im Sommer auf steilen Bergmähdern gewonnen und im Winter auf diese Art zu Tal gebracht.

lich ischt man då an jedn gången, nit, man håt sie salt jå ou gebraucht. Und gern gången ischt man, weil då ischt man ållm auf d' nåcht gången, då ischt man nåcher in den Haus glegn, oder bei die Nåchbårsleit, då håt man gschlåfn, weil man z' morgez ållm friah gången isch, je nåchdem 's a Rieß ischt gwest. Åls wie im Taschach inchn, det isch man ållm schon a so uma drui z' morgez fort z' Weißwald bis untn gegn 'n Böcherbodn inchn mit 'm Schlitten und von det isch man auchn und håt augfåßt, eppas håt man hålt nåchn gstellt, und a påår håbn duntn außn gezochn bis gen der Ochsehütte, weiter håscht es nit gebraucht z' tian. Und z' lescht håt man no a Biertle mit huam. Nå ischt man vielleicht a so uma drui nåchmittåg huam kemen, bis des gånze Hah bei der Ochsehütte gwest ischt, det ischt es sicher gwest, der Lähnen (Lawinen) wegn. Und nåcher håt 's nå Kråpfn gebn und Kiachlen, nå håt 's ållm ghoaßn: ›Des ischt a Kiachl-Rieß gwest‹ und a so. Und dånåch håt man hålt meistns ånghebt Kårtn, nit, und ischt gekårtet gwordn bis elfe, zwölfe z' nåcht und nåcher ischt man hålt huam gången. Und a so ischt hålt oa Winter um den andern umchn gångn, nit, weil 's oane Mål ischt man Hahziachn gwest, 's åndre Mål Holzschneidn.«

Die Fahrt mit den Bürteln durch den oft sehr steilen Rieß war für die jungen Burschen immer auch eine Mutprobe. War der Schnee schon weich oder der Rieß schlecht angelegt, konnte es sein, daß man beim Versuch zu bremsen eingebrochen und kopfüber geflogen ist und die Bürteln dann über einen hinweg fuhren.

»Jå wenn 's stickl ochn gångn isch, håsch hålt gmiaßt inchn håckn mit die Fiaß in den Rieß«, erzählt Josef Pfeifhofer aus Trenkwald. »Ou so månches Mål passiert, daß es oan gschluckt håt. Håbn mir ållm gseit: ›Då håt 's wieder oan gfressn‹, wenn er unter die Biertln in kemmen isch. Wenn nit gråd gfåhrliche Rieß gwesn sein, håt 's nit viel gebn. Bein Seirlöch (oberhalb von Weixmannstall), då isch schon amål oaner verkugelt. Sinsch, då isch hålt nåcher 's Biertl -oghaut und drüberaus, åber die Leit håbn si schon irgendwia derwehrt.«

Außer diesem einen sind im hinteren Tal aber keine tödlichen Unfälle mehr bekannt. Allen Ehrgeiz setzten die Jungen darein, besonders gefährliche Stücke, die von anderen Männern abgesichert wurden, oder längere Flachstücke ohne fremde Hilfe zu bewältigen. Dementsprechend schnell mußten sie unterwegs sein. Wenn sie zu schnell wurden, flog das Heu in hohem Bogen oft Hunderte Meter über felsiges Gelände zu Tal. Franz Rimml:

»Åber die ärgschte Hetz håt 's ållm gebn z' morgez: Zerscht, wenn man auchn kemen ischt gen den Pill, ischt graft (gerauft) wordn, galt, wås die jüngere gwest sein. Zerscht einander über der Vorstått ausgworfn in Schnea, hålt Dummheitn gmåcht. Und nå galligschn håbn die Ålte gseit: ›So, iatz isch nå Schluß, iatz miaß mar gian über 's Hah ruckn!‹

Åber nåcher ofter amål håt oaner oanfach keglt mit Ochnfåhrn, daß er z' resch gfåhrn isch oder daß 's Rieß z' schmål isch gwesn und er håt gwellt Schneid håbn. ›Då kimm i aloan durch!‹ und a so, und derweil sein ihm die Biertlen durch und die sein hålt nåcher auf an Ort untn gwest. Und nå des Auraumen! Muasch denkn, wås des für a Hetz gebn håt, die håbn jå nuicht z' låchn ghet, wenn die oan håbn gmiaßt mitgian! Freilich håt man 's z' samengetån, weil 's Hah håt man nit hin sein glåt, des hat man schon 'm Baur z' liab nit getån.«

Der Goaßer

Bis von der Bezirksforstbehörde nach 1945 die Waldweide für die Ziegen gesperrt wurde – sie hatten den Wald durch Verbiß gewaltig geschädigt –, waren die Ziegen als Milch- und Fleischlieferant für das hintere Tal von sehr großer Bedeutung. Immerhin wurden 1934 in St. Leonhard 654 Ziegen gezählt (in Arzl nur 76) und betrug ihr Anteil am Gesamtviehbestand rund 30% (in Arzl nur 3%). Die Ziege machte als »Kuh der armen Leute« auch im Pitztal ihrem Ruf alle Ehre.

Die Ziegenweide war gemeinsame Aufgabe aller Interessenten eines Weilers und wurde meist von einem schulpflichtigen Buben, dem »Goaßer«, geleitet. Er sammelte jeden Tag frühmorgens die Ziegen ein und trieb sie in die steilen Waldweiden an den Abhängen des Tales, die für das Rindvieh nicht mehr zugänglich waren, oft bis hinauf in die Almregionen. Abends brachte er sie zum Melken wieder zurück ins Tal. Da er dafür nicht nur einen kleinen Lohn von etwa 150 Schilling (1934) und im Herbst ein Paar Schuhe

Nach dem Almabtrieb Ende September wurden die Schafe, wie hier in Piösmes um 1938, wieder auf ihre Besitzer verteilt. Das ging nicht immer ohne Konflikte vonstatten. Die Bauern im hintersten Tal nahmen auf ihren großen Weiden auch Schafe aus Arzl und Wenns auf und mußten sie dann zur »Schafschoad« bis zum Gasthaus Schön treiben. Das geringe Entgelt langte in den dreißiger Jahren gerade noch zur Bezahlung des Hirten und der Steuern.

erhielt, sondern auch reihum von allen Interessenten verköstigt wurde, war das ein sehr begehrter Posten. In Trenkwald hatte ihn jahrelang Franz Rimml inne: »Die Hauptsåch ischt gwesn, daß du nur z' essen håsch ghet, wenn du von dahuame wegkemen bisch, weil dahuam håbn se ou nuicht ghet. Schon zerscht mit Goåß-Hiatn, mit siebn, åcht, nein Jåhr hån i die Goåß ghiatet z' Trenkwald. Det hån i å Påår Schuach ghet in Summer und 's Essen. A jede Goåß håt oan Tåg geköstet und då bisch den gånzn Summer im Kroas umadumgången. Bei dem Bauern håsch ångfången, der håt, såg mar, drei Goåß ghet, håsch drei Tåg z'essen ghet, der oane håt viere ghet, det bisch viere gwest, und a so ischt es umchn gången und wenn die Runde fertig isch gwest, håsch wieder beim oan ångfången, den gånzn Summer. Natürlich, mir håbn des gern getån, weil då håsch ållm a bissl a bessers Essn ghet als wia dahuame, dahuamen hatten se dir des jå nit gekennt tian. Z' morgez håsch schon Suppe und Erdäpfl gröstete oder an Riebl dazua bekemen, nåcher auf Neine (Vormittagsjause) meistens a Butterschnitte, des hatten se dahuame für sechse jå nit leisten gekennt, håm sie 'n Butter jå nit ghet, nit! Und nåcher håsch z' mittåg gessn und nåcher håsch wieder a Butterbrot oder a Kasbrot mitbekemen, weil nåmittåg isch man die Goåß holn gången und wenn man mit die Goåß huam kemen isch, håt man wieder auf d' nåcht gessn, und gschlåfn håt man dahuam. Und im Herbst, wenn die Huat aus isch gwest um 'n Kirchsunntig det sein die Goåß eh schon galt (trocken) gwest, håt man sie nåcher rennen glåt. Und det håsch nåcher gekennt gen Schuachter gian und håsch dir gekennt a Påår Schuach måchn låssn.«

Um die im vorhergehenden Herbst erworbenen Schuh zu schonen oder weil sie vielleicht wieder längst zu klein oder zerrissen waren, sind die Goåßer barfuß gegangen. Franz Rimml ist dabei einmal bis über das Verpeil-Joch ins benachbarte Kaunertal gegangen, um den Wallfahrern entgegenzulaufen, die gerade aus Kaltenbrunn zurückkamen. – Kaltenbrunn, nordwestlich von Feichten am Ausgang des Kaunertals gelegen, ist noch heute der meistbesuchte Wallfahrtsort des Oberlandes. Von Wenns aus ist man über den Piller Sattel, von St. Leonhard aus über das Wallfahrtsjöchl (2770 m) und vom inneren Tal aus über das Neururer- oder Verpeil-Joch (2830 m) dorthin gegangen. Am Pfingstdienstag einem Ge-

lübde aus der Pestzeit folgend und im Herbst, um bei der Muttergottes Schutz gegen die Lawinen des Winters zu erflehen. –

Von Trenkwald aus geht über die Hundsbach-Alm und das Breitlehn-Joch (2637 m) auch ein Übergang ins Ötztal. Über diesen sind die Ziegen im Herbst, wenn sie nicht mehr beaufsichtigt wurden, oft bis nach Längenfeld ausgerissen. Sie zurückzuholen, war wieder Aufgabe der Buben.

»Mir sein dahuamen duntn, wia i die Goåß ghiatet hån, bårfuaß über 's Joch gångn. Då sein sie åmål Kaltenbrunn gångn – im Herbst ischt man ållm Kaltenbrunn gångn, wållfåhrten – und i hån det die Goåß ghiatet, det bin i gråd bårfuaß bis ins Verpeil onchn, den Wållfåhrtsleit z'gegn gången, die Goåß hån i in Neururer Barg då ghet und åm Weg her hån i sie mitgnommen. Jå, und um a Loabele Brot und a Bröckele Speck sein mir Kitz suachn und Böck suachn im Herbst. Und då sein sie ins oft auf Längenfeld onchn, über 'n Hundsbach und ochn auf Längenfeld, woaß i oft. Sein mir bis auf Unterlängenfeld, im Fald håm mar se ållm z'samengsuacht. Wås ins gheart håt, håm mar gfånget dånn und wieder mit über 's Joch um a Loabele Brot und a Bröckle Speck. Des håt er ins nåcher gebn, der Köfler-Vetter.«

Vom Tauschen und vom Kaufen

Die harte Arbeit in der Landwirtschaft scheint nicht das eigentlich Bedrückende gewesen zu sein, auch nicht ihr bescheidener Ertrag – solange dieser wenigstens gesichert war. Zumindest in den Erinnerungen der Menschen im Tal nimmt es sich so aus. Im vorderen Tal hatte man ohnedies das Gefühl, besser dran zu sein. Nun hatten die Bauern von Arzl, Wenns und Jerzens auch nicht mehr Kühe im Stall, waren ihre Höfe nach häufiger Erbteilung ebenso klein und ihr Besitz zersplittert. Auch sie hatten pro Jahr nur eine oder zwei Kühe zum Verkaufen und sonst auch wenig Geld aus der Landwirtschaft zu holen. Dennoch waren sie mehrfach begünstigt. Alois Schrott aus Arzl erzählt:

»Mir sein decht a so, wås 'n Viechhandl anbelangt, åmål neichner beim Mårkt glegn, då isch eher mål a

Bauern aus Wenns und Umgebung bringen ihr Korn zum Drusch nach Wenns ins Oberdorf, wo nach dem Zweiten Weltkrieg bereits eine Dreschmaschine betrieben wurde. (Um 1948)

Handler zwischn die Märkte aufgetaucht. Es wår nåcher nit a so a Maleur, wenn man am Imster Mårkt nit verkoft håt, nåcher håt man no 'n Låndecker ghet, also man isch hålt decht a bissele zentraler glege. – Åber sinscht, wås die Kuah anbelangt, daß man damit für oa Jåhr håt ålls miaße finanziere, des stimmt für då ou. Åber sinscht håbe mir decht a Kraut selber ghet, håbe an Obst ghet und Erdäpfl sein besser gwäxe und vor ållm der Türke, wås die vordere Pitztaler mit die hintere gegen Schåfwolle gere tausche håbe. Des håt 's friaher gebe, die Tauschgeschäfte, Obst oder an Türke um an Bock zun Osteche. – Also då håt man sich schon a bissle mehr halfe kenne, weil mir hålt decht niederer liege.«

Solange es keine ausreichenden Verdienstmöglichkeiten gab, war dieser Tauschhandel lebensnotwendig für die Menschen im hinteren Tal. Schafe und Ziegen, Wolle und Felle, Preiselbeeren und Pilze wurden in Arzl, Wenns oder Jerzens, aber auch in Imst oder den umliegenden Gemeinden vor allem gegen den begehrten Mais, den Türken, mitunter auch gegen Dörrbirnen und Schmalz getauscht. Der Türken wurde im »Streumaß«, dem alten »Streichmaß« gemessen, das 23,6 Liter faßte. Franz Rimml:

»Böck und Goaß håt man jå dinnen ållm ghet, nit. Und wenn oar zwoa Böck ghet håt im Herbst, då håt man nå oan vertauscht um Türkn. Då sein mir z' Fuaß gången von z' hinterst aus 'm Pitztal bis auf Imst oder Tarrenz, wo man hålt Türkn bekemen håt. Für drei Streumåß Türkn håt man a so an Bock hergebn, weil mit 'n Türkn håt man in der Familie mehr ausgrichtet, als wia mit 'n Fleisch, nit. Und des ischt ållm a so gwest, des håbn ålle a so gmåcht dinnen, nit. Åber in oan Tag gången ållm! Då ischt man vielleicht um drui z' morgez fort innen und gången mit dem Bock bis auf Imst. Des woaß i no guat, der Sigmund und i amål mit an so an schneaweißn Bock, ischt glei nåch 'n erschtn Waltkriag gwesn – i bin då a so a Biable gwest, bin völlig über an jedn Stuan außn gstolpert – seimer bis auf Imst um drei Streumåß Türkn. D' Muater, die sall ischt oft um drui z' morgez z' hinterscht im Pitztal dinnen fort, z' Trenkwald, bis auf Tarrenz z' Fuaß, håt det a Streumåß Türkn augnomen – des sein ållm a so 16, 17 Kilo, wenn der Türkn guat ischt gwest, a tia Mål 18, wenn er gånz guat ischt gwest – und geträgn wieder bis huam in oan Tåg! Muasch denkn, des sein ållm nahezu 80 km hin und her! Des sollen sie heint måchen, nit! Heint geaht dir koa Mensch mehr 100 Meter weit um a Streumåß Türkn!«

Was nicht selbst erzeugt werden oder eingetauscht werden konnte, mußte von den Bauern am Markt oder bei den Wirten am Weg, die zumeist auch eine Gemischtwarenhandlung betrieben, dazugekauft werden: Werkzeug, Kleidung, Schuhe, Salz und Zucker... Ob das Geld nach Abzug aller Steuern, Versicherungen und Zinszahlungen dazu noch gereicht hat, entschied sich zumeist am Markttag. Franz Pechtl:

»Håt man guat glebt, håt man zwoa Viecher hergebn, vielleicht a Kalbl und a Kuah, håt man lei oans ghet, håt man hålt lei oans auf 'n Mårkt getån. Von den håt man glebt. – Wenn mir lei oans verkoft håbn, håbn mir drei Kilo Zucker gekoft bein Guschtl, håt man a bissele a bessers Viech ghet, håt man fünf Kilo gnommen, und wenn man amål gånz guate Viecher ghet håt, nåcher håt man siebn Kilo Zucker gnommen. Mit den Zucker håt man gmiaßt 's gånze Jåhr auskemen.«

Oft reichte der Erlös am Markt allerdings gerade dazu, die Schulden beim Händler vom vorhergehenden Jahr zu begleichen. Jedenfalls gehören auch Geschichten, wie die folgende von Alois Melmer erzählte, zu jenen immer wieder in ähnlicher Form erzählten Geschichten, mit denen die Armut und Kargheit des hinteren Tales beschrieben wird:

»Herrgott, i woaß no, von Mandarfn dinnen sein sie in Mårkt außer. Nåcher wenn sie kemen sein, håbn sie die laaren Galdsäckl ghet. Weil sie håbn gmiaßt von letschtn Jåhr die Schuldn incherwärts zåhln. Nå håbn sie hålt wieder nui Schuldn gmåcht bis auf 's nägschte Jåhr. Åber des ischt ållm gången, weil die håbn gwißt, der Pfroll, der Wieseler und 's Luisele z' Wenns, då håbn sie die Såchn ållm gholt, dia håbn genau gwißt, wenn die die Viech hergebn, zåhln sie ins. – Schon årm glebt!«

▷

Bauernfamilie in Arzl um 1900. (Martina Recher, Roman Krismer, Franz Krismer, Alois Krismer, Angelus Schöpf, der alte Krismer)

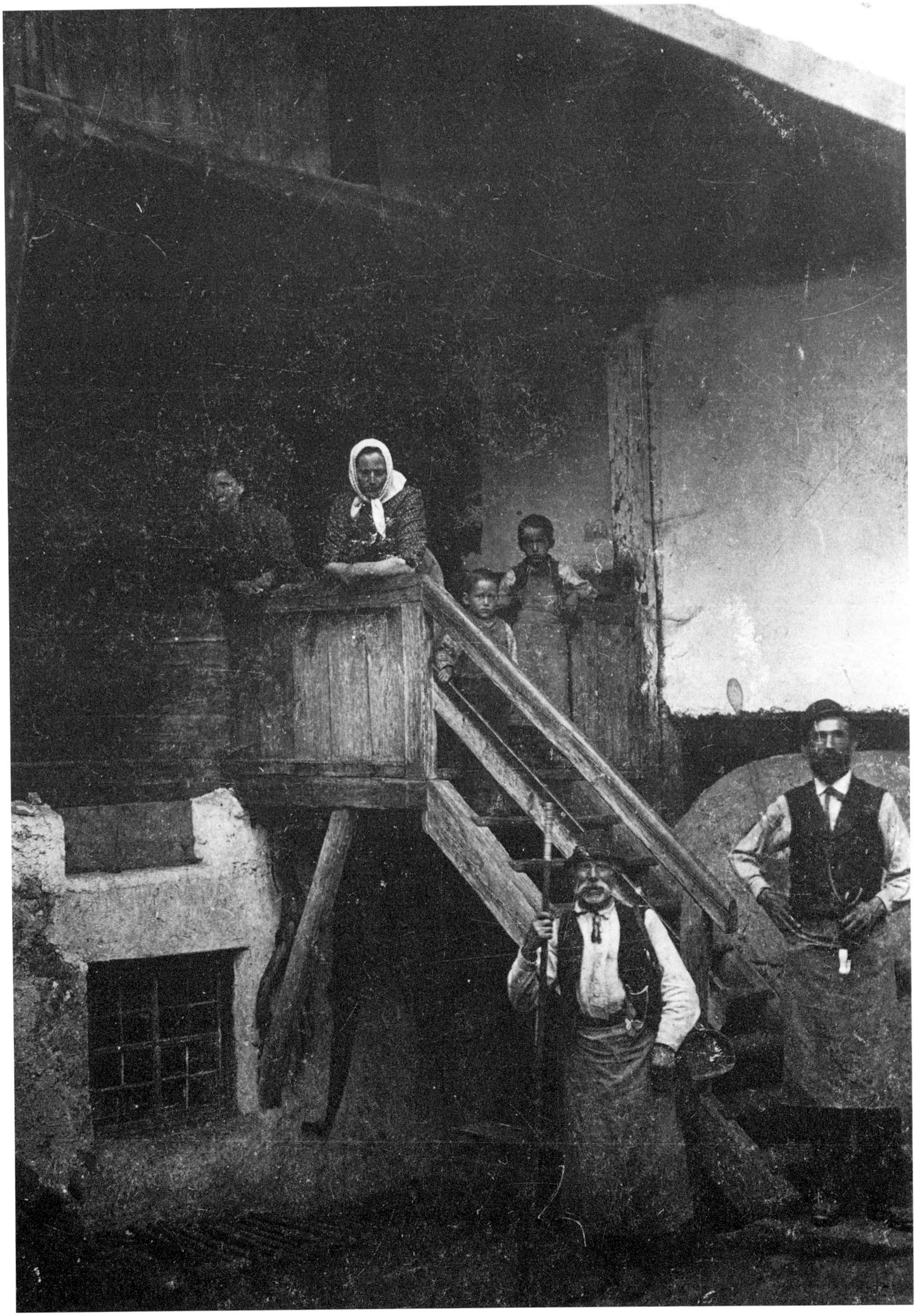

Der Taschachbutz

Die Armut der Menschen im hinteren Tal und ihre Benachteiligung gegenüber den Bewohnern von Arzl und Wenns kommt auch in manchen immer wiederkehrenden Erzählungen und Legenden zum Ausdruck. In Wenns etwa erzählt man sich von den »Gstättelern«, die alljährlich aus dem hinteren Tal auf Bettelfahrten nach Wenns gekommen seien, um die erbettelten Kleinigkeiten dann in ihren »Gstättelen«, in Holzschachteln, wieder mit nach Hause zu nehmen. Natürlich, erzählen die Leute in St. Leonhard, seien auch arme Wenner zum Betteln ins hintere Tal gekommen.

Im hinteren Tal sind es besonders die Almrechte der Arzler im Taschach, am Schwarzenberg und am Arzler Albl ober Piösmes, die zur Legendenbildung Anlaß gegeben haben. Beim Erwerb dieser Rechte sei es nicht mit rechten Dingen zugegangen, meint Alois Melmer aus Piösmes. Das Arzler Albl hätten die Pitztaler gegen einen lodenen Rock vertauscht. Und die Taschach-Alm hätten sie verkaufen müssen, weil sie ihre Steuern und Abgaben an die Grundherren nicht mehr bezahlen konnten. Die Arzler hätten immer mehr Geld gehabt und hätten die Alm übernommen, die Pitztaler dabei aber um den Kaufpreis betrogen. Der für diesen Betrag verantwortliche Mann müsse seit seinem Tod als Taschachbutz durch das Tal geistern.

»Nå håbn sie se verkoft an die Arzler und dia hattn gmiaßt in die Pitztaler des Gald um elfe z' nächt in Arzl auf der Bånk oliefern. Und die Arzler, der Bürgermoaschter, oder wer då z' redn ghet håt, dia hattn die Uhr um a Stund firchn gedraht. Iatz ischt der Pitztaler då jå a Stund z' spat kemen. Åber des håt gmiaßt geltn. Und då ischt man erscht hintn nåch draukemen, nåch Jåhren erscht, daß se då gschindlt håbn. Durch den håt 's nåcher den Taschachbutz gebn. Der war oft in die Leit då in Pitztål begegnet, an Måntl hat er ån ghet, an mords Påck Schriftn untern Årmen. Då war er oft z' nächt entweder inchn oder außn. A so håbn se hålt derzählt.«

Das seien freilich alles Lügenmärchen, meint Maria Neururer aus Köfels. Die Leute hätten Angst gehabt, wenn sie des Nachts durchs Tal gegangen sind:
»Wås håm se denn gseit am Plattlen dinnen? Då sein se auf Plangeroß, zon Huangart gången, des sein die

Wendls David hat einmal in der Woche Brot von Imst nach Jerzens getragen. (Um 1927)

Familie Rauch (Minikusen) in Piösmes beim Brotbacken um 1930. Das Mehl mußte zum guten Teil zugekauft werden. In den fünfziger Jahren sind auch im hinteren Tal die Backöfen verschwunden.

Rochusn Manderleit gwesn oder wer. Und nåcher obern Weg dobn heiens fuirige Ougn gsechn, des sei der Taschachbutz gwesn. – Des isch a Fuchs gwest und sinscht nicht ånders! Ameah (früher) håbn se sich gfürchtet wia nåsse Ruate!«

Doch wurden solche Geistergeschichten auch im Pitztal nicht nur von der Angst diktiert. Die zwei Teufel etwa, denen Alois Melmers Großvater, sein Nene, einmal im Taschach drinnen begegnet sein will, treiben ihren Spott mit einem Armen: Der Nene habe, als er noch in Mittelberg gehaust hat, nach dem Abzug der Arzler von der Taschach-Alm immer einsammeln dürfen, was die Arzler Hirten an Essensresten zurückgelassen haben. Mag sein, daß er sich bei einem solchen Gang im Herbst einmal den Mantel zerrissen hat, mag sein, daß auch er allein am Weg Angst vor dem Taschachbutz hatte. Seinem Enkel indes wurde die Geschichte so überliefert, als habe der Nene ein paar Kartoffelschalen im Aschenloch vergessen. Auch die seien aber für ihn zurückgelassen worden. Zur Strafe für solcherart erwiesenen Undank hätten ihm die beiden Teufel dann nicht nur den Mantel arg zerrissen, sondern ihm auch noch zwei Drahtstifte durch den Ruckkorb gesteckt, sodaß er diesen nicht mehr ablegen konnte. Erst der Pfarrer habe ihn davon befreit.

»Von mir der Nene, der håt ållm in der Oxehitte dinne, wenn se mit 'n Viech weggfåhrn sein, då håbe se oft no a bissle Meahl dinne ghet und so Kloanigkeitn, und des håt der Nene ållm gekennt holn. Håm se ållm gseit: ›Då war schon no eppes dinne, wenn de willsch, kånnsch dir 's holn!‹ Nå isch der Nene in Mittelberg inchn und von Mittelberg gen der Oxehitte onchn. Nåcher då sein no Kiachlen det gwest und a bissle Meahl, vielleicht a kloans bissle Broat, und des hat er hålt ingepåckt und fort. Nå seien bein Hoachsteg zwoa so Mander dinnen gståndn, des mechtn zwoa Tuifl gwest sein. Dia håbn nen nit übern Steg ån glåt. Nå heien se gseit: ›Du håsch no nit ålles her von der Oxehitte, wås se dir gloabet (versprochen) håbn, du håsch no eppes vergessn.‹ Nå hat er gseit, der Nene: ›Jå, i hån decht ålles mit!‹ ›Na, na, du håsch no nit ålles. Die Koscht ischt heitzutags koschtbar! In Ascheloch sein no Erdäpflschelfn (Kartoffelschalen) dinne, de sein no guat für die Schweir zun Fressen!‹ De hei er vergessn. Jå, des hei er nit gwißt, daß då in Ascheloch duntn Schelfn sein. Nåcher håt er se gholt, nå håm se 'n onchn glåt. Und nåcher hat er derzählt, daß se 'n a so in die Wänd druckt hattn, in Måntl heien se ihm gånz derschrenzt (aufgerissen), dia zwoa Tuifl – Tuifl warn 's scheint mir gwest. Und in Ruckkorb heien se ihm zwoa Drahtstiftlen zwischen die Schienen und die Rippn ochngsteckt, die heien se in Mittlberg det nit außnderzochn. Nå håm se an Pfårrer glåt kemen, nå hat er då, wås woaß i, an Segn gebn oder a Weich gebn. Nå hei er gseit, jå, die Någl selln se jå in Fuir inchntian, oder ingråbn sellten sie se. A so gschissn ischt 's denn gångn! – Ob des wåhr ischt oder nit, es kånn schon eppes drån sein. Woascht, die Leit håbn si ameascht (früher) scho gfürchtet ou!«

Vom »Oacherkönig« und von anderen Auswegen

Von allen möglichen und denkbaren Formen des Zusatz- und Nebenverdienstes wird erzählt, die von den Menschen im ganzen Tal als Ausweg aus ihrer Misere versucht wurden.

Der Vater von Artur Bernhard hat es besonders gut getroffen: Um 1930 hat er hoch über Timmls, in Plattenrain auf 1600 m, ein Gasthaus und dazu ein Bauernbad errichtet. Bis 1945 hat er dort für die Kranken im Tal, aber auch für Gäste aus Vorarlberg und der Schweiz, Kräuterbäder zubereitet. Die Kräuter wurden auf einer eigens zu diesem Zweck gehaltenen Wiese gesammelt, die nie gedüngt wurde. Birkenreisig und Latschenzweige fand man im umliegenden Wald. Als Kessel dienten die großen Kupferkessel, die man früher für die Käserei gebraucht hatte. Nachdem er seinen Betrieb lange gegen den Protest des Wenner Sprengelarztes aufrechterhalten hatte können – ein Arzt aus Imst half ihm dabei und kontrollierte das Bad wöchentlich –, mußte er ihn dann 1945 zusperren, weil die Auflagen der Gesundheitsbehörden unerfüllbar wurden.

Artur Bernhard selbst erinnert sich noch an einen Bauern aus Arzl, der im Winter zu Hause und in den umliegenden Tälern »auf der Stör« unterwegs aus Leder Stricke geflochten, also »gestrickt« hat. Der sei sehr sparsam gewesen, habe nie in Gasthäusern, sondern immer nur in Ställen übernachtet, sei auch nach der jährlichen Albfahrt ins Taschach immer zu Fuß

Müllers Poldl aus Leins arbeitete oft als Hirte auf der Schwarzenberg-Alm und später als Frächter und Bote. (Foto: Johann Santeler um 1930)

heimgegangen, nie mit dem Postauto gefahren. So habe er sich später in Wenns ein Gasthaus kaufen können.

Oberhalb des Weges von Arzl nach Imsterberg haben die Arzler Frauen bis zum Ersten Weltkrieg noch Quarzsand abgegraben und nach Imst und in die umliegenden Dörfer zum Verkauf getragen. Der Sand wurde zum Scheuern der Holzböden, zum Putzen der Kupferkessel und des Holzgeschirrs und zu allerhand anderen Verrichtungen im Haushalt gebraucht. Die drei Abbau-Höhlen könne man heute noch sehen, erzählt Artur Bernhard, und in einer von ihnen sind um 1870 einmal drei Frauen verschüttet und getötet worden. Noch heute erinnert ein Marterl am Weg daran.

Lorenz Riml aus Ritzenried, der in jüngeren Jahren in der Schweiz viel Geld als Maurer verdient hatte, betrieb nach dem Ersten Weltkrieg wie mehrere Leute aus Ritzenried eine Köhlerei. Die Holzkohle verkaufte er nur zum Teil, denn nebenher schmolz er die Steine vom Söllberg, um daraus Farben zu gewinnen. Wessely (1972, S. 634) berichtet, er habe dabei vor allem Gold zu gewinnen gehofft. Einmal habe er ein goldhältiges Felsstück bis nach London geschickt, um es untersuchen zu lassen. Obwohl ihm mitgeteilt wurde, daß der Goldanteil zu gering sei, um den Stein abbauwürdig sein zu lassen, suchte er weiter und investierte bis zu seinem Tod 1936 sein ganzes Geld in Schmelztiegel und sonstiges Zubehör und verbrannte einen Großteil seiner Holzkohle in der Hoffnung, sich und den Pitztalern doch noch eine goldene Zukunft zu eröffnen.

Der alte Trippmer von Bichl war nebenher Fellhändler. Er hat im ganzen Tal die Felle von allem möglichen Kleingetier sowie Gams- und Rehdecken und Kuhhäute aufgekauft und in Innsbruck gewinnbringend wieder verkauft. Er war beileibe nicht der einzige, sondern einer von 21 Männern aus der Gemeinde St. Leonhard, die zwischen 1850 und 1950 als Fellhändler registriert waren und sich ihre Reviere in Tirol, Bayern und der Schweiz genau aufgeteilt hatten. Andere handelten mit Leinsamen, Galanteriewaren oder mit Spulen und haben dabei nicht schlecht verdient. Nur so jedenfalls sei es zu erklären, meint Lässer (1956, S. 72), »daß Josef Lechner von Boden, der von 1870 bis 1890 Jahr für Jahr mit Spulen für Webstühle und mit Wettermänteln, die seine Frau zu Hause verfertigt hatte, im Lande herumzog, in der Lage war, alle seine vier Söhne studieren zu lassen (davon wurden zwei Priester und zwei Lehrer)«.

Albert Pechtl aus Mandarfen war nach dem Ersten Weltkrieg als »Oacherkönig« bekannt. Mit der Hilfe eines kleinen, lebhaften Hundes hat er pro Winter im hinteren Tal bis zu 40 Eichhörnchen geschossen. Damit habe er mehr verdient als den ganzen Sommer beim Straßenbau, weiß sein Sohn Franz zu erzählen: »Muasch denkn, det sein se vier oder fünf Schilling gwesn, die Feal vo die Oacher. Muasch denkn, mir håbn (beim Straßenbau) lei zwoa Schilling fufzig Tagesverdianscht ghet. Nåcher ischt des natürlich ganz schian gwesn, wenn du an Oacher gschossn hascht! Die Feal, dia håt man verkoft. Mir håbn se nach Wien gschickt, Max Haber ischt a Fealgroßhandler gwest, der håt mehr gzåhlt, als wås då die Fealhandler. – Åber so wia 's heint ischt, håbn se schon von gånze Kiah die Häut in die Pitze gworfn, weil 's in die Leit scho z' låschtig ischt, daß sie se miåßn auf Imst ochn tian.«

Kaum eine Familie gab es im ganzen Tal, in der nicht mindestens einer auch ein Handwerk betrieb. Viele Männer haben es als Saisonwanderer im Ausland erlernt. Als nach 1918 aber nur mehr wenige auf Saisonarbeit gehen konnten, verschwanden auch manche Berufe wieder, wie etwa der in Jerzens früher so häufige Beruf der Maurer. Auch die ehemals berühmten Pitztaler Sagfeiler wurden vom technischen Fortschritt gleichsam überrollt.

Nur im vorderen Talabschnitt konnten sich, der günstigeren Verkehrslage wegen, eigenständige Handwerks- und Gewerbebetriebe mit zum Teil mehreren Lehrlingen und Gesellen halten: Schmiede, Tischler, Wagner und etliche Müller. Schon im 19. Jahrhundert berühmt waren die Jerzner Messerschmiede, die bis Anfang der 30er Jahre bis zu 14 Gesellen beschäftigten und ihre Ware bis nach Amerika exportierten, dann aber nacheinander ihren Betrieb einstellten. Im hinteren Tal waren die meisten Handwerker nebenher Bauern. Nur wenige, wie die Ge-

▷

Josef und Maria Neururer (Katterer) aus Mandarfen demonstrieren das Flachsspinnen – im 19. Jahrhundert wichtigstes Nebengewerbe im Pitztal, zur Zeit der Aufnahme (1943) aber kaum mehr betrieben.

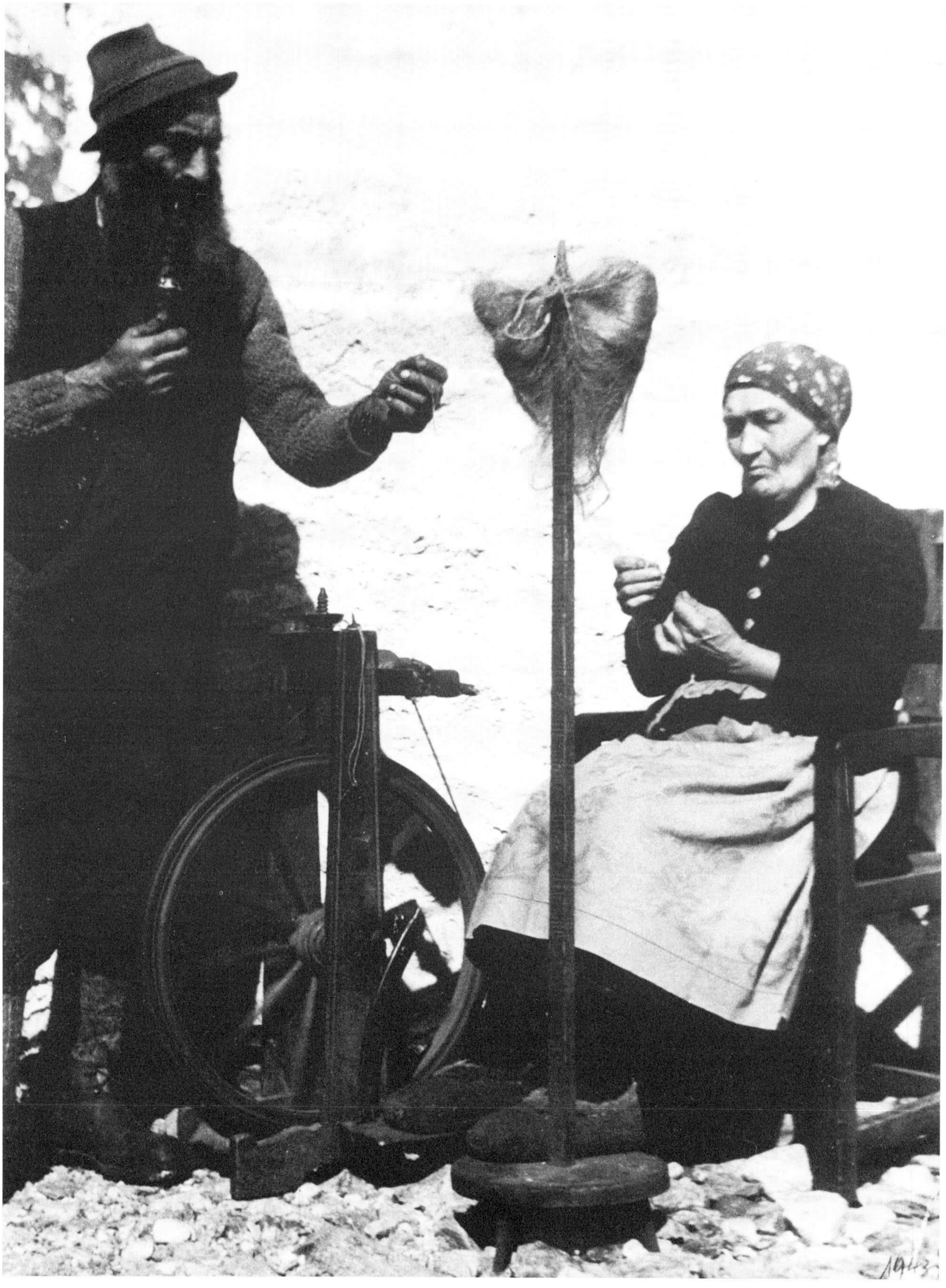
1943

brüder Larcher in Schußlehn, die gemeinsam eine Tischlerei betrieben, oder wie die Pfuhrmüller (Familie Eiter) in Zaunhof, die zur Mühle in den 20er Jahren auch ein Sägewerk aufbauten, konnten sich mehr oder weniger unabhängig von der Landwirtschaft erhalten. Zu diesen zählten natürlich auch die Wirte. Vom ehemals weitverzweigten bäuerlichen Hausgewerbe war allerdings nicht mehr viel übriggeblieben. Waren mit dem Flachsanbau, von dem man ab 1920 im Pitztal nichts mehr sah, auch die Leinenweber schon um die Jahrhundertwende aus dem Bild des Tals verschwunden, so wurden mit dem Rückgang des Getreideanbaus bis in die 40er Jahre auch ein guter Teil der ehedem zahlreichen Mühlen, vor allem wieder die im hinteren Tal, aufgelassen.

Einige Bauern haben noch bis in die 50er Jahre hinein nebenher auch »gschuacht«, waren also zumeist als Flickschuster tätig, hatten eine kleine Werkstatt im Haus oder sind durchs ganze Tal auf die Stör gezogen. (Sie gingen also von Haus zu Haus, flickten dort, was es zu flicken gab, erhielten dafür Kost, Unterkunft und geringen Lohn und zogen danach weiter zum nächsten.) Sehr viel verdient dürften sie dabei aber nicht haben, wie Franz Rimml erzählt:

»Der Gåbers Seppl håt ou gschuacht. I woaß no det, wia mar selle Dotzn sein gwest, selle Biablen, håbn se ins mit an Körble die derrissenen Schuach mitgebn und håbn ins auf Neurur gschickt damit, gen Gåbers Seppl ochn, flickn. Nåcher håt er det wieder gschauget und vor lauter Zorn håt er se då wieder so in an Winkl onchngworfn, weil se hålt ou hårt derrissn sein gwest. Er hat hålt ou liaber wianiger getån oder schiandere Schuach gflickt, åls wia dia åltn Stållschuach! Åber det håt 's nicht ånders gebn, man håt lei oa Paarle Schuach ghet, an d' Såmstigen håt se d' Muater ogeputzt und gschmiert, daß se am Sunntig a bissl frischer sein gwest, gelt, und nåcher håt man se die gänze Woche wieder ånghet, die Schuach.«

Während die Leute von Arzl und auch noch von Wenns die ausfallende Saisonarbeit durch neue Beschäftigungsmöglichkeiten in Imst und bei der Eisenbahn einigermaßen ausgleichen konnten, wurde es für die Leute aus Jerzens und aus dem hinteren Tal immer schwieriger, solchen Ersatz zu finden. Nur unter schlechtesten Bedingungen gab es für sie Verdienst: als Forstarbeiter – ab 1933 hatte ja die Bezirksforstbehörde in Imst die Bewirtschaftung aller Wälder des Tales übernommen, und ab 1942 durften nur mehr angelernte Forstarbeiter Holz schlägern –, bei der Wildbachverbauung – 1930 fanden dabei zeitweise 30 bis 40 Männer aus St. Leonhard Arbeit – und beim Straßenbau, der etwa 1937/38 im Sommer 50 bis 80 Arbeiter beschäftigte, darunter jedoch gut zur Hälfte auch Partien von außerhalb des Tales. Feste Anstellungen gab es dabei ebensowenig wie eine Kranken- oder Pensionsversicherung. Die Arbeiten wurden zumeist nur im Taglohn vergeben.

Zu den überhaupt noch laufenden Straßenbauarbeiten wurden bevorzugt die gemeldeten Arbeitslosen herangezogen. Wer aber nicht als arbeitslos gemeldet war und damit auch nicht »Stempeln gehen« mußte, weil er etwa vorher nur gelegentlich als Hüttenträger gearbeitet hatte, war nun besonders schlecht gestellt. Franz Pechtl gehörte zu ihnen. Er hatte in den 30er Jahren aber einmal für 6 Wochen Arbeit beim Neubau der Pitze-Brücke bei Tieflehn gefunden:

»Die meischte, die wo åmål zum Stemple kemen sein, die håbn ou im Summer Årbeit bekemen für a 20 Wochn oder 22, und die oan håbn Årbeit ou koane bekemen. Und wenn man Årbeit ghet håt, nå zu derårt an billigen Preis! Åls wie beim Tieflehner Bruckenpolster, håbn mir sechs Wochen lång drån gårbeitet, åm Tåg um zwoa Schilling! Ohne Kränkenkasse, ohne Unfållversicherung, überhaupt nix, nit! Und 's Viertele Wein håt åchtzg Groschn gekostet, 's Kilo Zucker ou åchzg Groschn. Des sein die Verhältnisse gwest. Und 's Paarle Schuach dreißig Schilling, a gwöhnlichs Werchtighemat (Werktagshemd) zehn Schilling – håsch gekennt volle fünf Tåg für an gånz an gewöhnlichen Werchtighemat årbeitn!«

Die große Not

»Vor 1932 isch ja schon a bissl a Fremdenverkehr gwest. Aber na von 1933 bis 1937 ischt ja die Tausendmarksperre gwest und der Fremdenverkehr natürlich total auf 'n Nullpunkt ogsunkn. Und weiter nix mehr, nit! . . .« So erinnert sich Franz Pechtl, dessen Vater schon gleich, nachdem er den Hof in Mandarfen 1917 gekauft hatte, einige Fremdenzimmer eingerichtet hat. Nach der Verhängung der Tausendmarksperre, die als gegen Österreich gerichtete Re-

Nur bei wenigen Bauten, wie hier beim 1910 eingeweihten Schulhaus in St. Leonhard, fanden Maurer und Handwerker auch im Pitztal Arbeit.

▷

Nach dem Ersten Weltkrieg wurden im hinteren Tal beim Straßenbau die meisten Arbeiter beschäftigt, darunter auch viele Buben beim Schotter-Klocken: Steine mußten zerkleinert und zwischen größere Brocken gestopft werden, um einen stabilen Unterbau zu erhalten. (Foto: Johann Santeler 1927)

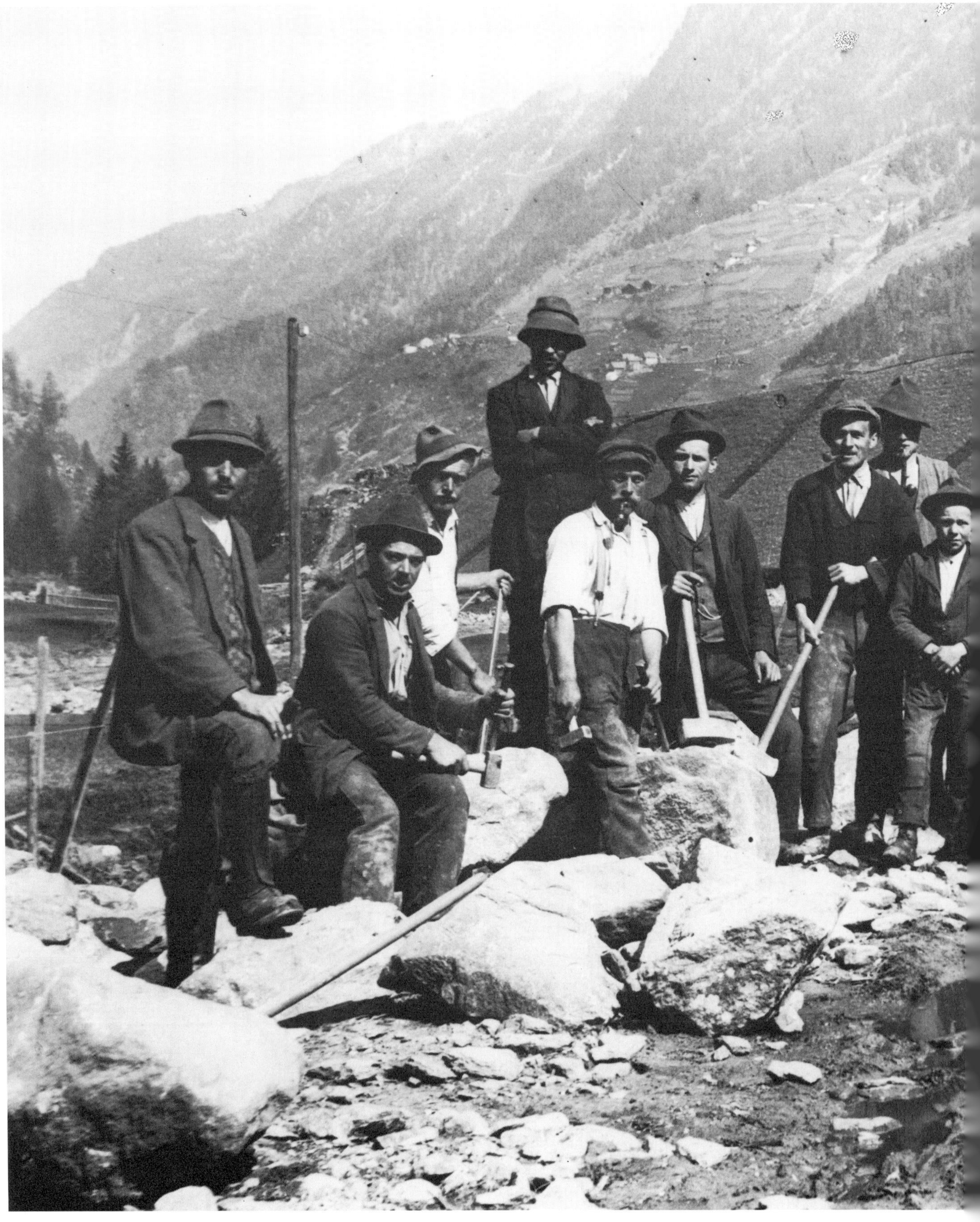

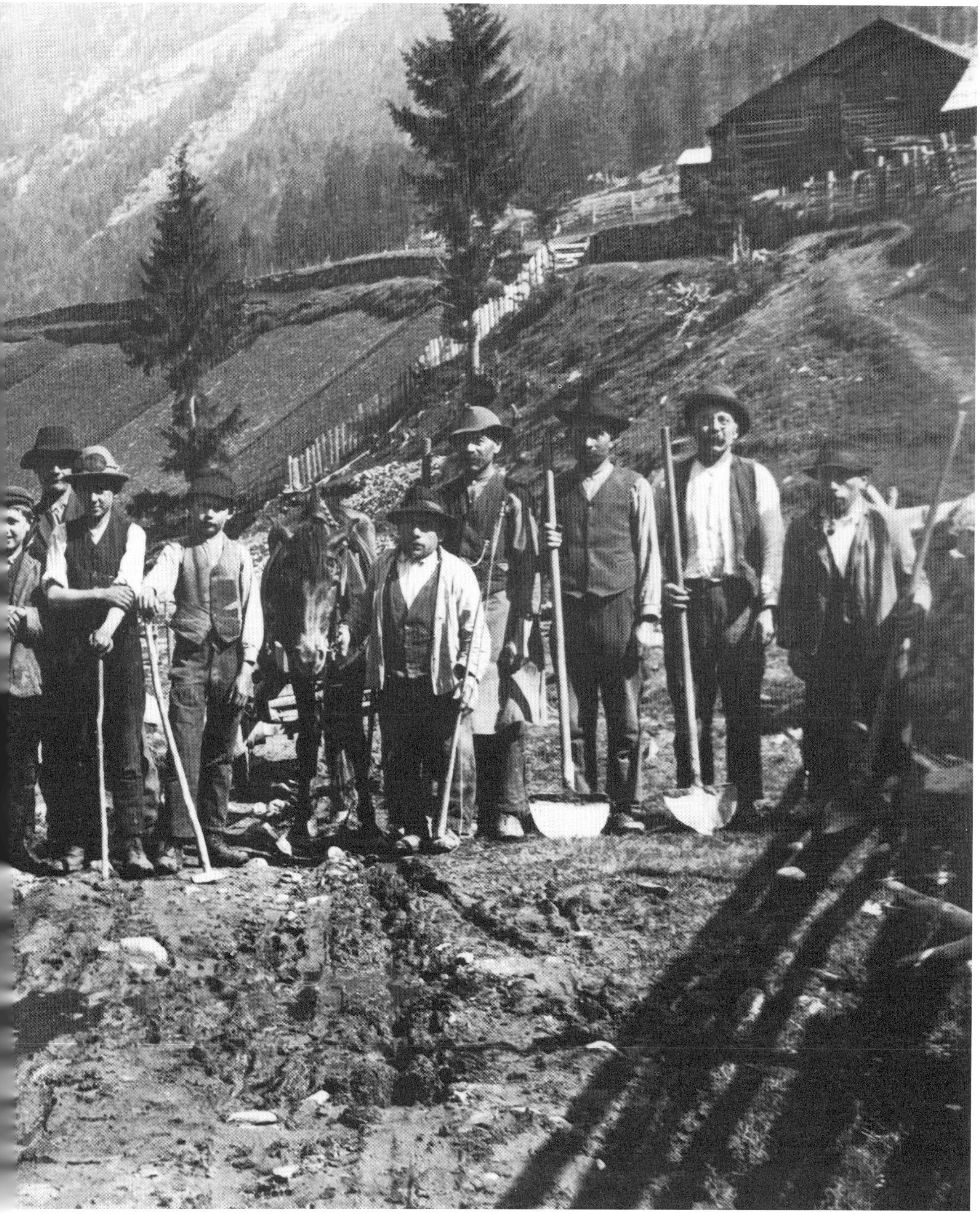

Straßenbau bei Zaunhof, Richtung Rauchenbichl. Hier fanden auch viele Männer aus den Gemeinden des vorderen Tales und aus der Umgebung von Imst Beschäftigung. (Foto: Johann Santeler um 1928)

Wildbachverbauung in Bichl bei St. Leonhard. Auch diese Vorhaben wurden vom Staat als Arbeitsbeschaffungsmaßnahmen forciert. Der Taglohn Mitte der dreißiger Jahre betrug 2,50 Schilling. (Foto: Santeler um 1930)

pression von allen Reisenden von Deutschland nach Österreich die Bezahlung von 1000 Reichsmark erzwang, kam der Fremdenverkehr aus Deutschland fast völlig zum Erliegen. Vor allem der ohnedies nicht von den ganz Reichen gepflegte Alpintourismus brach völlig zusammen. Die Verhängung dieser Tausendmarksperre muß, jedenfalls in der Erinnerung mancher Pitztaler, die Leute ebenso unvermutet getroffen haben wie nachher ihre Aufhebung und die »Öffnung« des Landes zum Deutschen Reich. Alois Melmer aus Piösmes berichtet:

»Ja eigentlich, wia der Hitler kemen ischt, då håt 's Årbeit gebn, nå sein wieder mehr Fremde kemen. ›Kraft durch Freude‹ und a so. – Herrgott, då håt der Schusslers Roman (Roman Gundolf, der Hüttenwirt) ållm a vier, fünf Schåf gholt, då mittls im Summer, für die Braunschweiger Hütte. Mir håbn det die Schåf ghiatet. Nå isch er amål då über 'n långn Roan au, auf 'n Weg zum Luipes – es ischt im sell Jåhr jå die Tausendmarksperre gwest –, nå hån i gseit zu ihm: ›Teifl, die Fremde von Deitschland inne, dia håbn ålle nit 's Gald gnuag, daß se gråd kennen an Tausender zähln, daß se über der Grenze kemen!‹ ›Oh, des tuat ins nuicht, des gspürn mir nitta, då kemen ållm Fremde gnuag.‹ Då hån i mir denkt: ›Jå, jå, werd schon sein, du versteasch es besser.‹ Nå håt er im Herbscht gseit: ›Teifl Luis, du håsch decht recht ghet, des håt man guat gmerkt, die Tausendmarksperre.‹ – Jå, des håbn sie schon überall gmerkt.«

Zu Beginn der 30er Jahre verschärften sich zudem die Absatzschwierigkeiten am Viehmarkt und es konnte auch durch mehrere von der Tiroler Landesregierung unterstützte Verwurstungsaktionen kaum ein befriedigender Ersatz geschaffen werden. Alois Schrott aus Arzl erinnert sich, daß manche Bauern aus dem hinteren Tal, wenn sie ihre magere Kuh nicht verkaufen konnten, sie einfach am Markt stehen ließen, weil sie sie zu Hause ohnedies nicht über den kommenden Winter gebracht hätten. Franz Pechtl war selbst einmal in einer solchen Situation:

»Jå, oamal woaß i no, då sein der Lois und i in Imst gwest mit zwoa zwoajahrige Kalben. Jå und um hålbe zwölfe håbn mir die Kalbelen ållm no obn ghet am Allerheiligenmårkt. Und det ischt vom Lånd aus a so a Wurschtaktion gwest, der Wallnöfer werd det Sekretär gwest sein von der Bezirkslandwirtschaftskammer. (Gemeint ist der heutige Tiroler Landeshauptmann.) Håt er gseit, der Lois: ›I schaug, daß i die Kommission derwisch, i kånn 's nit mit hoam nehmen.‹ ›Jå‹, hån i gseit, ›i ou nit!‹ – Nåcher, jå solln mir se auf die Wåg tian und nåcher kennen mir se dålåssen. Iatz meiniger håt bei 285 Kilo ghet und der vom Lois 290 oder wås. I hån nåcher 185 Schilling bekemen und er, moan i, 190 Schilling. Sein zwoajahrige Kalbelen gwest, nit, und um a jedes zügeln (aufziehen) z' kennen, håscht ou schon um die 80, 90 Schilling braucht, nit. Då tuasch zwoa Jåhr umanånder, nå håscht 100 Schilling . . . Des ischt Ånfång die dreißiger Jåhr gwest, då håsch um 300 Schilling ou schon a schians Viech gebrächt.«

Eine der letzten Einnahmequellen der Mandarfener Bauern waren ihre Schafweiden, auf die sie jährlich über 500 Schafe der Gemeinden des äußeren Pitztales getrieben haben, wofür sie früher mit Korn, in den 30er Jahren mit zwei Schilling Hut-Geld pro Schaf bezahlt wurden. Von dem nach Abzug des Hirtenlohns verbleibenden Gewinn von knapp 1000 Schilling mußten sie, erzählt Franz Pechtl, über 900 Schilling Steuer zahlen. Eine Intervention beim Bürgermeister brachte zwar tröstende Worte und das Versprechen, sich für eine Steuererleichterung einzusetzen. Als die Mandarfener Bauern daraufhin aber im guten Glauben ihre Steuerzahlungen einstellten, wurden sie gepfändet. – Von diesem Steuerdruck habe sie erst der Hitler befreit.

»Und 's Mindeste, wås mir då ghet håbn, isch der Mandarfner Barg gwest. Mir håbn då 900 Schilling Stuir zählt und då håbn mir ållm Schåf augetriebn, 's Schafl isch zwoa Schilling gwest. 's Gald für 100 Schåf håt man schon dem Hirt gebn, 450 håt 's für die Stuir gebraucht, dånn sein des 550 Schåf – nåcher ischt går nuicht gwest! Nå håbn mir se gekennt im Herbscht holn von då obn ochn, oan Tåg auf die Schian außn (Sammelplatz beim Gasthaus ›Schön‹). Nå åm nägschtn Tåg isch man zruck, no amål nåchsuachn, wieder a Gscher mit die Schåf – mir håbn von denen Schåf ålle Jåhr an Haufn draugezählt. Nåcher sein mir amål, weil 's går nimmer gångn ischt Ånfång dreißig, zum Bürgermoaschter außn auf Piösmes. Då sein mir ålle, vom Mittelberger, vom Katteres und i, mitnånd außn. ›Jå, wenn 's gråd die Schåf wellet autreibn, nå braucht 's a koa Stuir zähln.‹ – Mir hattn ins des ålls gsellt schriftlich gebn låssn und sall håt man hålt ou nit. Im guatn Vertrauen ischt man huamgångn

Aufbahrungsfoto eines toten Kindes um 1930. Johann Santeler hat viele Aufnahmen dieser Art gemacht.

damit, weil des håt ja koan Sinn, daß man Schåf aunimmt und muaß no dafür zåhln. – Und nå sein se decht no kemmen ums Gald!
Nåch drei Jåhr isch nå soweit gwest, nåcher sein mir gepfåndet gworn auf 3600 Schilling. Und des ischt viel Gald gwest! Nåcher håbn se beim Katteres zwoa Kiah pfåndet und bei ins natürlich ou überall, nit. Entweder werd bis zu dem Datum gezåhlt, oder sinscht wern ebn die Viecher versteigert! Von der Stuir håt ins der Hitler gholfn. Von 1938 weg håt 's nå ghoaßen, des geaht a so nit im Hochgebirg, daß die Leit miaßn für des zåhln, wo sie überhaupt nicht håbn davon. Und seider det zåhln mir praktisch oanfach überhaupt koa Stuir mehr. Und zerscht håt ins der Barg ållm derart zuagsetzt, weil man nur draugezåhlt håt und sinscht die Årbeit nit dafür!«

Alfons Rauch, der Förster

Der Großvater von Alfons Rauch war in den 60er Jahren des 19. Jahrhunderts als Holzarbeiter aus dem Pitztal ins Wallis ausgewandert und hatte dort eine Walliserin geheiratet. Um 1874, als bereits vier Kinder geboren waren, mußte die Familie die Schweiz verlassen und ist zurück ins Pitztal gezogen – zu Fuß, wie Alfons' Vater noch erzählte, der damals gerade 5 Jahre alt gewesen war. Damals hätten sie »nuicht ghet åls wie die Löffl in der Rocktasche«. Später gelingt es dem Großvater, ein kleines Anwesen in Piösmes zu kaufen. Dort beim »Minikusen« (ein Vorbesitzer hatte Dominikus geheißen) wird 1899 auch Alfons Rauch geboren. 1919 zahlt er die letzten Schulden zurück, die noch vom Großvater auf dem Haus liegen.

Seine Kindheit hat Alfons Rauch in guter Erinnerung. Zwar hat man daheim nicht viel gehabt, aber zufrieden sei man gewesen. Wenn Bettler gekommen seien, »håt d' Muater se ållm über Nåcht ghåltn, då håt kennt kemen, wer gwellt håt«. Viel fahrendes Volk sei vor dem Ersten Weltkrieg noch durchs Tal gezogen. Pfannenflicker, Messerschleifer, Ölträger (»Kandlträger«), ein Glasträger, »sell håt man ghoaße den ›ungarischen Glåsträger‹«. Am liebsten aber sei ihnen der alte Pechtl gewesen, der als Brotträger von Imsterberg aus durchs Tal gezogen ist und den Kindern immer Dörrbirnen mitgebracht hat, »mei, sein mir froah gwest, wenn die Muater amål an Loab gekoft håt, nå håt 's wieder Dirrebiere gebn!« Viele Buben seien seinerzeit ins Schwabenland geschickt worden, er und seine Geschwister aber waren als Hütekinder im Tal unterwegs, später dann auch bei den Bauern im Tagwerk.

1916 bis 1918 war Alfons Rauch an der Südfront, aber darüber redet er heute ebenso ungern wie über seine Erfahrungen beim Überfall auf Polen im Zweiten Weltkrieg. »Oh Mensch Bua, des isch a Zuig gwest! . . . I darf nit drån denke!« Als heldenhaften Vaterlandsverteidiger habe er sich jedenfalls nicht in Erinnerung. Wenn er heute an seine Jugend und an seine Erlebnisse in den beiden Weltkriegen denkt, dann müsse er »a tia gråd amål staunen und nåchdenkn, wo 's woll so eppas geit wie a Gerechtigkeit«. Die Menschen im Tal hätten damals, vor dem Ersten Weltkrieg und in den Jahren danach, keine Mühe gescheut, die Möglichkeit eines kleinen Verdienstes wahrzunehmen, und kein Weg sei ihnen zu weit gewesen:

»Då ischt mei Vetter von Mandarfen drinnen mit 80 Goåß z' Fuåß bis auf Walenstadt auf 'n Mårkt gfåhrn. (Walenstadt liegt in der östlichen Schweiz am Walensee, eine Wegstrecke von Mandarfen dorthin war etwa 150 km.) 80 Goåß z' Fuåß triebn! Håt er mir ållm erzåhlt, då hei er guat verdiant, die Goåß z'samengekoft und in Walenstadt am Mårkt guat verkoft. Und von det ischt er nåcher z' Fuåß auf Einsiedeln Wållfåhrten und wieder huam.«

Auch Alfons Rauch sucht sich Arbeit in der Fremde. Gleich nach dem Krieg zieht er als Sagfeiler durch die Gegend, 1920 dann als Holzarbeiter nach Bayern. Ein Jahr drauf, 1921, geht er im Frühjahr wieder als Holzarbeiter nach Kärnten.

»Då bin i nå im gånzn Summer in Kårntn untn im Holz gwest, jedn Tåg zwölf Stund gårbeitet, reine zwölf Stund gårbeitet. Mir håbn 's Gald 'n gånzn Summer am Forståmt liegn ghet, mir håm im Akkord gårbeitet. Mit hattn ja nit guat gekennt 's Gald ohebn, was tian mir in der Holzerhütte mit 'n Gald? Und åm Portiunkulas-Sunntåg (1. Sonntag im August) sein mar außn gwest in Gmünd, det håm mar ins die Gwandter ångschaugt, wås mar ins nåcher håbe gwellt kofe.«

Doch im September 1921, Alfons Rauch und seine

Kollegen waren wieder im Forst und freuten sich auf die Anzüge, die sie sich mit dem erarbeiteten Geld kaufen wollten, begann die österreichische Kronenwährung, deren Kurs schon seit Kriegsbeginn stark inflationär war, ins Bodenlose zu fallen. »Jå, nå ischt die Inflation kemen, nå håsch går nicht mehr ghet. Und wia mar im Herbst, am 15. Dezember håm mar augheart, 's Gald bekemen håbe, håsch um des gånze Gald koa Gwåand mehr bekemen!«

Im darauffolgenden Jahr 1922 versuchte Alfons, aus dem Schaden zu lernen. In die österreichische Währung hatte er wie so viele seiner Zeitgenossen kein Vertrauen mehr und vereinbarte deshalb mit dem Baumeister, der damals den Winterraum der Braunschweiger Hütte ausbaute, für sich und zwei weitere Pitztaler ein Taggeld von 10 deutschen Mark. »Nå sein mar jedn Tåg von Mittelberg in der Friah fort mit 50 Kilo Zement auf die Braunschweiger Hütte und um zwölfe z' mittåg wieder ochn und am Nåmittåg wieder auchn, wieder mit 50 Kilo Zement oder Kålch oder Baumaterial. – Mark håbn sie ins schon gezählt nåcher im August. Aber wia mar sie außn gschickt håbn (zu Bekannten in Bregenz zum Umwechseln) . . . Ach Gott, a Glasele Wein a Billion Mark! Koan Groschn håm mar ghet.« Die galoppierende Inflation, diesmal die der deutschen Währung 1922/23, hatte ihn wieder eingeholt. Am meisten ärgert ihn heute noch, daß er damals immer wieder den ohnedies so raren Speck von zu Hause mit auf die Hütte genommen hatte, um ihn dort, wie er glaubte um gutes Geld, gewinnbringend an die Fremden zu verkaufen. Im Winter drauf hätte er oft Hunger gehabt.

Freilich hatte die Inflation nach dem Ersten Weltkrieg manchen Bauern auch eine kurzfristige Verbesserung ihrer Situation gebracht, indem sie zumindest für einige Zeit ihrer Schulden ledig wurden. Auch Alfons' Eltern hatten bei einem Bauern in Plangeroß noch Schulden:

»Mir håbn hålt a Kalbl im Frühjåhr hergebn und då håm mar 1100 Kronen kriagt. Und um 1000 Kronen sein det gråd selle nuie Scheir (Geldscheine) außergångn. Nåcher wia i mit dem Gald inchngångn bin (zum Gläubiger), wia i ihm des z'ruckzählt hån, då sein die åltn Leit ålle z'samengångn und håm den Schein ångschaut und a mords Freid ghet. – Und nåcher ischt die Inflation kemen und ischt hålt ållm wianiger und wianiger gwordn. Aber i hån 's zählt ghet.«

1923 und 1924 hat Alfons Rauch es dann mit der Landwirtschaft versucht, »hån i dahuame die Baurschaft gårbeitet. Aber geträgen håt 's ou nuicht.« Wie die meisten Männer im Tal so ist auch er gezwungen, sich auf vielfache Weise seinen Lebensunterhalt zu verdienen und durch seinen Verdienst zur Erhaltung der Familie beizutragen. So absolvierte Rauch nach der obligatorischen zweijährigen Vorbereitungszeit als Träger und Führeraspirant 1925 die Führerprüfung und arbeitete von da ab 14 Jahre als Bergführer, davon zehn Jahre lang jeweils während des ganzen Sommers. Seine Kunden mußte er sich selber anwerben:

»Da håsch dir hålt an Årbeit gsuacht an der Stråß und am åltn Weg und überåll gepåßt. Wenn die Fremde z'Fuaß inche sein, nå bisch hålt fråge gångn, ob se an Bargführer brauchn, ob se oan mitnehmen.« In den ersten Jahren hätte er viel geführt. »Im Summer, wenn amål Fremde gångn sein, nå in der Saison bin oft fünf, sechs Wochn amål går nummer huam kemen. 's oane Mål wieder im Ötztal drübn, nå ins Stubaital, hålt ållm umanånd.«

Ebenfalls für einen kleinen Zusatzverdienst arbeitet Rauch ab 1923 als Waldaufseher der Gemeinde St. Leonhard, bis er 1935 schließlich vom Bezirksforstamt Imst als Förster angestellt wurde. In dieser Stellung blieb er bis zu seiner Pensionierung. Seine erste Aufgabe beim Forst war der Wiederaufbau des alten Pflanzgartens, um damit die Wiederaufforstung im arg geplünderten Wald des hinteren Tales zu ermöglichen. Von diesem Pflanzgarten zwischen Stillebach und Weixmannstall hat schon Schucht in seiner Talbeschreibung von 1900 berichtet, er ist um 1890 eingerichtet worden, in der Folgezeit aber stark verwahrlost. Nun aber standen im Zuge des Waldwirtschaftsplanes der Gemeinde St. Leonhard von 1933 reichlich Landesgelder zur Verfügung. So wurde Alfons Rauch noch zum Dienstgeber. Die Samen hat er selbst und haben Holzarbeiter für ihn gesammelt, ganze Truhen voll habe er zusammengebracht. Die Arbeit im Pflanzgarten hingegen erledigten zehn bis zwölf junge Frauen aus dem Tal im Tagwerk. Sehr viel zahlen hätte er ihnen grad nicht können, aber »dia sein froah gwesn, wenn sie eppas verdiant håbn – nuicht isch nuicht und eppas isch eppas!« Bis zu 30.000 Pflanzen habe er im Garten gehabt, vorwiegend Lärchen und Fichten, aber auch Zirben seien

99

ihm gut aufgekommen, nachdem er herausgefunden habe, daß man die Zirbensamen vor dem Einsetzen drei Monate einweichen muß. Bis zum Ausbruch des Zweiten Weltkriegs übernahm er in der Freizeit und im Urlaub nebenher auch immer wieder Führungstouren.

Herren und Jäger

Die Jagd im Pitztal war seit 1848 im Besitz der Gemeinde, die sie entweder durch eigene Aufsichtsjäger überwachen ließ oder aber an Gemeindebürger oder wohlhabende Auswärtige verpachtete. Einheimische Jagdinteressenten mußten sich von der Bezirkshauptmannschaft Jagdkarten ausstellen lassen, die alljährlich im Einvernehmen mit dem jeweiligen Jagdinhaber verlängert werden mußten. Die Besitzer solcher Jagdkarten waren zum Abschuß freigegebener Tiere berechtigt, hielten sich jedoch, so die Klage der Aufsichtsjäger, weder an die Abschußzeiten noch an die -quoten.

Alfons Rauch war schon ab 1923 Aufsichtsjäger der Gemeinde. 1932 übernahm ein Herr Dr. Jürgens, ein reicher Kaufmann aus Braunschweig, die Gemeindejagd in Pacht. Schon zehn Jahre vorher hatte er dem damaligen Präsidenten der Alpenvereinssektion Braunschweig, Engelbrecht, die Villa Schucht in Mittelberg abgekauft und war seitdem ein jährlich gerngesehener Gast im Tal. Jürgens übernahm Alfons Rauch als Jagdaufseher und stellte als solchen auch Franz Rimml an.

Die Funktion der Jagdaufseher erfuhr zu dieser Zeit eine deutliche Aufwertung. Erstmals mußte man nun Kurse und Prüfungen ablegen, seit 1934 eine staatliche Jagdaufseherprüfung, der fast jährlich neue Kurse und Prüfungen folgten. Der Jagdaufseher, bislang in erster Linie seinem Jagdherrn verantwortlich, wurde zu einem quasi staatlichen Organ. Seine direkten Gegenspieler wurden die einheimischen Jäger, denen durch diese Verpachtung ihre mittlerweile fast zum Gewohnheitsrecht gewordenen Ansprüche »abgekauft« wurden, ohne daß sie selbst daraus einen Nutzen gezogen hätten. Den Pachtzins erhielt ja die Gemeinde. – Der Konflikt im Tal verschärfte sich.

Der Zustand der Jagd, so erzählt Alfons Rauch heute, sei 1932 mehr als jämmerlich gewesen. Viel zu viele Jagdkarten seien ausgegeben worden, und »die håbn jå gschossn, wås gsprungen isch. . . . Der S., der håt die Taschachhütte ghet, für die håt er ållm a Jågdkarte ghet und gschossn! Hålt ålls, wås er derwuschn håt. Der håt jå 's gånze Haus ausgrüstet ghet mit selle Gamsdeckn. Die håt er årbeitn glåt, gell, und die gånzn Bödn, von untn bis obn, håt er ålle mit selle Gamsdeckn ogedeckt ghet.« Auch Jürgens habe am Anfang noch viel zu viele Jagdkarten ausgegeben. »Nå hån i gseit: ›Herr Dokter, i såg ihnen offen und ehrlich, mit der Art, mir müssn auhearn, die Jågdkårtn müssn mindestens gånz reduziert werdn. Wenn sie koan Ordnung bringen, nå isch die Jågd überhaupt pfutsch, nåcher werdn sie a koa Gams schiaßn.‹«

Mit der Zeit gelang es ihm und den anderen Aufsichtsjägern dann doch, wie er sagt, Ordnung in die Jagd im Tal zu bringen. Vor allem ab 1935, als ein Schweizer, Moser hat er geheißen, die Jagd von Ritzenried bis Plangeroß übernahm, Alfons Rauch wieder als Jäger anstellte und ihn systematisch arbeiten ließ. Beliebt gemacht habe er sich dadurch nicht. Etwa als es darum ging, die eine Seite des Tales den einheimischen Jägern zu überlassen:

»Nåcher håt der Moser gseit, die Schattenseite ghåltet er für ihm und die Sunnseite låt er für Pitztaler Jager. Aber sie müssen nach dem Jagdgesetz die Aufsicht übernehmen, von der åndern Seite nähms er. Nå håt der S. gseit: ›Ah so, wenn er des mecht, nå soll er d' gånze Jågd ghåltn. Die Seite, wo nicht ischt, die tåt er ins schenkn, und die oane tåt er ghåltn!‹ Nå hån i gseit: ›Wenn es Ordnung håbet, nå håbets in zwoa Jåhr genauso viel auf der Seitn då, als wia auf der dortn‹, hån i gseit, ›aber an Ordnung muaß sein! Då miåßts an Aufsicht hertian, die eppas wert ischt, die drau schauget.‹ Mei Mensch, håben die getån! Nå håt der Moser die gånze Jågd gnommen, nå isch es wirklich so kemen, in zwoa Jåhr isch es gleich viel gwesn, auf der oan Seitn, båld mehr Wild åls wia auf der åndern då.«

Nach dem Zweiten Weltkrieg – die Jagd hatte 1938 ein Reichsdeutscher übernommen, der sie 1945 wieder abgeben mußte – haben Alfons Rauch und Franz Rimml wieder von vorne angefangen. Was die auf der Braunschweiger Hütte stationierte Wehrmacht und die Einheimischen an Wildbestand übriggelassen hatten, drohten nun die französischen Besatzungstruppen endgültig auszurotten. Nachdem diese aber

Alfons Rauch (Minikusen Alfons, links) und Franz Rimml (Lepoldn Franz, rechts) mit einem Jagdgast aus der Schweiz. Wie immer müssen sie auch dessen Gepäck und die erlegten Birkhähne tragen. (Um 1935)

von den einheimischen Jägern einige Male in die Irre geführt worden waren und schließlich auch einsichtig wurden, konnten die beiden wieder anfangen die Wege zu richten, Unterstände und Futterplätze zu bauen usw. Freilich hatte einstweilen wieder die Gemeinde die Jagd übernommen und die Pitztaler gingen wieder selber auf die Jagd. Diese neuerliche Anfangszeit war besonders hart. Franz Rimml erinnert sich:

»Es dauert zerscht a drei, vier Jåhr. Mit drei Jåhr werdn die Gams fortpflånzungsfähig. Und des isch die schlimmste Zeit, bis die Kitz wieder zum Setzn kemen. Nåcher geahts gach, weil nåcher überschlågts sich. Aber die erschtn drei Jåhr, ... mir håm oft gseit, der Alfons und i, mir derlebn überhaupt nuicht mehr. Und håm zwoamål die Jågd a so aufgebaut, mit soviel Willen!«

Schließlich interessierte sich die Tiroler Landesregierung für die Pitztaler Jagd. Der zuständige Hofrat K., »der isch Jågdverwalter zerscht beim Hitler und beim Göring gwest in der Lobau duntn«, erzählt Alfons Rauch, sei vor dem Versteigerungstermin zu ihm gekommen. »Nå håt der Hofrat K. gseit, er isch mit dem Auftrag kemen, er mecht 's für 's Lånd ölösn als Repräsentationsjågd, daß sie kennen Herren einlådn, die eppas oschiåßn kennen und nåcher entsprechend zåhln miaßn. Nåcher, a Toal werd versteigert, aber wenn getriebn worden war, nåcher hasch derfn nit weitertreibn.« Ein Teil der Jagd sollte also bei der Bezirkshauptmannschaft in Imst förmlich versteigert werden. Alfons Rauch sollte aber dafür sorgen, daß kein einheimischer Interessent das Angebot der Landesregierung überbietet. »Nåcher in Imst, det isch se versteigert wordn. Hån i 's hålt gseit, gell, nå håt niamand gsteigert. Und wia der Hofrat K. die Jågd ghet håt, nåcher håm mir 's schon gsechn, gell, der sell håt nå schon an Ordnung drin ghet!«

Vier Revierjäger wurden angestellt, und nun gab es auch genügend Geld zum Ausbau. 1951 schon wurden Steinböcke im Revier ausgesetzt, wenig später auch Mufflons (Wildschafe). Beide Arten haben sich, letztere nicht immer zur Freude der Bauern, rasant vermehrt. Bald kamen hohe Gäste ins Tal, manch gekröntes Haupt, die gesamte Tiroler Landhausprominenz, Wiener und ausländische Regierungsvertreter. »Gånz hoache Viecher sein kemen«, so Franz Rimml, »die håbn se einglådn, damit 's in der Politik nåcher wieder leichter geaht.« Jagdkarten wurden vorderhand freilich keine mehr ausgegeben. Das hat die einheimischen Jäger nicht nur sehr erzürnt, sondern sie auch erst recht wieder zum Wildern angespornt.

Vom Wildern

Seitdem im ausgehenden Mittelalter Grundherrschaft und Landesfürst das Jagdrecht an sich gerissen hatten, wurde auch im Pitztal häufig und gerne gewildert. Daran konnten auch drakonische Strafandrohungen nichts ändern. Im Gegenteil: Das Bild vom waghalsigen Wildschützen wurde, von zahlreichen Legenden umwoben, alsbald zum Inbegriff des romantisch verklärten, freiheitsliebenden Alpenbewohners. Und noch 1919 war in der Zeitschrift des Deutschen und Österreichischen Alpenvereins zu lesen (Moriggl 1919, S. 103): »Nun ergeben sich häufig Bedenken, ob ein Wilderer die moralische Eignung zum Führer besitze. Nach Ansicht der bäuerlichen Bevölkerung ist dies sicher der Fall, ein großer Teil des Turistenpublikums würde sich auch nicht darüber aufhalten, wenn unter den Führern Wilderer wären, ja mancher erblickt darin eine Art Heros und – ›ach wie reizend!‹ muß es manchem Neuling in den Bergen vorkommen, von einem wirklich ›echten‹ Wildschützen geführt zu werden.« Im folgenden entschließt man sich dazu, trotz der Proteste mancher Jagdbesitzer, auch Wilderer als Führer zu autorisieren, um ihnen durch regelmäßiges Einkommen und die Aussicht auf Altersversorgung die Lust an ihrem »Sport« zu mindern.

Die Wirklichkeit sah freilich meist anders und viel weniger romantisch aus. Gewildert wurde nicht nur aus Leidenschaft, sondern vielfach auch aus Not. Im Pitztal war dies nach den beiden Weltkriegen und in den 30er Jahren besonders häufig. Geschossen wurde dann nicht nur Gams und Reh, sondern auch Murmeltiere, deren Fett man zum Kochen verwendet hat. Maria Neururer aus Köfels erinnert sich daran:

»Jå hålt ou wildern sein se gången, nit, wås hat man gwellt tian? Ålle sein se wildern gången, a jeder isch grennt. Mei, des woaß i no guat, mit die Furmenten (Murmeltiere), håbn se Furmente-Schmålz ausgsotten, håben se Kråpfen gbåcht. Wås willscht? – Oa

Die Gegensätze zwischen Fremden und Einheimischen, Reichen und Armen, Herren und Knechten wurden von vielen Pitztalern nirgends sonst so scharf erlebt wie in Fragen der Jagd. Da hatten sie zum Teil auch sehr leidenschaftliche Eigeninteressen gegen fremde Rechtsansprüche zu verteidigen. – Deutscher Jagdherr mit Jägern aus dem Pitztal (links Alfons Rauch) vor dem Lieselewirt in St. Leonhard. (Um 1935)

Jåhr sein zwoa Schweir bei ins ingången, håben 'n Rotlauf ghet, håt man se gekennt ingråbn. Und fünf Kinder sein gwesn! Und oa Jåhr håben mir in Mandarfen dobn gsålcht, då isch der Speck verbrunnen, nå håm mar schon gekennt schaugn, wia mån då ... Jå, Gald håsch koans ghet, nit, von wås?«

Für solche Motive des Wilderns hat auch Alfons Rauch als Aufsichtsjäger immer Verständnis gehabt: »Jå gwildert håbn ållm a påår, gell, die håbn det hålt ou gmiaßt schaugn, daß sie hoaler durchkemen sein in der Zeit.« Für jene aber, die eine gewilderte Gams nicht gebraucht haben, um die schlechte Zeit heil zu überleben, die aus Vergnügen und Leidenschaft gewildert hätten, für solche habe er kein Verständnis und auch kein Pardon gekannt. Einmal habe man ihm zugetragen, daß ein Jäger im hinteren Tal, der zwar eine Jagdkarte besaß, das Wildern aber dennoch nicht lassen konnte, einem anderen seine Gewehre geliehen habe, daß der auch wildern gehen konnte. Da war für Alfons Rauch der Punkt erreicht, seine ganze Amtsgewalt auszuspielen, um diesem Mann das Handwerk zu legen:

»Nacher bin i inchn gangn. . . . Nå hån i gseit: ›Mit enk wear i leicht fertig, mit dir tua i går nit streitn‹, hån i gseit. ›Die Gwehre, wås no dinnen håsch, die holt man, darfscht überhaupt koane Gwehre håbn. Jågdkårte bekimmscht koane mehr‹, hån i gseit, ›sell såg i dir glei schon, brauchsch går nummer probieren, des wear i dir schon instelln!‹ Nåcher tia er åber mit mir ofåhrn.« Diese Ankündigung, mit ihm »abzufahren«, bedeutete für Alfons Rauch nichts anderes als eine Morddrohung. Das konnte er als Aufsichtsjäger nicht auf sich sitzen lassen. »Nå hån i gseit: ›Åber det fåhr i mit enk zerscht o, sall tiat enk merkn! Wenn es denkts, es kennet mit mir ofåhrn, nåcher seids mir nit vor‹, hån i gseit. ›Mir isch des nåcher gånz wurscht, ob i oan oder zwoa niederpulver‹, hån i gseit. ›Sall tiat enk merkn, nå bin i der erschte!‹ Nåcher hån i 's ångezoagt, gell, nå håbn s' 'n a Weile untersucht. 's Gwehr håbn se weg von ihm und mi håt er jå nicht mehr gmegt, gell.«

Im hintersten Pitztal weiß heute noch fast jeder Wilderergeschichten zu erzählen. Zwar will selbst kaum jemand gegangen sein, aber es dürfte kaum eine Familie geben, die nicht zumindest in Notzeiten ihre karge Kost durch eine gewilderte Gams aufgebessert hat. Auch Alois Melmer aus Piösmes weiß zu erzählen, welches Ausmaß die Wilderei im Tal mitunter angenommen hat und mit welcher Unverfrorenheit und Schlauheit sich die Pitztaler gegen die Behörden zu behaupten wußten:

»Dia håbn jå im Taschach dinnen die Gamezen (Gemsen) mit die Schlieten außn, bein erschtn Waltkriag oder glei danåch. Då håbn se zerscht ållm die Goaß gschossn, woascht schon, wenn a so drei, vier Gamezen beinånd gwest sein. Weil des isch jå bei der Jågd a so, die Goaß ischt die Vorgoaß und wenn de hin ischt, nåcher springen die oan gråd a Weil drum um. Dia wissn nit, wo sie solln hinspringen, weil ållm die Goaß vorausrennt – meistens. Nå håbn se die oan ou no gekennt schiaßn, weil de nit fortgrennt sein. Und mit 'n Schlieten heien sie se außn.«

Alois Melmer war nach 1945 unter anderem als staatlicher Fleischbeschauer beschäftigt. Eines Sonntags wurde er ins hintere Tal gerufen, ein Schwein war eingegangen. Die Leute auf diesem Hof waren als Wilderer bekannt und hatten offensichtlich den Verlust auf ihre Weise bereits wieder wettgemacht.

»Nåcher bin i inchn kemen z' mittåg auf an Sunntig, a Schwein ånschaugn. Des håt 'n Rotlauf ghet. Nå hån i gseit, jå jå, des miåßn se iatz wegtian und ingråbn. Nå håbn se mi gråd Mittågessn ghoaßn. Nåcher håbn se mi hålt gråd ållm a so komisch ångschauget. Nå håbn se gseit: ›Schmeckts dir?‹ Nå hån i gseit: ›Ah jå, ischt jå woll a guats Zuig!‹ Åber i hån sinsch nuicht gseit. I hån decht hundertprozentig gwißt, daß des a Gamezbråtn ischt. Von den Schmålz: des ischt glei amål hårt gwore, a so a Gamezfleisch muasch jå hoaßer essn. Sie håbn hålt ållm a bissele glachelet (gelacht) und i ou. I hån åber koa Wort gseit. – Åber mein Gott, des isch jå gleich, die Leit håbn jå nicht ghet!«

Irgend jemand habe die Leute aber doch angezeigt und bald schon tauchten zwei Gendarmen auf:

»Der Lois håt se gschossn und in Johann håbn se die Schuld gebn, weil der ischt jå schon in der Rente gwest. Nå sein se hålt inchn, jå hin und her mit die Gendarm, håbn se ihn jå verhört. Nå håt er hålt gseit: ›Iatz hängets enk au! Wegn an so an Stunzl då!‹ Den håbn se nit gekennt stråfn, weil der schon z' ålt gwest ischt und in der Rente. Åber gschossn hat se jå der Lois. – Oh die P., die sein schlauche gwest!«

So glimpflich freilich ist es für ertappte Wilderer nicht immer verlaufen. Franz Rimml aus Trenkwald, der mit Alfons Rauch zusammen beim Pächter der Pitztaler Jagd als Aufsichtsjäger angestellt war, erzählt von einem Zwischenfall am 4. November 1938. Es war die letzte Tour dieses Schweizer Jagdherrn, bevor die Nazis ihm die Jagd abnahmen. Da sie für diesen Jagdherren immer soviel Gepäck mitschleppen mußten, hatten sie auf diesen Ausflug nicht auch noch die eigenen Gewehre mitgenommen.

»Da håbn mar wolln auf an Gamsbock gian und håm den Gamsbock schon gsechn und sein drauf los gångn. Und då sein mar no a so 500 Meter davor gwesn, iatz håt 's ånghebt schnelln. Nå håbn mar gschaut, nå sein då die Kaunertaler in der Nähe gwesn und dia håbn auf die Gams gschossn. Nå håt der Herr gseit: ›Jå wås solln mir iatz tian?‹ Nå hån i gseit: ›Jå am bestn isch, wenn mir se einfången gian, die Wilderer.‹ ›Jå, wenn 's möglich wär, schon.‹ – Åber wås eigentlich låchhaft isch, der Alfons und i, mir håbn beade koane Gwehre bei ins ghet. Mir håbn ållm viel Zuig zum Trågn ghet für 'n Jågdherrn, nit. Kleidung und Fressalien und Fotoapparat, des håt er ålls bei ihm ghet und des håbn mir ålls trågn miaßn. Nå håbn mir ins gseit, wenn der a Gwehr håt, nå brauchn mir koans, er håt ja a Pistole ou no dabei ghet. Und gråd zuafällig hattn mir iatz jå selber ou Gwehre gebraucht!«

So standen die beiden den vier Wilderern aus dem Kaunertal also ohne Gewehr gegenüber. Nach einigem Zögern hat der Jagdherr ihnen aber seines überlassen, damit sie die Wilderer stellen konnten.

»Nå sein mar rechts umchn in Fels und då sein mar gedeckt auchnkemen bis auf 'n Grat. Und über den Grat håt man miaßn. Åber der Alfons håt 's nit recht derpåckt, weil der isch zehn Jåhr älter gwest. Nå håt er zu mir gseit, wenn i die Schneid hat, nå sollt i alloan drüberau, daß i ihnen den Weg oschneid. Då sein jå vier Wilderer gwest, zwoa sein auf 'n Grat obn gwest und zwoa sein untn gwest, wo se auf die Gams gschossn håbn. Und i hån då miaßn schaugn, daß i dazwischen inchn kimm über 'n Grat. – Åber då bin i schon sehr schneidig gwest, gell, då hån i nix gekennt, då bin i in die bestn Jåhre gwest, då håt 's überhaupt nix gebn. Da håbn die oberen dånn amål gschossn, weil die unteren håbn mi nit gmerkt, die håbn mi nit gsechn kemen. Und då håbn die oberen zerscht ållm gschrien: ›Gråd ober enk kimmt uar!‹ Åber auf des håbn sie nit Obacht gebn, weil sie werdn gschauget håbn, ob sie die Gams getroffn håbn. Nå håbn 's an Schuß oglåssn, nå sein 's aufmerksam gwordn, wås då iatz los isch.«

Dieser Warnschuß der beiden Wilderer für ihre Gefährten spielte bei der nachfolgenden Gerichtsverhandlung eine bedeutende Rolle, erzählt Franz Rimml. Er hätte auch aussagen können, daß der Schuß ihm gegolten habe, dann hätten die vier noch härtere Strafen bekommen. An solcherart Rache sei er aber nicht interessiert gewesen.

»Derweil hån i ihnen åber in der Mitte 'n Weg ogschnittn. Iatz hån i zwoa unter mir ghet und zwoa ober mir, und der Alfons isch a Stück weiter draußn gwest und der Jågdherr no weiter draußn. Nåcher isch då der Streit losgången, die håbn si nit wolln ergebn, åber schiaßn håbn se nit getraut. Åber sall hattn se ou nit dertån, weil i hån 's Gwehr a so in der Hånd ghet und wenn sie irgend wås getån hattn, i hat dia glåt gschossn, so kålt war i gwest. Nå håbn sie ållm getråchtet, daß sie mi håndgreiflich derwuschn hattn, åber nå war 's hålt decht betrogn gwordn, zwoa gegn oan. Åber då bin i voll Zorn gwest, nå hån i gseit: ›Tiats no an Schritt, åber nå schnellt 's!‹«

Daraufhin hätten sich die beiden doch ergeben. Während nun Alfons Rauch auf sie aufpassen sollte, ging Franz, die beiden anderen zu stellen. Vorher hatte er ihnen noch geraten, sich reumütig dem Jagdherrn zu stellen und ihm zu erklären, nur die drückende Not habe sie zum Wildern getrieben. Dann ließe der sie sicher ziehen. Sie aber benützten die Gelegenheit, als Alfons seinem Freund gegen die anderen beiden Rückendeckung geben wollte, und verschwanden ins Tal.

»I hån no gseit zu ihnen: ›Wenn 's vernünftig seids, nå gehts zum Jågdherr.‹ Sie håm zerscht globt, i sei aluan. Nå hån i gseit: ›Då täuschets enk, mir sein insere drei, gehets außn zum Jågdherr und såget zu ihm, es gehets nummer her, es håbets vielleicht aus Not wolln no a Bröckle Fleisch holn oder so. Wenn es des anständig redet mit 'n Jågdherr, nå läßt er enk gian.‹ Und des håbn 's mir nit globt, nå sein se durch. Nå sein der Alfons und i ou nåch ihnen außn und wie mir außn kemen sein, håt ins der Jågdherr teiflisch z'samengeputzt (arg geschimpft), warum mir koane Gwehr mitnåhmen. Der Jågdherr! Mir håbn jå lei glåcht! I hån nå gseit zu ihm: ›Sie hattn jå die Pistole ghet, und dia hattn jå nix måchn kennen, dia sein ja måchtlos gwesn, dia warn ruhig stiangeblieben!‹ ›Jå,

105

des sein gånz wilde Burschn gwesn‹, und a so håt er ins vorgjammert. Nå hån i gseit: ›Isch gleich, des nutzt nix. Alfons, du geasch iatz mit 'n Herr und i geah die Wilderer nåch.‹ Nå håt er zerscht gschumpfn: ›Dia derschlägn di då untn, wenn du då ochn kimsch!‹ Nå hån i gseit: ›Wenn i zwoa Gwehre hån, nå werd i mi schon derwehrn!‹«

Während Alfons Rauch also mit dem Jagdherrn wieder ins Tal abstieg, hat Franz Rimml versucht, die Wilderer einzuholen. Im Schnee konnte er ihre Spuren gut verfolgen, als es weiter unten aber aper wurde, verlor er sie aus den Augen. Die vier Männer waren ins Pitztal abgestiegen, um von dort aus über den Piller Sattel wieder zurück ins Kaunertal zu kommen. Rimmls Versuch, über die Gendarmerie in St. Leonhard den Posten in Wenns zu alarmieren, daß dieser die Männer am Weg über den Piller abfange, scheiterte. Statt dessen wurde der Posten in Prutz verständigt, von wo aus aber erst am darauffolgenden Tag eine Streife ins Kaunertal ging, als die Wilderer schon längst wieder zu Hause waren. Immerhin aber haben die Prutzer Gendarmen Fotos von 20 der Wilderei verdächtigten Männern des Kaunertals gesammelt und nach St. Leonhard geschickt, wo die Täter von Rauch und Rimml identifiziert werden sollten.

»Då håt der Gendarm gseit: ›Wenn es såget, der isch es, nå müßets åber schwören kennen, nå muß es der sein, weil sonst gehts es in (werdet ihr eingesperrt)!‹ Und då hatt i jå schwören gekennt! I hån gseit: ›Wenn es es nit globet, nå gian mir åm Sunntig auf Kaltenbrunnen onchn, nå suach i se enk unter die gånzn Kirchleit außn!‹ Nå hat er 's globt!« Die so identifizierten Männer wurden dann zuerst in Imst vor Gericht gestellt, legten Berufung ein, wurden dann aber in Innsbruck neuerlich verurteilt. Zwei von ihnen erhielten zwei, die anderen beiden vier Wochen Gefängnis.

Als mit der Übernahme der Jagd durch die Tiroler Landesregierung die Pitztaler erneut und mehr denn je zu wildern begannen, diesmal auch aus Protest, ergriff Franz Rimml die Initiative:
»Dann hån i mit 'n Låndeshauptmann des då åbbesprochn, daß mir då nit gern in Feindschaft lebn in a so an Tål drinnen.« Gegen den massiven Protest des zuständigen Hofrates einigte man sich darauf, den Pitztalern wieder Jagdkarten auszustellen und ihnen den sogenannten Hegeabschuß, das heißt den Abschuß kranken oder minderwertigen Wildes, zu überlassen. Später dann, als der Bestand bereits zu groß zu werden drohte, durften sie auch besseres Wild schießen, freilich immer nur unter der Aufsicht der Landesjäger. »Im Nu håm mar die Wilderer gedämpft ghet! Und durch des isch die Jågd so in die Heach kemen im Pitztal, weil då håm mar numme gebraucht aupassn auf die Wilderer, då håbn dia schon aufånånd (aufeinander) augepåßt, daß koaner gångn ischt! – Sehr schön isch es nåcher gwesn!«

Heinrich Gundolf, Bergführer aus Froschputzen (St. Leonhard), mit einem ins Pitztal gekommenen Alpinisten aus Amerika. (Um 1910)

Die Fremden kommen

Plangeroß, August 1858: »Gegen 5 Uhr abends kam in den Widum Dr. Anton de Ruthner, k. k. Hofadvokat aus Wien, in Begleitung der Führer Nikodem und Leander Klotz aus Rofen. Sie waren über die Ferner und zwischen dem Urkund und Ölgrubenspitz ins Taschach gekommen – Heldentour. Am nächsten Morgen 5 Uhr verließ er den Widum wieder.... Er nahm den Weg übers Jöchl nach Sölden etc. zurück. Ein nicht vorlauter, kleiner Mann, aus Botzen gebürtig, zugleich Ortlerbesteiger.«

1859: »Kein anderer Reisender passierte in diesem Jahre das Pitzthal als ein Bär, aus den Wäldern der Südschweiz verscheucht, der dann im Herbst in Trins geschossen wurde.«

Wie diese Eintragungen in der Pfarrchronik von Plangeroß, von Richard Schucht (1906, S. 65) überliefert, zeigen, ist das Pitztal im Vergleich zu anderen Tiroler Tälern erst relativ spät von den Alpinisten und anderen Fremden entdeckt worden. Die Länge des Tales, die schlechten Wegverhältnisse und die Armut seiner Bewohner mögen es für die Herren-Touristen des 19. Jahrhunderts ebenso unwirtlich gemacht haben wie die relative Schwierigkeit der Übergänge zu den Nachbartälern.

Zwar ließ bereits 1874 die Frankfurter Sektion des »Deutschen und Österreichischen Alpenvereins« im hintersten Taschachtal auf einem ihr von der Gemeinde geschenkten Grund eine Hütte bauen – und so hatte zumindest der Postmeister Caspar Neururer von St. Leonhard, der den Bau ausführte, einen außerordentlichen Verdienst. Bis die Zahl der Reisenden eine merkliche Steigerung erlebte, sollte es aber noch einmal nahezu 20 Jahre dauern. In dieser Zeit erfuhren bereits sämtliche Gipfel in der Umrahmung des Tales sogenannte Erstbesteigungen. Das heißt, sie wurden zum ersten Mal von Touristen erstiegen, denn nur solche hielten ein solches Unternehmen für berichtenswert. Daß sie dies unter Anleitung einheimischer Führer und mit Hilfe einheimischer Träger taten, findet in der damaligen Alpinliteratur und Presse nur am Rande Erwähnung, wie auch meist verschwiegen wird, daß ein Großteil dieser Gipfel von einheimischen Hirten, Jägern und Wilderern schon viel früher erreicht worden war. Zu den ersten Bergführern zählten naturgemäß die Wirte des Pitztals, der schon erwähnte Postwirt Caspar Neururer, der Lieselewirt Alois Neururer und der Wirt von Mittelberg, Dominikus Schöpf.

Erst die 1884 eröffnete Arlbergbahn ließ das Pitztal für eine größere Zahl von Reisenden in erreichbare Nähe rücken. Unter ihnen auch der Oberpostmeister Richard Schucht aus Braunschweig, Präsident der dortigen Sektion des DuÖAV. Auf seine Veranlassung ließ die Sektion von den Gebrüdern Kirschner, Besitzer der Gasthäuser in Mittelberg und Plangeroß, unterhalb des Karleskopf auf 2759 m eine Hütte bauen, die am 30. August 1892 bei Anwesenheit zahlreicher Prominenz feierlich eröffnet wurde. Den Grund hatte wieder die Gemeinde zur Verfügung gestellt. Schon im darauffolgenden Jahr und später noch mehrmals konnte die Hütte erweitert werden. Und hatten in Plangeroß und Mittelberg 1892 nur 34 bzw. 182 Gäste übernachtet, waren es ein Jahr später bereits 134 bzw. 366. Vor dem Ersten Weltkrieg zählte man schon 800 bis 900 Gäste pro Sommer, in der Mehrzahl Alpinisten, und im Jahr 1905 sind allein von der Braunschweiger Hütte 215 Personen auf die Wildspitze gestiegen. Die weitere Erschließung der Berge rund ums Pitztal durch das Anlegen von Wegen, die Herausgabe von Karten- und Führerwerken, die Organisierung des Bergführer- und Trägerwesens und schließlich durch den Bau einer weiteren Hütte (Kaunergrat Hütte 1907) ging nun rasch vonstatten und war bis 1914 weitgehend abgeschlossen. Nicht nur die Wirte im Tal und auf den Hütten profitierten vom wachsenden Strom der Fremden und konnten ihre Häuser bald Saison für Saison erweitern. Schon Mitte der 90er Jahre war das Bergführen für acht bis zwölf Männer ein ergiebiger Sommerverdienst, bis 1914 waren es etwa 40, ebenso viele fanden als Träger Beschäftigung, und viele Saisonwanderer kehrten bereits zu Peter und Paul (29. Juni) wieder heim, um sich diesen Verdienst zu Hause nicht entgehen zu lassen. Das ganze Tal versuchte, aus dem Fremdenverkehr Nutzen zu ziehen, auch die Kinder. Raimund Eiter, Pfuhrmüller, erzählt noch aus seiner Kindheit nach dem Ersten Weltkrieg, was wohl auch schon früher Kinder angestellt haben, um ein paar Kreuzer zu ergattern:

»Då kånn i mi schon erinnern, nåchn erschte Waltkriag, wia då die Turischte durchs Tål sein, die Rucksäck salber getråge – isch natürlich koa Auto

Bergführer Heinrich Gundolf mit Hilfsführer und zwei Damen am Gepatschferner vor dem Brandenburger Haus. (Um 1910)

Das Gletschertor des Mittelbergferners am Weg zur Braunschweiger Hütte um 1930. Damals reichte die Gletscherzunge noch bis auf 1900 m, also bis fast auf den Talboden herab. Sie war bis zur Jahrhundertwende alljährlich am Annatag (26. Juli) Ziel eines Bittgangs der Gläubigen aus dem hinteren Tal, die um Schutz vor Überschwemmungen und Eiswinden flehten.

Der Eissee vor der Braunschweiger Hütte um 1925. Im Jahr 1927 ist der See (an der tiefsten Stelle des Damms im Hintergrund) zum letzten Mal ausgebrochen. Durch den schon damals spürbaren Rückgang des Gletschers bedingt, war der Schaden aber nur gering und erreichte nicht das verheerende Ausmaß früherer Ausbrüche.

Wanderer im Talschluß: Von Mandarfen aus führt der Weg zum Mittelbergferner und zur Braunschweiger Hütte. (Um 1950)

Die legendäre Hüttenwirtin Regina Gundolf (aufgenommen um 1900), die von 1892 an rund 40 Jahre lang die Gäste auf der Braunschweiger Hütte betreute.

gången vom Bahnhof dåmåls weg. Und mir Kinder, mir håbe des natürlich glei herausghet, a Såckgåld (Taschengeld) håt man dåmåls koans ghet. Nåcher håbe mir ins då irgendwia erbötig gmåcht, in die Fremde die Rucksåck a Stuck z' tråge. Und die håbe jå oft glåcht, wenn se ins die schware Rucksåck übergebe håbe. Und dafür håt man natürlich nåcher a påår Pfennig bekemen. Und nåcher in Herbscht, wenn die Beere reif gwest sein, håbe mir ins då mit die Beere ån Weg gstellt und die Beere ånbote. Isch ou wieder a kloane Einnåhm gwest. Und in insern Gemeindegebiet sein bei a viezig Gatter gwest. Und då, wenn mir gsehe håbe, daß Fremde kemen, sein mir zu denen Gattere hin und håbe ihnen die Gattere augetån und aughebt nåcher. Des isch ou wieder an Ånlåß gwest, daß se ins nåcher wieder a bissle belohnt håbe. – Die Gatter sein nåcher verschwunde, wia d' Ståß gebaut wore ischt (1928–1933). Des sein Viechgatter gwest.«

Die Beziehung der Touristen aus Braunschweig zu den Menschen im Pitztal war durchaus patriarchalischer Art und hatte ebenso fürsorgliche wie kolonialistische Elemente. Beide Elemente kamen etwa in dem Versuch Schuchts zum Ausdruck, die Bauern des Tales zu einem pfleglichen Umgang mit ihrem Mist zu bewegen. Zumeist hatten sie diesen, jedem Regenguß ausgesetzt, vor ihrem Haus oder auf dem Weg gelagert, was dem guten Schucht als arge Verschwendung vorkam. Als seine Versuche agrartechnischer Aufklärung aber keinen Erfolg zeigten, setzte er alles daran, die Bauern dazu zu bewegen, wenigstens während der Hauptreisezeit die Misthaufen vom Weg wegzuschaffen oder dort mit Reisig abzudecken, um die Ortsansichten zu verschönern und die Nasen der Reisenden zu schonen.

Doch auch ein karitatives Element hatte in dieser Beziehung Platz: Angesichts der Armut im hinteren Tal – »und zwar Armuth, von der nur der Besucher der Alpen sich eine richtige Vorstellung machen kann« – berichtet Schucht 1900, haben »Mitglieder der Section Braunschweig, welche mit diesen Verhältnissen vertraut sind, in hochherziger Weise Geldspenden und wärmende Kleidungsstücke alljährlich zum Weihnachtsfeste für die Armen des Pitzthales dem Vorstand (der Gemeinde) zur Weiterbeförderung an die Pitztaler übergeben«.

Auch die Mitglieder der Frankfurter Alpenvereinssektion sammelten Kleider und Weihnachtsgeschenke für die Kinder im Tal, fanden aber scheinbar nicht jenes Verhältnis zu den Einheimischen, wie es den Braunschweigern heute noch nachgerühmt wird. Freilich haben auch sie Verdienst ins Tal gebracht, und als Hüttenträger, Bergführer und Hüttenpächter haben die Pitztaler von allen Sektionen und Touristen gleichermaßen gern und gut verdient. An das unterschiedliche Auftreten der Frankfurter und Braunschweiger kann sich auch Franz Rimml aus Trenkwald noch erinnern:

»Die Frankfurter, dia sein a gånz an ånderer Typ gwesn. Man ischt dort bei die Herren nit a so ångesehen gwest. Bei die Braunschweiger, wenn då a hoher Herr kemen ischt, der Präsident oder wer, der håt mit an jedn Träger, sei er no so årm und letz gwest, gredet und håt ihm wieder amål a påår Kronen oder Schilling gebn. Dia håbn direkt Erbårmen ghet mit 'm Tål. Des håbn die Frankfurter wieder nit ghet, sall sein wieder eher a bissl höher drån gwesn. Åber verdianen håbn s' ou ålles die Pitztåler glat.«

Vorbildlich in diesem Sinne habe immer Richard Schucht gewirkt. Dem hat die Gemeinde in Anerkennung seiner Fürsorge ums Tal auch einen Grund in Mittelberg überlassen, wo er sich gleichzeitig mit dem Bau der Braunschweiger Hütte eine Villa errichten ließ. Schucht war einer jener typischen Alpinisten des ausgehenden 19. Jahrhunderts, deren Interesse an der körperlichen Ertüchtigung des Bergsteigens untrennbar verbunden war mit einer romantischen Begeisterung für die einsame Natur und für das scheinbar so urtümliche Leben der Alpenbewohner. Nicht ferne Gipfel waren sein Ziel, sondern fremde Welten. Auch wenn er für die Erschließung des Pitztales und seiner Bergwelt wesentliche Impulse setzte, war nicht Massentourismus sein Ziel, sondern die Erleichterung individueller Reiseerlebnisse. Er begriff sich ebenso als Volkskundler wie als Alpinist und teilte mit seinen Zeitgenossen im Alpenverein jenes deutsch-völkische Pathos, das dann in den 20er Jahren und im Nationalsozialismus besonders arge Blüten trieb. Nach dem Ersten Weltkrieg etwa wurde in der Braunschweiger Hütte eine »Welfenecke« eingerichtet, in der, durchaus symbolträchtig, auch ein Bild Heinrichs des Löwen hing.

Dieser ziemlich streitsüchtige bayrisch-sächsische

Herzog war im Höhepunkt seiner Amtszeit (1156–1180) zwar recht mächtig, hat im Streit mit dem Kaiser aber all seinen zusammengeraubten und erkämpften Besitz bis auf Braunschweig und Lübeck wieder verloren. Er hat sich vor allem durch seine reichlich grausamen Eroberungsfeldzüge durch Mecklenburg und Pommern (nebenbei auch als Begründer von München) einen Namen gemacht, was im großdeutschen Wahn der 20er und 30er Jahre sich als ruhmreiche »Erweiterung des deutschen Volksbodens östlich der Elbe« ausnahm. Sein Bild auf der Braunschweiger Hütte war, wie die gesamte »Welfenecke« zumindest für die damaligen Jahre ein durchaus bezeichnendes Symbol der Grundhaltung dieser Art von Alpinismus: So wie Heinrich der Löwe als Vorbild diente, denn »er kolonisierte, baute, förderte Handel und Gewerbe und vertrat den großdeutschen Gedanken schon im 12. Jahrhundert« (so die Inschrift auf der Hütte), so sah man sich auch selbst als Träger und Wegbereiter großdeutscher Zivilisation. – Später kam noch ein Bild Hitlers hinzu, das von den »Jungmannen« aus Braunschweig am 3. und 4. April 1938 »durch Nacht und Schneesturm mit Biwak im Freien« zur Hütte geschleppt worden war.

In seinen zahlreichen Artikeln und in seiner volkskundlichen Beschreibung des Pitztales rühmt Schucht (1900, S. 110) diesen Teil der »deutschen Alpen« seiner »intimen landschaftlichen Reize« und seiner Urtümlichkeit wegen: »Bei dem Mangel an ausreichenden Verkehrseinrichtungen und bei den dürftigen wirthschaftlichen Verhältnissen ... hat sich das Leben und Treiben der Thalbewohner in vielen Beziehungen noch so erhalten, wie es in alter Zeit gewesen ist.« – Es war wohl der soziale und kulturelle Kontrast zu solch vermeintlich urtümlichen Verhältnissen, aus dem die dem bürgerlich-städtischen Milieu Braunschweigs kurzzeitig entfliehenden Alpenfreunde ein beträchtliches Quantum an Freude und Erbauung bezogen.

Dieses Bild vom wilden und romantischen Tal durchaus werbewirksam zu verbreiten, halfen auch drei akademische Maler: Die beiden Alpenmaler Hans Beat Wieland und Zeno Diemer aus München, die neben zahlreichen Genrebildern und Einzelansichten auf Veranlassung des Tiroler Landesverbandes für Fremdenverkehr für die Weltausstellung in Chicago 1893 ein monumentales Rundgemälde von den Bergen rund um die Braunschweiger Hütte schufen, und der vom Gasthof Wiese bei Zaunhof gebürtige Alois Gabl (1845–1893). Letzterer war wie Diemer Professor an der Münchner Kunstakademie und zu seiner Zeit als Genremaler sehr geschätzt. Seine im Stil Defreggers gehaltenen Szenen aus dem »Volksleben« des Pitztales fanden weit über die Grenzen des Landes hinaus Beachtung und halfen jenen Typus bairisch-tirolischer Gebirgsfolklore zu befestigen, der sich nun auch des Pitztales bemächtigte.

Mehr noch freilich bemächtigte sich dieser Typus als Klischee der Besucher des Tales und bestimmte das Bild, das sie sich von diesem machten. Schon Schucht (1900, S. 124) hatte nämlich festgestellt, daß im Pitztal »die alten Sitten und Bräuche immer mehr verschwinden«, daß beispielsweise auch im äußeren, wohlhabenderen Teil kaum eine einheitlich bäuerliche Tracht anzutreffen sei, daß es daran im hinteren Tal aber gänzlich mangele. Die wenigen vollständigen Frauenkostüme, die es vor der Jahrhundertwende im vorderen Tal noch gab, wurden zudem oft an Fremde verkauft, berichtet Schucht, zum Beispiel ein ganz besonders schönes an den Maler Wieland, der in seinen Bildern gleich sämtliche Pitztaler Frauen nach dieser Vorlage in »Tracht« gewandet darstellte. Außerdem, so beklagte Schucht (1900, S. 110), ließen die »Reisehast« und die »Vorurtheile der modernen Turisten« diesen kaum mehr die Zeit, den urtümlichen Charakter des Tales auf sich wirken zu lassen. Wurde der Kontrast im Pitztal selbst also kaum genügend ausgekostet, so wurde er zumindest zu Hause nachgespielt: Auf den jährlichen Winterfesten der Sektion, dem jeweiligen Glanzpunkt der Braunschweiger Ballsaison, wo vor den nachgemalten monumentalen Bergkulissen Diemers nur Einlaß fand, wer sich – zumeist nach dem Muster der Bilder Wielands – in »Tiroler Tracht« verkleidet hatte.

Die Träger

Was auf den Hütten an Bau- und Brennmaterial, an Inventar und Verpflegung gebraucht wurde, nicht selten auch das Gepäck der Touristen haben Träger geschleppt. Abgesehen davon, daß es im Tal kaum

Tragtiere gegeben hat, waren nur wenige Wege, wie der zur Taschachhütte, auch gangbar für diese. Die erste Materialseilbahn wurde 1941 auf die Braunschweiger Hütte gebaut, damit die dort im »Ausbildungslager Karleskopf« stationierten Gebirgsjäger auch im Winter ausreichend versorgt werden konnten. Regina Gundolf, die erste und ebenso langjährige wie legendäre Wirtin der Braunschweiger Hütte (1892–1932) und als Nachfolger auch ihr Sohn hatten bis dahin meist zwei Träger fest angestellt – ein harter, seiner Sicherheit wegen aber auch begehrter Job. Wie begehrt er war, erinnert sich Josef Pfeifhofer aus Trenkwald: Noch nach dem Zweiten Weltkrieg mußte beim Umbau der Kaunergrathütte das Baumaterial von Plangeroß aus getragen werden. Doch schon drei Kilometer vorher, in Trenkwald, haben die dortigen Männer den Frächter seine Ware abladen lassen, auch wenn er leicht hätte weiterfahren können. Gerne aber nahmen sie den längeren Weg auf sich, nur um die wenigen Schilling zu verdienen, die sonst eben den Plangeroßern geblieben wären. Natürlich ging das nicht ohne Konflikt ab. »Då håbn se jå graft um die Årbeit!«

Aber die aus Plangeroß hätten sich auch untereinander um die Lasten betrogen. Bezahlt wurde immer beim Abliefern des Materials auf der Hütte. Manche Männer, die nach zwei Touren am Tag (jeweils von 1612 m auf 2917 m!) dann abends noch eine Kraxe voll Material ein Stück weit oberhalb des Dorfes im Wald versteckt hatten, um am nächsten Tag nicht so weit tragen zu müssen und die erste Last sicher zu haben, seien dann am Morgen böse überrascht gewesen. Sie sind beobachtet worden und andere haben in aller Früh ihre Kraxe auf die Hütte geschleppt. »Då håbn 's nå z'sammgschlågn direkt. Nit lei Streitereien!«

Wer Träger oder sonstige Dienste gebraucht hat im Tal, hatte es relativ leicht, den Lohn nach eigenem Gutdünken zu bestimmen, weil es unter den Männern keine Absprachen gab.

»Daß man sich ogredet hat«, erzählt Josef Pfeifhofer, »des håt 's nit gebn. Es isch hålt a so gwest, wer mehr derwuschn håt, wer hålt ou der stärkere gwest isch, der håt hålt mehr verdiant, åls wia der oane. Då werd 's groaße Freundschaft koane gebn håbn. ›Wås i derwisch, derwisch i!‹ Obwohl se sinscht ja wieder z'sammghålte håbn die Åltn, mehr åls wia heint. Aber

Sepp Füruter (Ågades Seppl) als Hüttenträger auf dem Weg zum Taschachhaus. (Um 1960)

Alois Füruter (Àgades Lois) besorgte noch um 1960 mit seinem Muli und einem Zwergesel den Säumdienst von Weißwald auf das Taschachhaus.

wenn 's då um an Groschn z' verdianen gångn isch, håbn 's einånder schon bschissen ou!«

Franz Rimml, ebenfalls aus Trenkwald, hatte es geschafft, schon 18jährig als Träger fest angestellt zu werden. In seinem ersten Jahr, 1927, hat er sich dabei immerhin schon ein Fahrrad verdient. Damit wollte er im Jahr darauf als Maurer in die Schweiz fahren, was ihm aber nicht gelang. So zog er mit Johann Santeler nach Partenen zum Kraftwerksbau, von dort gleich weiter zum Brückenbau im Kleinen Walsertal, Ende 1929 kam er wieder ins Tal zurück.

»1930 und 1931, det hån i nåcher wieder auf die Hütte geträgn bei Reginen, ou im Winter. Sall sein hårte Ding gwest, åber verdiant hån i det ou ållm so viel als wia a Maurer oder a Zimmermånn, wia hålt a Fåchårbeiter ghet håt. 600 Schilling im Sommer, des isch fixer Lohn gwest, und nåcher håt man mit Rucksäck-Auchnträgn zusätzlich verdiant, wenn du zu dem, wås für Reginen geträgn håsch, no gwellt håsch an Rucksåck aulegn in Mittlberg. Håt 's jå oft gebn von die Fremdn. Wenn Braunschweiger kemen sein, håbn se gseit: ›Ach Franz, nimm mir mal meinen Rucksack mit!‹ Und det håsch nå ållemål no a pååar Schilling bekemen dafür.«

Wie auch Lechthaler bezeugt, haben einzelne Träger bis zu 120 kg pro Tour getragen. Auch er habe soviel getragen, erzählt Franz Rimml:

»120 Kilo auf die Braunschweiger Hütte, sall ischt 's meischte gwest. Katteres Hansl håt 118 Kilo ghet und i hån 120 Kilo ghet, Balken. Der Hansl håt sie a so auf der Åchsl auchngeträgn, der sall isch schon ou a stårker Teifl gwest! Und i hån det schon die Kopfkraxn ghet. I hån sie heint no då, die Kopfkraxn, wo i soviel geträgen hån, die håt mir der Pfeifer z' Innsbruck måchen glåt, extra nåch meiner Statur. Jå mit der selle Kraxe hån i liaber 80 Kilo Bretter ghet, vier, fünf Meter långe Bretter, åls wia a Sackle Zement mit 50 Kilo. Då bin i viel leichter gången, weil die Bretter die håben a so schian a bissele gschwånkt und då bisch a so leicht gången, ållemål im gleichen Rhytmus, wia du gången bisch, håben die gschwånkt. Und auwärts, wenn a hoacher Tritt ischt gwest, håsch di a kloans bissle firchn glåt, nå håsch auchn gmiåßt, nå håt des gezogn!«

Das normale Pensum war je eine Tour nach Mittelberg (1734 m) und wieder zurück auf die Braunschweiger Hütte (2759 m). Normalerweise brauchte man drei Stunden für den Aufstieg, aber auch als Träger habe er nie länger Arbeit gehabt. Für den Abstieg brauchte Rimml so genau eine Stunde, daß man hätte eine Uhr danach stellen können.

»So 's zwoate Mål bin i ållm so uma sechse, hålbe siebne am Åbend gen der Braunschweiger Hütte kemen. Und nåcher håt Regina oft gseit: ›Franz‹, håt sie geseit, ›heint stian mir iatz guat då!‹ ›Jå warum?‹ ›Iatz håm mar bei 70 Leit då und auf z' morgez koa Bröckle Brot.‹ Hån i gseit: Jå nåcher, nå geah i hålt holn, nit, geah i hålt no amål ochn.‹ Jå, froh war sie schon, natürlich zwingen kannt sie mi nit, håt sie gseit, ›weil zwoamål bisch jå schon gången und dreimål, des ischt hålt verflixt streng.‹ ›Jå, jå, hån i gseit und hån hålt eppas gessn und getrunken dobn und bin nåcher wieder gen Mittelberg ochn. So um hålbe zwölfe, zwölfe, je nåchdem er kemen isch, der Uhrelers Josef – der isch beim ålten Bäck gwesn, beim Schranz, der håt ou die Post ghet von St. Leonhard gen Mittelberg inchn. In der Saison isch der jedn Tåg z' åbenz gfåhrn und håt 's Brot mitghet. – Då hån i wieder a so a 30, 40 schwårze Weckn und an Såck voll Semmelen – det håt er schon Semmelen ghet –, hån i des hålt gnommen und bin fort untn. Meistens so zwölfe z' nåcht wird 's gwest sein. Då bin i um drui z' morgez auchn kemen, det sein sie nå gråd ållm augståndn wieder, die Hütteleit und die Fremde, die wo gen Wildspitz gången sein. Nå håbn sie wieder Brot gnuag dobn ghet.«

Nach solchen Extratouren durfte er dann eine Stunde länger schlafen, mußte erst um 6 Uhr aufstehen. Wenn gerade nichts zum Tragen war, machte er sich in der Küche nützlich. »I kannt a gånze Fabrik autian, wenn i des Gschirr ålls hat, wås i då ogspült hån auf der Braunschweiger Hütte dobn!« Nein, leicht sei die Zeit als Hüttenträger wirklich nicht gwesen, aber im Tal hätte es keine andere Möglichkeiten gegeben, man habe nichts anderes gekannt. Alle Männer im Tal hätten auf diese oder ähnliche Weise ihr Geld verdienen müssen.

»Det woåß i schon, wås i mitgmåcht hån, Herrgott! Åm Åbend ischt man schon recht miad gwesn. Und

▷

Regierungsrat Dr. Herberts aus Düsseldorf fotografiert Pitztaler Bergführer (Josef Rimml links, Alfons Rauch im Hintergrund; um 1935)

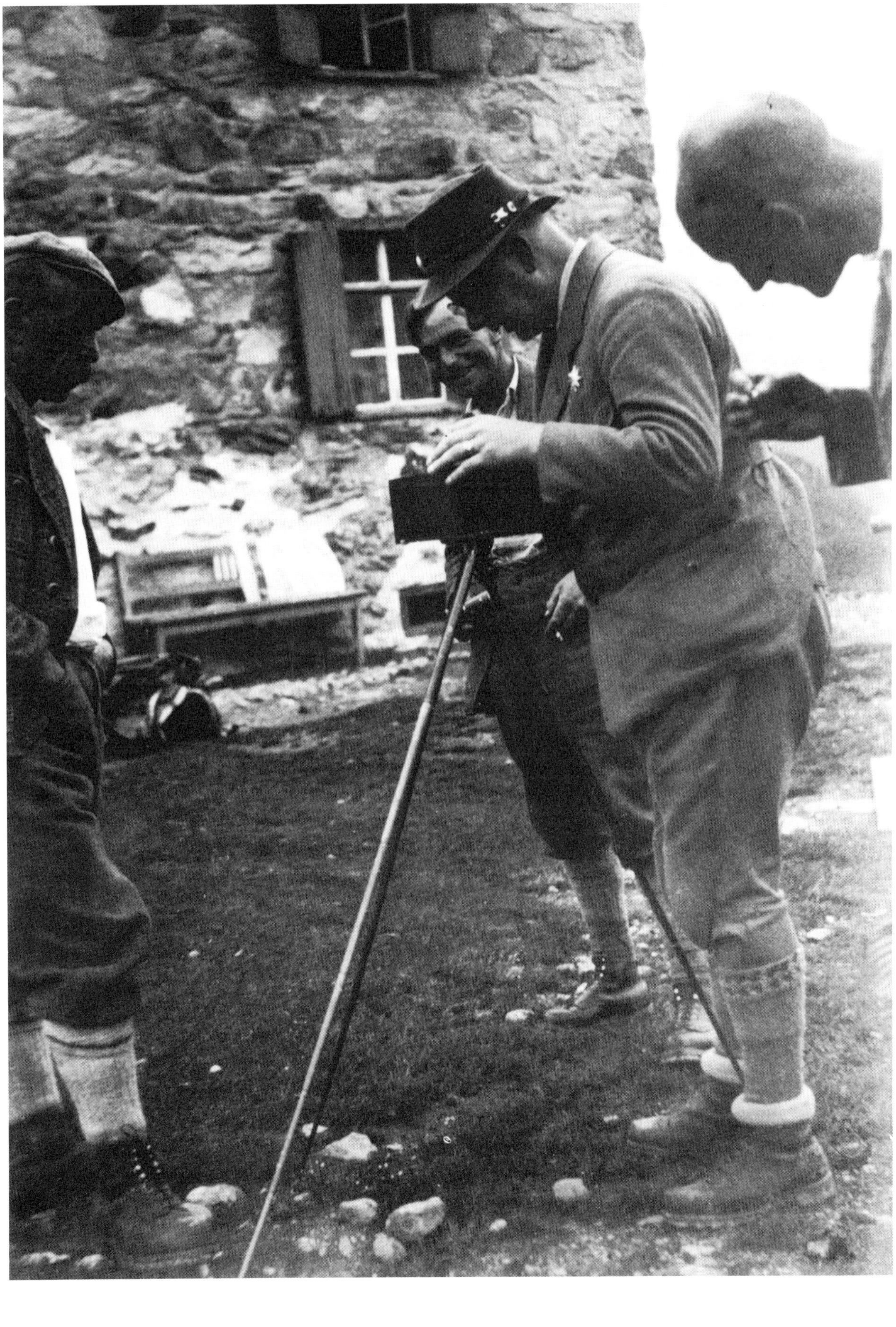

Sonntagsrunde vor dem als Alpinisten-Stützpunkt wichtigen Gasthof Mittelberg mit den drei Besitzern Schmid, Haid und Kirschner. (Foto: Josef Schöpf um 1910)

Vor dem Gasthof Wiese (um 1912). In Zaunhof wurde vor allem von den Eiters und Santelers sehr viel gesungen und musiziert. Oft auch zur Freude der Fremden.

nå hån i Fuaßgschwitzt, 's Bluat isch mir oft in die Schuach umgronnen! Nå bin i det vor lauter z'wårm såmt Strümpf und Schuach oft in Bachlen inchngståndn a Weil, nit, bis ålls wieder recht kålt ischt gwest. Und des ischt gråd der Fahler gwest, gall, anstått, daß i die Fuaßfetzn gwechselt hat und trockne Fuaßfetzn ånglegt hat, bin i im Bachle inchngståndn. Åber, i woaß nit, des håt mir ålls nicht gtån. Det isch man gången, die Hauptsåch isch gwest, wenn man eppas verdiant håt, wås du då getån håsch, isch gånz gleich gwest! Des isch gånz ånders gwest åls wia heint, då tuat dir jå koaner a Dreckårbeit mehr, nit. Åber det isch ins ålle a so gången, nit lei ins, sondern der Gesamtheit. Då håt man nit gschauget, oder ischt oam die Årbeit z'dreckig gwest, des isch oam gleich gwest, då håt man oanfåch, wenn man eppas verdient håt, ischt man gången.«

Die Bergführer

»Zwischen Klassenkampf und Partnerschaft« siedelt Dieter Kramer (1983, S. 38) die Position der Bergführer im frühen Alpinismus an und trifft damit wohl auch die Verhältnisse, wie sie im Pitztal geherrscht haben. Welche Rolle der Alpenverein selbst den Bergführern beimaß, erklärt Dr. I. Moriggl (1919, S. 100), langjähriger Ausbildungsreferent des DuÖAV: »Das Bergführerwesen ist eine Teilerscheinung des Alpinismus. Eigentlich mehr eine Schattenseite, denn Aufgabe des Bergführers ist es, durch seine alpinistischen Fähigkeiten die Unselbständigkeit und Unvollkommenheit des Turisten zu ersetzen, und je mehr die große Masse der Bergsteiger des Führers entraten kann, desto vollkommener wird der Alpinismus als solcher.« – Die Bergführer als lediglich vorübergehend notwendige Stütze der Herrenalpinisten, nach Bedarf eingesetzt und nach Bedarf wieder zurückgestellt – das war die Kehrseite jener Entwicklung, die im Pitztal bis zum 1933 immerhin mehreren Generationen von bis zu 50 Männern Saisonverdienst und soziales Ansehen verschafften.

Offiziell unterstanden die Bergführer den staatlichen Behörden (Kreisämter und später Bezirkshauptmannschaften), die sich hiebei freilich, wie in der Führer-Ordnung für Tirol und Vorarlberg von 1893 zu lesen ist, »der Mitwirkung der bestehenden alpinen Vereine bedienen«. Mit großer Selbstverständlichkeit wurden die alpinen Vereine vom Gesetzgeber herangezogen. Im überwiegenden Teil der Ostalpen war es der DuÖAV, der über seine Sektionen das Führerwesen de facto auch bestimmt und kontrolliert hat. Für Tirol war die Sektion Innsbruck bzw. deren jeweiliger Führerreferent zuständig. Eine gewerkschaftliche oder berufsständische Interessenvertretung der Bergführer war nicht nur im Gesetz nicht vorgesehen, bis zum Zweiten Weltkrieg ist es den Führern auch nicht gelungen, sich überregional zu organisieren – sie übten ihren Beruf ja meist nur im Nebenerwerb und gleichsam als Privatunternehmer (besser: Taglöhner) in ständiger Konkurrenz untereinander aus. Der für jedes Tal gewählte »Führerobmann« hatte keine Rechte, etwa vor den Behörden, fungierte aber als Mittler zwischen dem Führerreferenten des Alpenvereins und den Führern im Tal. Der Alpenverein verstand sich als »Hauptvertreter der Arbeitgeber« im alpinen Geschäft. Seine Aufgabe sah er darin, »dahin zu wirken, daß 1. genügend Arbeiter vorhanden sind, 2. deren Leistungen den Anforderungen entsprechen, und 3. die Entlohnung sich in entsprechenden Grenzen halte« (Moriggl, 1919, S. 102). Er kontrollierte die Auswahl der Interessenten und deren zweijährige »Lehrzeit« als Träger. Schließlich führte er auf Vereinskosten 14tägige Ausbildungskurse durch, bei denen sich nach Auffassung des Dr. Moriggl (1919, S. 113) »die ungelenken Bauernburschen – ihr Denkprozeß ist zwar häufig etwas langsam, aber meist überraschend scharf –« meist recht geschickt anstellten. Großer Wert wurde bei dieser Ausbildung auch darauf gelegt, daß der Führer sich sozial richtig einschätzen lernt: »Hinsichtlich der moralischen Eigenschaften muß er in seinem Verhalten dem Turisten gegenüber den nötigen Abstand – nach oben wie nach unten – zu wahren wissen.« Daß die Führer auf den AV-Hütten in der Küche zu essen und nicht in den Touristen-

▷

Bergführer Heinrich Dobler, der spätere Hüttenwirt der Chemnitzer Hütte. Das damalige Bergführerabzeichen war zwar groß und unförmig, wird aber heute noch von den alten Bergführern als sehr schön und stattlich gelobt. (Um 1910)

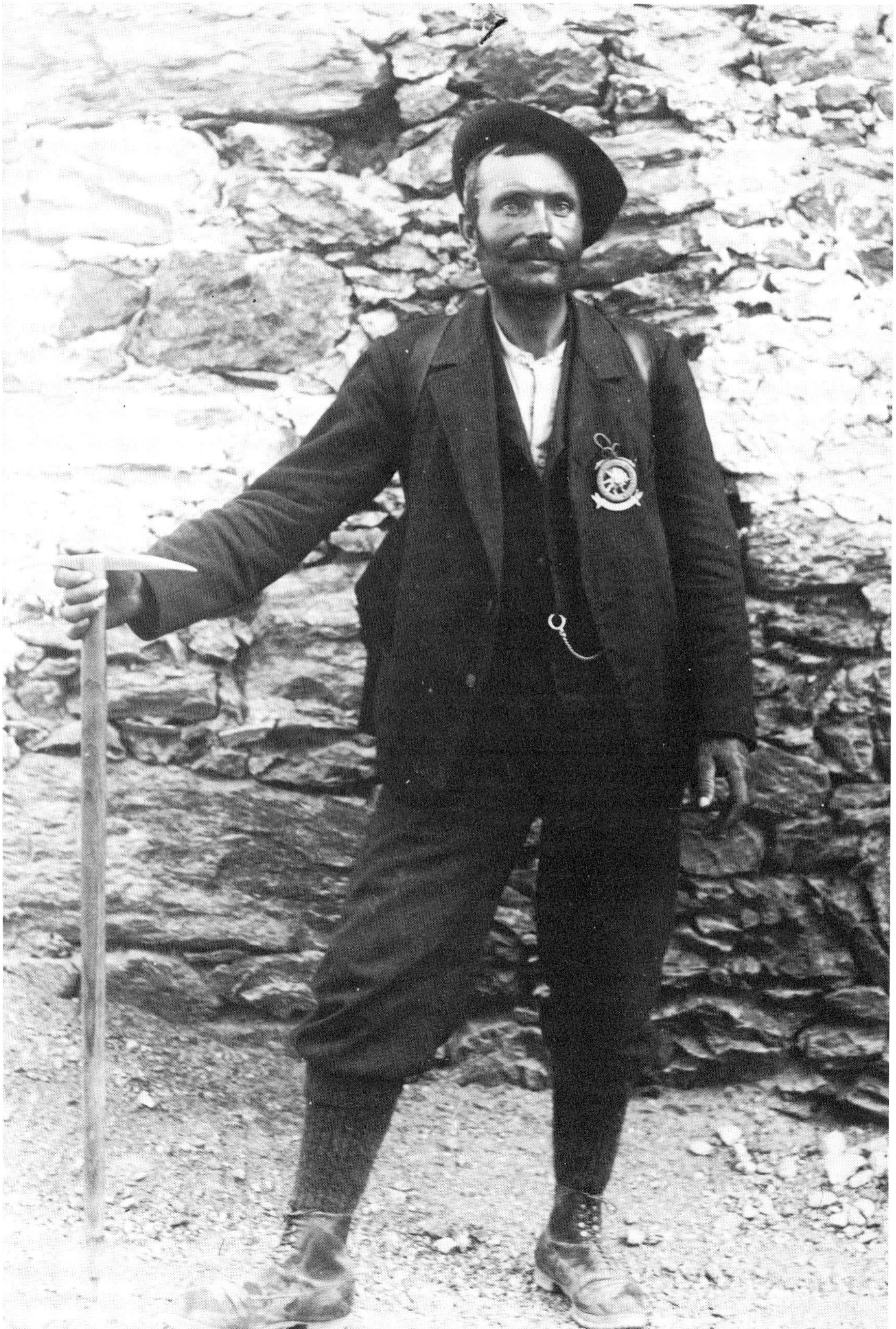

Schlafräumen zu übernachten hatten, sondern in eigenen, meist minderen Kammern, war bis in die 30er Jahre hinein selbstverständlich.

Schließlich brachte der Alpenverein dann aus dem Kreis der Kursabsolventen »je nach Bedarf« einzelne Führer der Behörde zur Autorisierung in Vorschlag. Wer nicht solcherart vorgeschlagen wurde, hatte keine Chance, autorisiert zu werden. Neben Pickel und Seil bekamen die Führer als ihr wichtigstes Insignium ein großes Abzeichen, zusätzlich ein Führerbuch, worin ihnen der Tourist nach jeder Tour ein Zeugnis ausstellen mußte.

Führerbuch und Ausrüstung, vor allem das Seil und das vom Verein zur Verfügung gestellte Verbandszeug, wurden alljährlich vom AV-Führerreferenten am Führertag kontrolliert. Im Pitztal fand dieser jeweils im Herbst beim Lieselewirt in St. Leonhard statt. Dort wurden dann auch besondere Vorfälle, wie etwa Franz Rimmls spektakuläre Spaltenbergung, besonders strittige Punkte, wie (vor dem Ersten Weltkrieg) das von den Führern für ihre Touristen zu schleppende Pflichtgepäck (es blieb gegen den Protest der Führer bei 8 kg), und natürlich Tariffragen besprochen. Die Tarife wurden vom Alpenverein für jede Route festgesetzt und von der Behörde sanktioniert. Vor der Jahrhundertwende geschah dies noch unter völligem Ausschluß der betroffenen Führer, »dieser idyllische Zustand«, muß Moriggl (1919, S. 115) bedauernd feststellen, habe dann aber aufgehört. Die Führerobmänner durften dann Stellung nehmen, auch wenn dies keineswegs immer dazu geführt habe, kann sich Franz Rimml noch erinnern, daß sie auch ihre Interessen durchsetzen konnten. Als nach dem Ersten Weltkrieg auch das Trinkgeld immer spärlicher floß und die früher selbstverständliche Sitte, daß die Touristen für die Verpflegung des Führers aufkamen, gänzlich aus der Übung kam, wurde der Verdienst tatsächlich mager.

Ganz im Sinne eines damals gängigen Vorurteils rechtfertige Moriggl den niedrigen Führerlohn auch damit, daß viele Führer, einer »tiefverwurzelten Unsitte der Bauern und der Arbeiterklasse« folgend, ihren Verdienst ohnedies sogleich ins nächste Gasthaus trügen. Es mag durchaus sein, daß er nicht gewußt hat, wie weit etwa der Weg durchs Pitztal war. Die Führer aus dem vorderen Talabschnitt mußten oft tagelang im Gasthof Mittelberg auf eine neue Tour warten, weil die Kontaktmöglichkeit für sie dort die beste und der Weg nach Hause zu weit war.

Auch die »Führerunterstützungskasse« des DuÖAV, bereits 1878 ins Leben gerufen, hatte nicht nur karitativen Zweck. Führer ab dem 65. Lebensjahr bzw. allenfalls deren Hinterbliebene konnten daraus jährlich eine bescheidene Pension von 100 Reichsmark beziehen, was in etwa dem Taglohn von 30 Arbeitstagen entsprach. Beiträge mußten von den Führern keine gezahlt werden, die Aufwendungen hatte der ohnedies sehr wohlhabende Verein übernommen. Damit hatte aber auch niemand einen Rechtsanspruch auf Unterstützung, der Alpenverein aber den Vorteil, »außerhalb der von ihm sich selbst gegebenen Satzung völlig freie Hand in der Gewährung von Unterstützungen zu haben« (Moriggl 1919, S. 136). Die Einrichtung einer Führerversicherung wurde vom Alpenverein bis zum Zweiten Weltkrieg verhindert.

Bei all dem konnten Verein und Touristen davon ausgehen, daß es sonstigen Verdienst im Tal kaum oder nur zu noch viel schlechteren Bedingungen und um noch weniger Taglohn gab. Franz Rimml jedenfalls hat 1930/31 als Bergführer wesentlich mehr verdient, als seine Kollegen beim Brückenbau:
»25 und 27 Schilling sein det gwesn für oan Wildspitz-Gian, des håbn die Führer verdiant. 25 sein gwest, wenn du lei oan Gipfl gmåcht håsch, und wenn du beade Gipfl gmåcht håsch, Nordgipfl und Südgipfl, sein zwoa Schilling mehr gwest. Muasch denkn, des ischt der Verdienst gwest, oamal auf d' Wildspitz gian 25 oder 27 Schilling! Åber des håt sich hålt decht gsammlt. 80 Groschn håt a Viertele Wein gekostet, und bei der Tieflehner Bruckn håbn s' gårbeitet, håbn s' 1,50 oder zwoa Schilling ghet am Tåg und håbn si ou gmiaßt salt verpflegn. Des sein det åndere Zeitn gwest! – In der Zwischenzeit bin i det ou auf die Stråß gängn zum Årbeitn und a so nebenher im Friahhah (Frühheu). Beim Tomeler woaß i, sein mir im Friahhah gwest um zwoa Schilling am Tåg und salt verpflegn. Då ischt dir nummer viel gliebn.«

Nach dem Ersten Weltkrieg, im Zuge dessen viele Männer beim Militär das Bergsteigen erlernt hatten, und auch bedingt durch die angespannten wirtschaftlichen Verhältnisse nahm die Zahl der führerlosen Touristen auch im Pitztal immer mehr zu. Dadurch wuchs auch die Konkurrenz unter den Bergführern.

Josef Schöpf vom Schrofen ober St. Leonhard, von dem dieses Bild stammt, hatte viel Sinn für pittoreske Szenen ländlicher Geselligkeit. Diese zwei Burschen aus dem hinteren Tal (rechts Engelbert Schmid, ein ledig gebliebener Bruder des Postwirts in Piösmes) hat er mit zwei Kellnerinnen vermutlich vor einer der Berghütten im hinteren Tal posieren lassen. (Um 1910)

Das Schifahren kam im hinteren Pitztal mit dem Fremdenverkehr nach dem Ersten Weltkrieg auf. In den dreißiger Jahren gab es bereits je eine Schischule in Mandarfen und Mittelberg. Hier die Teilnehmer an einem Abfahrtsrennen vom Arzler Alpl nach Piösmes. Es sind ausschließlich Einheimische, darunter einige Bergführer und Schilehrer, mit Nr. 1 Franz Rimml. (Um 1936)

Wintergäste aus Mandarfen werden mit ihrem Gepäck zum Postauto nach Trenkwald gebracht. (Um 1955) – Bis zur Fertigstellung der Straße nach Mittelberg 1958 mußten sie diese Strecke zu Fuß gehen, nur im Sommer konnten sie ab 1946 mit einem von den drei Familien in Mandarfen gemeinsam gekauften Militär-Jeep transportiert werden.

Jede Talschaft achtete darauf, daß nur einheimische Führer Touren von den eigenen Talorten aus aufnahmen. Außerdem hatten die alten Führer Vorrechte, die sie gegenüber den Jungen rigoros zu verteidigen wußten. Alfons Rauch etwa kann sich noch heute darüber ärgern, daß ihm ein alter Führer mehrmals Touristen einfach abgenommen und ihn nach Hause geschickt hatte.

Die schwindende Bedeutung der Bergführer gegenüber den führerlosen Touristen und die trotzige Gewißheit, diesen »Alleingehern« dennoch in jeder Hinsicht überlegen zu sein, ist auch Gegenstand der folgenden Geschichte von Franz Rimml.

Franz Rimml: Die Spaltenbergung

Franz Rimml, geboren 1909 in Trenkwald, begann während seiner Zeit als Hüttenträger bei Regina Gundolf auch als Bergführer zu arbeiten. Schon sein Vater, Johann Rimml (1868–1943), war ein bekannter Bergführer gewesen, der unter den Stammgästen im Tal drei bergbegeisterte Familien kannte, die nur mit ihm gehen wollten und ihn auch in andere Gebiete, vor allem in die Westalpen, immer mitnahmen. Auch seinem Sohn Franz, ab 1932 im Hauptberuf Jäger, gelingt es, solche Stammgäste zu gewinnen, mit denen er später dann, in den 50er und 60er Jahren, alle bekannten Gipfel der Ost- und Westalpen besteigt.

In den 30er Jahren war die aus Deutschland stammende Familie Herberts oft beim Lieselewirt zu Gast. Vor allem mit Anna, der ledigen Schwester der Frau Herberts, ist Franz Rimml oft auf Tour gegangen. Die im folgenden geschilderte Spaltenbergung fand am 18. März 1938 statt:

»I bin auf der Vernagthütte det gwesn mit ihr und am ändern Tåg nåcher auf die Hochvernagt-Spitz und wieder ins Taschach her, hat i im Sinn ghet. Die Bergführer sein ållm in der Kuchn gwesn in die Hüttn umånånd und die Gäscht hålt nåcher drinnen. Und nåch 'n Essn isch man meischtns zu ihnen inchen und håt sich unterhåltn und nå isch man schläfn gångn. Und mir sein då in der Kuchn ghockt, sein lei inser zwoa Führer gwest und eppas 80 Leit. Und då sein fünf Alloangianer (Alleingeher) gwest und die håbn Annen då so aufs Korn gnomen, sie hat sich båld nummer håltn gekennt im Speisesaal. Ållm ausglächt und ogspottet, sie seien jetzt åcht Tåg unterwegs då in die Ötztaler Alpen und 's sei ihnen no nia nix passiert, warum denn sie då alloan hinter am Führer herrennen tia als wia a Hündle auf der Leine, nit. Nå håm mar gseit, då kånn sie bei ins då bleibn, bis mir schläfn gian.

In nächstn Tåg z'morgez sein mir augståndn und Hochvernagtspitz zua. Iatz wia mir so mittelt am Ferner dobn sein, nåcher seit sie galligschn: ›Franz, iatz kemen sie ins nåchn då, iatz kemen die fünfe då auchn.‹ Hån i gseit: ›Låß sie nur gian, mir håbn leicht Plätz då auchn, des isch groaß gnuag, de werdn auchn finden und mir findn ou auchn.‹ Und drei gian vor und zwoa bleibn dahinten und dia håbn gseit: ›Ach, bleibet dahinten da, wir gehen nicht vor!‹ Ah, die håbn nicht gseit, die sein vor bei ins ohne Gruaß und sein voraus als wia ›Mir sein iatz die Ärgeren, mir sein gschwinder am Gipfel!‹ und a so. Selle Groaßtianate (Großtuer)! Und nåcher dauert 's nit läng, nå kimmt oar schon z'ruck im Sprung und fråget mi, wo i a Soal hei. Na hån i gseit: ›Warum? Ischt eppas passiert?‹ Jå, då sei oar in an Gletscherbruch gfålln. Nå hån i gseit: ›Wo?‹ ›Jå gråd då drüben!‹ Nå hån i gseit: ›Ah so, då werd mir mei Soal alloan nicht nutzn‹, hån i gseit. ›Die Spålte kenn i, des ischt a ziemlich a groaße Spålte und wia tiaf die ischt, des woaß man nitta.‹ Des Weibez hån i nit gekennt mit onchn nehmen, sischt werd ihr jå schlecht, wenn sie 's siecht – sell hån i schon hundertprozentig grechnet, daß der tot isch duntn –, die hån i nåcher zu an Felsn zuachn. Isch a wunderschianer Tåg gwest, dia isch nit derfroren det.

Und i bin mit ihnen onchn und die oan sein auf der Spåltn umanåndergrennt då. Då ischt der ingschnellt gwest und danebn sein sie umanånder, åls wia wenn s' auf 'm Parkettbodn warn. Nå hån i gseit: ›Dümmere Teifl hån i gor koane gsechn, als wia es seids! Sechets nit, daß då gråd 's Loch ochn ischt und der Schnea lei so dick ischt, daß es kennt ou inschnelln då?!‹ Då sein se woll weg, weil i då a so karmeniert hån mit ihnen. Nå ochngruafn in die Spalte. Jå, keine Antwort. Isch hålt dunkl gwordn und wer woaß wia tiaf. Nåcher han i gseit: ›Jå då nutzt mir mei Soal alloan nuicht. Oar muaß iatz sofort auf die Vernagthütte fåhrn‹, hån i gseit, und ålles alarmieren duntn, Bergführer und

Träger, ålls wås duntn ischt, und an Rettungsschlittn und Deckn und Verbåndsmaterial mitnehmen und z'gegn kemen. Und i werd 's då versuachn, wås z' måchn ischt, nit. Soaler müßets bringen und hålt ålls, wås möglich isch.‹«

Der Hochmut und das Gespött der fünf Alleingeher, es waren junge Burschen aus München, hatte sich also gerächt. Ohne Seil und ohne sich am Gletscher auszukennen, waren sie in eine Spaltenzone geraten und hatten prompt den Anführer in einer tiefen Spalte verloren. Bei der folgenden Bergungsaktion erweisen sie sich nicht nur, so erzählt Rimml, als feige und schlechte Kameraden, sondern machen auch noch so ziemlich alles falsch, was man nur falsch machen kann. Zum Glück aber kamen bald noch einmal vier Alleingeher, die ein zusätzliches Seil bei sich hatten und sich auch gleich als sehr hilfsbereit erwiesen.

»Nå hån i gseit: ›Jå, des 35m-Soal nimm i iatz und auf 'n oan End häng mi i ån und auf 'n oan End häng i von denen oan ån. Der welle will iatz ochn då? Wer låßt si iatz osoaln, schaugn wås då los ischt duntn?‹ Vo alle drei koar! Der oane håt in die Händ z' kålt ghet, der oane håt gseit, mir ischt heit a so nit guat, hålt ålle a so. Am liabschtn hat i sie mit 'n Pickl umanandergschlägn dobn, an selln Zorn hån i ghet! Nå hån i gseit: ›Es seids mir liabe Kameraden! Groaße Gosche håbn auf der Hütte duntn und wenn oan eppas passiert, nåcher låssets oan in Stich! Schamet enk‹, hån i gseit, ›es Schweinssäckl, es dreckige!‹ Nå ischt mir nix ånders übrig gebliebn åls wia salt ochn. Am oan End hån i von denen drei oan ångsoalt und gen die oan viere då hån i gseit: ›Der darf aber nicht då weg!‹ Den hån i gråd in Schnea onchn gsetzt und a Pååer Schi vor her und då hån i 's 'm ångrichtet, daß er mir håt gekennt långsam nåchn låssn. ›Den låsset nit austian, der muaß hockn bleibn, bis i wieder då bin. Und wenn 's no so lång dauert, wenn ihm der Årsch derfriert, des ischt gånz gleich, wenn's selle Kameraden sein, ischt ou nicht schåd, wenn er an derfrornen Hintern håt!‹ Nåcher hån mi i då ochnglåt, åber nå ischt die Spålte so eng gworn, i hån går nummer Plåtz ghet, so quer z' stian, und nåcher hån i mir schon gedenkt, liegn muaß er iatz då in den Keil då duntn. Nå hån i ånghebt, den Schnea wegkråtzn – i kånn jå nit håckn det untn, i woaß jå nit, wia weit er duntn ischt, sinscht håck i 'm zum Schluß no in Kopf inchn, nå bin i no der Mörder, nit. Iatz hån i den Schnea hålt ållm a so weggekråtzt und weggekråtzt und nåcher galligschn bin i nåcher åmål auf die linke Hånd kemen, die håt er a so z'ruck ghet. Den Kopf håt 's ihm auf die Brust hergedruckt ghet, also direkt z'samengequetscht. Nå die Händ isch schon picklhårt gfrorn gwest. Nå hån i gmiaßt links und rechts Stafflen håckn in der Spålte und mit Gwålt, daß i 'n no losderrissn hån, so håt 's den ochngekeilt ghet, nit. Und nåcher ischt 's erste gwest schaugn, ob er no lebt. Hån i 'n glei 's Hemat auchngrissn aus der Hose, nå håt er schon die Totenfleck augwiesn. Und wenn oar die Totenfleck aufweist, des isch für uns Führer, håbn mir in die Kurs glernt, des isch 's sicherste Zeichen, wås es geit, dåß a Mensch tot ischt.«

Daß der Mann schon tot war, als er ihn gefunden hat, beschreibt Rimml im folgenden sehr ausführlich und reich an Details. Heute noch wird er ganz aufgeregt dabei, denn beinahe wäre die ganze Geschichte auch für ihn noch bös ausgegangen. Ein Apotheker, der später zufällig auf die Vernagthütte gekommen war, hatte nämlich Zweifel an Rimmls diagnostischer Kompetenz und hat ihn dann auch angezeigt, weil er es unterlassen habe, Wiederbelebungsversuche zu machen. Dazu wäre er als Bergführer nämlich verpflichtet gewesen.

»Nåcher hån i auchngschrien, sie selln mir iatz mei Soal ochnlassn. Nåcher håbn sie mir des Soal ochnglåt. I hån ihm seine Papiere aus der Tasche außn, hån i mitgnomen, die Schi hån i 'm ogschnållt, die såll hån i mir mit die Rebschnür zuachnghängt. Und nå hån i auchngschrian – iatz sein siebn Mann dobn gwest! – hån i auchngschrian, iatz selln sie auf mein Soal ånhebn ziachn: ›Hochziehen!‹. Dia hattn mi koane 10 cm auchnderzochn! Mit den hån i schon grechnet. I hån nåcher mit die Rebschnür zwoa Prusikschlingen gmåcht mit Steigbügl und a so hån mi i nåcher alloan auchn, übers Soal auchn. Nå warn sie neugierig gwest, wås iatz då los ischt. Nå hån i gseit: ›Es weret es schon sechn, wenn mir 'n då håbn, wås iatz då los isch‹, hån i gseit, ›es Siachn (Säue), es dreckige!‹ Nåcher håm mar 'n hålt a so hohruck auchn und wia er dobn ischt gwest, ischt er hålt dåglegn, nit, und koa Zoachn gebn. ›Jå, wås ischt jetzt mit ihm?‹ Nå hån i gseit: ›Tot ischt er, då gibt 's nix zu måchen!‹ Jå, wo i des sågn kennt? Nå hån i gseit: ›Des kånn i hundertprozentig sågn, der weist die Totenfleck au, und erschtns håt er Schädlbruch und Schädlbasisbruch und Genickbruch‹, hån i gseit, ›für mi isch a Mensch då tot.‹« Mit einem Schischlitten ließ Rimml den Toten von seinen Kameraden dann zur Hütte transportieren, während er mit Anna vorausfuhr. Auf der Hütte ließ er den Toten und seine Kameraden zurück und fuhr allein mit den Papieren nach Vent ab, um dort bei der Gendarmerie Meldung zu erstatten. Mittlerweilen war es Abend geworden, Rimml blieb über Nacht in Vent, ging tags drauf, es war Josefi, zur Frühmesse und stieg dann mit sechs Führern wieder zur Hütte auf, von wo diese den Toten zu Tal brachten. Dessen Kameraden waren schon fort, sie seien Schifahren gegangen, erklärte der Wirt. Rimml, für den der Fall erledigt schien und der auch den Zwischenfall mit dem Apotheker schon vergessen hatte – er hatte ihn ziemlich unwirsch angefahren und aufgefordert, sich selbst ein Bild vom zertrümmerten Schädel des Verunglückten zu machen –, ging dann mit Anna übers Taschachjoch wieder heim.

»Nå isch des gången bis in Summer. Im August bekimm i an Briaf von München, isch a Münchner gwest, vo seiner Schwester. Ich soll ihr då berichten über den Unglücksfall ihres Bruders, sie wüßt går nix. Die Kollegen, die då dabei gwest sein, die heien ihr überhaupt nix derzählt. Sie wiss' nit, wås mit die Schi gschechn sei, wås mit die Såchn vo ihm gschechn sei, går nuicht. I hån an Zorn ghet, i hatt sie det derschlågn, wenn i sie ghet hat! Die Bindung håbn sie weggschrauft, die sall håbn sie mit, und die Schi håbn sie 'n Hüttenträger gschenkt, weil der ou gholfn håt, und håbn ihr davon går nix gseit, wie der Unfall passiert ischt, und går nix.

Und nåcher im Herbst, wia Führertåg gwest ischt, det håm mar 'n Dr. Nössing von Imst, der isch bei ins Führerreferent gwest, nå håt er 's det vorgebråcht. Håt er gseit: ›Seids enk jå vorsichtig, wenn 's an Unfäll håbet in an Barg dobn, dåß enk nit geaht, åls wie 'n Rimml gångn ischt‹, håt er gseit. ›Wenn då der Dokter nit dasselbe festgstellt hat, wås er ångebn håt, nå hatten 's 'n no ångezoaget!‹ – Selle Sachn kånnsch derlebn, nit. Hån i fünf Mark bekemen. – Jå, jå, åber man hilft jå nit wegn 'n Gald, sondern man hilft, dåß man am Menschen no 's Lebn derrettet. Des isch jå die gånze Aufgåb von am Führer!«

▷

Die Familie Pechtl in Mandarfen. (Um 1910)

Lebensbilder

Vom Leben der Menschen im Pitztal, von ihrem Charakter und Aussehen, von Brauchtum und Festlichkeit gab es im Laufe dieses Jahrhunderts recht unterschiedliche Auffassungen und Berichte. Richard Schucht etwa, der als Präsident der Braunschweiger Sektion des DuÖAV und auch persönlich großes Interesse an der touristischen Erschließung des Tales hatte, wollte die Pitztaler gerne als heiteres und sangesfreudiges Volk darstellen:

»Der Charakter der Bewohner des ganzen Thales ist im Ganzen mehr heiterer als ernster Natur; selbst bei den schwersten Arbeiten bewahren sie sich ihren Humor. Wie trocken das Brod auch sein mag, das manche essen, sie verlieren ihre Heiterkeit nicht« (1900, S. 122). Zwar würden die Leute werktags weniger singen als anderswo, weil ihnen die harte Arbeit kaum Luft lasse, dafür aber seien sie am Sonntag nach dem allgemeinen Kirchgang umso fröhlicher. »In Mittelberg war es mir vergönnt, einen solchen sangesfreudigen Sonntag in Gesellschaft von mehreren Damen und Herren aus Braunschweig, eines Herren aus Frankfurt a. M., sowie einer größeren Anzahl von Burschen und Mädchen aus den benachbarten Weilern des Thales zu verleben, der sicherlich allen Beteiligten in der angenehmsten Erinnerung verbleiben wird. Die Burschen und Mädchen hatten ursprünglich eine Wanderung nach dem Mittelberg-Gletscher in Aussicht genommen, ließen sich aber von mir gerne überreden, in Mittelberg zu bleiben und dort einige Lieder zu singen. Die einfachen Tiroler Lieder, die da vorgetragen wurden, erfreuten uns weit mehr, als manches Concert Tiroler Sängergesellschaften in Innsbruck.«

Auch getanzt wurde an diesem Sonntag in Mittelberg, denn »ist das Lied gesungen, will es die Sitte in Tirol, daß auch der Tanz zu seinem Recht kommt«, weiß Schucht (1900, S. 122). Fast scheint es, als hätten einige Leute im Tal dieses Bedürfnis der Gäste, in ihren Ferien von sangeskundigen Einheimischen erfreut zu werden, bewußt aufgegriffen, als sie zum bekannten Jägerlied »Die Gamserl schwarz und braun« eine Textvariante dichteten, in deren erster Strophe es heißt: »A går schians Tål is des Pitzentål, es sakra Leitln, gelt, es wißts es woll! Gelt, es sakra Leitln, gelt, es håbts uns gern, an Tiroler Jodler mechts es hern! Jodarediria, jodarediri . . .« (Nach Haid, Walcher 1982, S. 25)

Nun, gesungen wurde und wird im ganzen Pitztal tatsächlich viel. Weitbekannt als Sänger und Musikanten waren die Familien Santeler und Eiter (Pfuhrmühl) in Zaunhof. Josef Eiter, genannt »Englsbiable« war 50 Jahre lang Mitglied des Zaunhofer Kirchenchors und spielte selbst »Fotzhobel« (Mundharmonika) und Gitarre bis zu seinem Tod. Er legte großen Wert darauf, daß seine Kinder jede Woche ein neues Lied einstudierten – viele dieser Lieder hat er von seiner jahrelangen Wanderschaft als Holzarbeiter aus ganz Österreich mitgebracht – und daß jeden Abend musiziert wurde. Mindestens ebensolches Vergnügen soll es ihm aber bereitet haben, wenn stattdessen gerauft wurde. Er sah dann von der Ofenbank aus zu, und die Tränen liefen ihm vor Lachen übers Gesicht, wird erzählt. Gerlinde Haid und Maria Walcher (1982) haben zahlreiche Lieder von seinen Nachkommen aufgezeichnet. Seine ebenso offene wie geradlinige Art brachte Josef Eiter zur Zeit des Nationalsozialismus auch häufig in Schwierigkeiten mit den örtlichen Nazigrößen und mit der Gestapo.

Solange noch fahrendes Volk auf den Straßen Tirols unterwegs war, Wanderhändler, Handwerker auf der Stör, Kesselflicker, Korbflechter, Besenbinder, Karrner und Zigeuner, boten auch deren Erzählungen in vielen Häusern abendliche Unterhaltung und Information. Radio und Zeitungen hat es bei den meisten Familien des Tales ja erst in den 30er Jahren gegeben. »Radio und selles håt ’s ålls nit gebn und Zeitung ou nit«, erzählt Franz Pechtl aus Mandarfen. »I gloub am längschtn håbn mir koa Zeitung ghet in hintern Tål. I gloub des isch schon toll in die dreißger Jåhr gwest, daß mir die erschte Zeitung ghet håbn.« Nicht viel anders dürfte es auch in manchen Häusern des vorderen Tales gewesen sein. Alois Schrott aus Arzl-Ried erzählt:

»I woaß no von Erzähle, in die dreißger Jåhr scheint ’s isch ’s am ärgschtn gwest mit die Wålzbriader und a so. Åber dia håbe ou ållerhånd schiane Gschichtlen hinterlåt. Då isch man nå besser bekånnt gwore damit, und dia håbe ihr Lebensgschicht derzählt, dia wåren eigentlich oft åmål a guater Ersåtz für ’n Fernseher oder für ’s Radio.«

Noch nach 1945 tauchten im Pitztal vereinzelt herumwandernde Männer auf, weiß Alois Schrott, Jahrgang 1930, zu berichten:

Der hier um den Zaunhofer Lehrer Lutz gruppierte Kirchenchor von Zaunhof wurde auch zu weltlichen Anlässen, vor allem zu Hochzeiten, gern zur musikalischen Umrahmung gebeten. (1904)

Eine Gruppe von »Liebespaaren« – wie die Leute sagen – aus Unterrain und Scheibrand von Johann Santeler (hinten rechts) zu einer malerischen Sonntagsrunde gruppiert. Eines der ersten Bilder Johann Santelers. (Um 1920)

Drei Geschwister Gundolf (Ida, Adeline und Hugo) mit Josef Eiter (2. von rechts) und Johann Santeler (von ihm stammt das Foto) bei einem Ausflug zum »Hoachn Moas« ober Zaunhof. (Um 1920) Josef Eiter (»Englsbiable«) war ein begeisterter Sänger und Musikant, ein durchaus fröhlicher Mensch und erbitterter Gegner der Nationalsozialisten, was laufend Schwierigkeiten mit der Gestapo einbrachte.

»Kårrner oder Håndwerksbursche, dia woaß i no guat. Dia håbe mir no über Nåcht ghålte, wia i schon då übernomen ghet hån. I wear nia vergesse, wås då amål für a guater Ziachorgelspieler gwest ischt, der håt uns jährlich zwoamål aufgsuacht. Des wår eigentlich koa richtiger Fechtbruader a so, sondern a Wålzbruader. Der wår an Ober- oder Niederösterreicher und isch ålle Jåhr zwoamål Vorarlberg und Ober- oder Niederösterreich. Und Frühjahr und Herbst isch er in der Durchreise då vorbeikeme. Der håt bei koan Haus nix gfechtet (gebettelt), der håt bei ins sei sichers Quartier ghet und der nächste Stützpunkt isch der Pfårrer in Jerzens gwest, der håt ihn mit Lesematerial ållweil indeckt. Und galigen isch hålt der guate Månn nummer kemen, er håt schon mit Gian Schwierigkeite ghet, die Gicht, håt er gseit, hat er, und håt nåcher nummer so guat Ziachorgel spieln kenne. – Also, wås uns der då amål ocherklopft håt no, wia er no gelenkige Finger ghet håt, des hån i mei Lebn nia gheart, na!«

Ausgelassene Festlichkeiten indes, wie sie von manchen Touristen so gesucht wurden, hat es im Pitztal kaum gegeben. Warum etwa auch das Almleben, wie Anton Bär (1939, S. 400) bedauernd feststellt, im Pitztal »aller Romantik entbehrt«, mag aus Erzählungen wie der folgenden deutlich werden: Theresia Santeler, Jahrgang 1902, war von 1928 bis 1933 Sennerin auf der Neuberg-Alm ober St. Leonhard. »Jå, i bin sechs Sümmer lång, vor i gheiratet håb, bin i obn gwest als Sennerin. Då håm mar 70 Kiah obn ghet. Um zwoae z' nåcht bin i oft no auf gwest, um viere hån i wieder gmiaßt då sein. Då hån i mir amål Zettelen gschriebn am zwoatn Juli, des woaß i no genau. ›I geah gwieß nummer her auf d' Ålme då auchi! Iatz isch es hålbe zwoa, i kånn no nit schlåfn!‹«
Wie im übrigen Tirol hat aber auch im Pitztal der Klerus während des gesamten 18. und frühen 19. Jahrhunderts große Anstrengungen unternommen, Tanz und weltliche Musikveranstaltungen möglichst einzuschränken. Auch Richard Schucht (1900, S. 122) wußte davon noch zu berichten:
»Im Übrigen aber wird im oberen Pitztal wenig getanzt; in Arzl und Wenns ist dies schon öfter der Fall, aber doch nicht mehr so, wie im 18. Jahrhundert.«
Daß daran der Klerus schuld sei, erfuhr Schucht aus Erzählungen und aus einem Bild des Pitztaler Malers Alois Gabl: »Der unterbrochene Tanz«. Es stellt eine Szene aus dem Jahr 1838 dar, die von Tinkhauser (1886, S. 624) berichtet wird. Demnach habe sich der Wenner Pfarrer Christian Witting mehrmals bei Hochzeiten, Eier- und Schmalzfesten in die Wirtshäuser begeben, die Tanzenden mit dem Stock bedroht und den Musikanten die Instrumente weggenommen. Darüber sei dann den Wennern allmählich die Tanzeslust vergangen.

Nocheinmal hat in Wenns der Klerus das kulturelle Geschehen nachhaltig beeinflußt. Am Höhepunkt der politischen Auseinandersetzungen zwischen den alten Katholisch-Konservativen (in Wenns repräsentiert durch den Pfarrer Heiseler und den Lehrer Vogl) und den jungen Christlichsozialen (unter der Führung des Postmeisters Senn) hat sich im Jahr 1907 nämlich die Musikkapelle des Ortes gespalten. Gottfried Lechthaler, heute 96jährig, war auf konservativer Seite dabei und kann sich noch gut an jenen Sonntag erinnern, als ein Teil der Musikanten deshalb getrennt war, weil der eine zum konservativen, der andere aber zum christlichsozialen Wirt marschiert ist:
»Sinsch isch es ålli (immer) guat gånge, bis die Christlichsoziale kemme sein und die Konservative. Nåcher isch es numme gånge. Nacher hat 's mit der Musigbande numme recht tån.... Då isch d' Musig ålli beinånder gwest, då sein se ålli ausgruckt mitnånder. Ua Wirt isch a Christlichsozialer gwest und ua isch a Konservativer gwest, und der Lehrer Vogl isch ou a Konservativer gwest. Nåcher håt 's ghoaße, heint ruck mar aus. Nåcher isch man hålt z'samenkemme am Sunntig z' mittåg, am Kirchplåtz dunte håt man si gsammelt. Nåcher håt man ingschlåge, 'n Takt gebe, ingschlåge und auer marschiert. Nåcher håbe die Christlichsoziale gmuant, iatz geaht man zum Fink heint, weil man gseit håt, iatz miaß mar amål zum Fink gian. An der Post dobe håt er (der Lehrer und Kapellmeister Vogl) gschwenkt, ›Rechts um!‹ und gen der Post ocher. Und die Christlichsoziale, dia håbe weiter gspielt und sein zum Fink gånge. Und nåcher isch die Musig vonånd gwest.«
Nun gab es zwei Musikkapellen in Wenns und einen konservativen Pfarrer. Bei der Fronleichnamsprozession desselben Jahres 1907 – die ersten Reichsratswahlen nach allgemeinem Wahlrecht (für Männer)

Die im Jahr 1910 von Lehrer Haas gegründete Musikkapelle von St. Leonhard verfügte in den ersten Jahren ihres Bestehens – anders als die Kapellen im vorderen Tal – noch nicht über einheitliche Trachtenuniformen. (Um 1910)

▷

Prozession über den steilen Feldweg zur Kirche in Zaunhof. Triumphbögen (Bildmitte links) hat man zur Begrüßung eines neuen Pfarrers, eines Primizianten oder einer bischöflichen Visitation aufgestellt. (Um 1925)

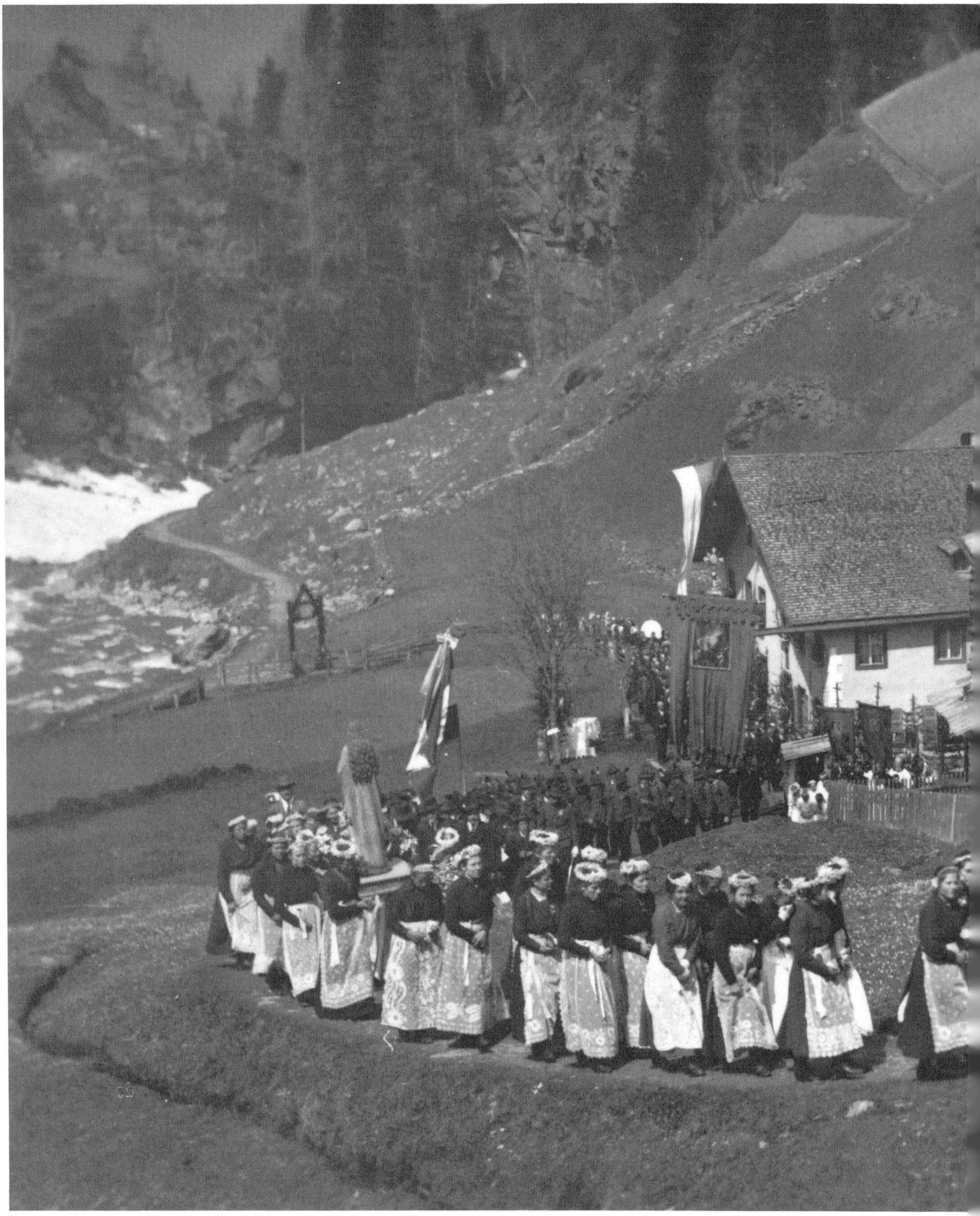

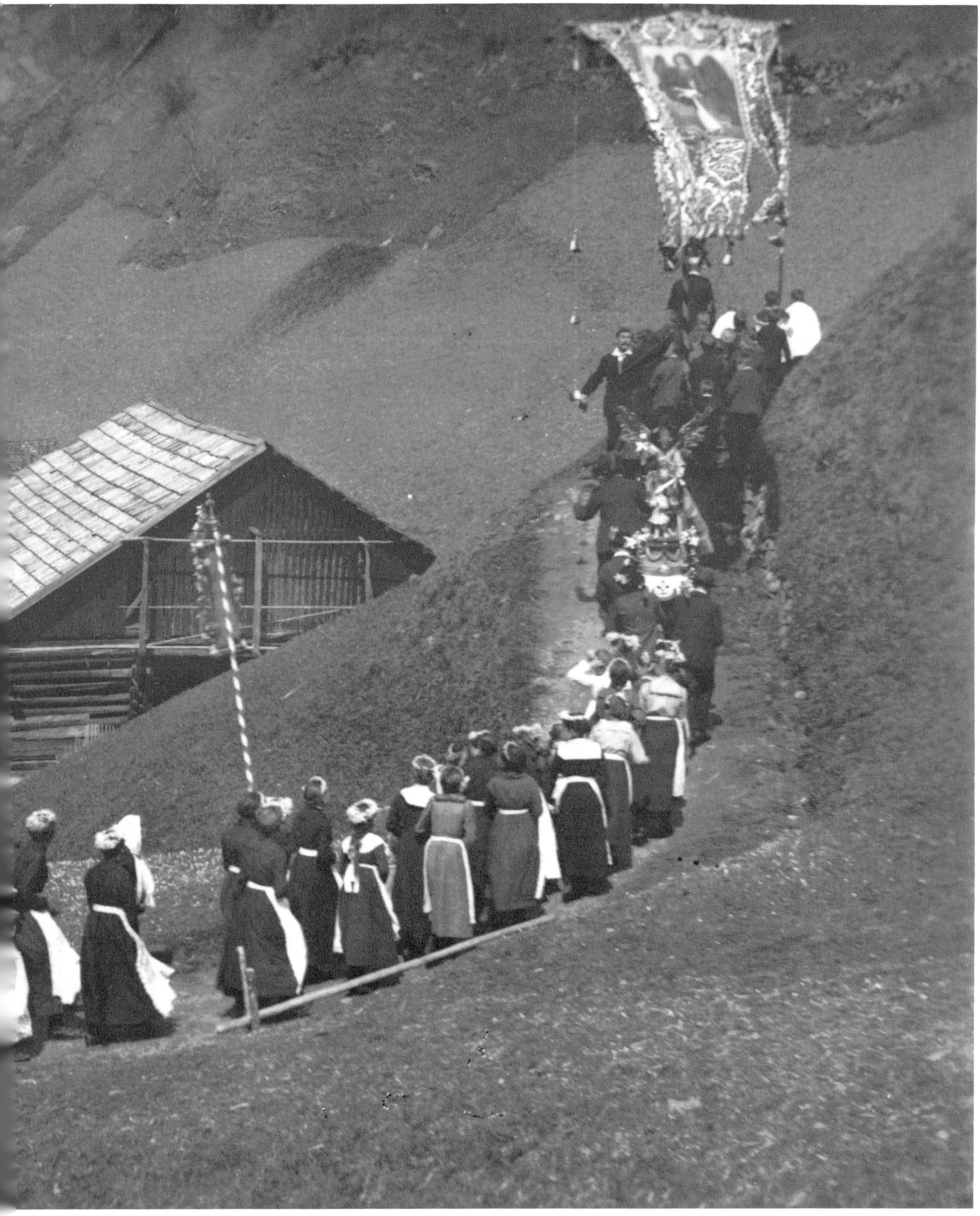

Ein Großteil der Arbeit in der Landwirtschaft und natürlich auch sämtliche Hausarbeit hat im Pitztal schon immer auf den Frauen gelastet. Die Männer waren auf Saisonarbeit oder im Krieg. – Filomena Pechtl und ihre Tochter Rosa aus Mandarfen. (Um 1943)

Junge Pitztaler Frauen, die gemeinsam in St. Leonhard die Schule besucht und sich auch hernach noch regelmäßig zum Handarbeiten getroffen haben, hier gruppiert um eines ihrer Schmuckstücke, eine aus einem Rupfensack gestickte Tischdecke. (Foto: Johann Santeler 1923)

standen vor der Tür – kam es zum Eklat: »Als er (der Pfarrer) mit dem Höchsten Gut gerade aus der Kirche ins Freie treten wollte, standen draußen beide Musikkapellen in voller Tracht, die Christlichsozialen in ihrer neuen, aus freiwilligen Spenden beschafften. Er kehrte daher mit dem Allerheiligsten in das Gotteshaus zurück und hielt die Prozession – wie sonst bei schlechtem Wetter üblich – in der Kirche ab« (Lechthaler 1968, S. 96). Der Konflikt zwischen den beiden Gruppen artete in der Folge in offene Feindschaft aus und fand seinen Niederschlag in zahlreichen Spott- und Schmähgedichten. Die Gegner zündeten sich gegenseitig das Brennholz an, mähten Figuren und Initialien in die Wiesen der Feinde und die Christlichsozialen gingen bis auf weiteres lieber in die Nachbarpfarreien oder zu den Kapuzinern nach Imst zur Sonntagsmesse. Erst der Tod der beiden Hauptkontrahenten, des Postmeisters und des Pfarrers 1912/13, beendete den Streit.

Abgesehen von kirchlichen Tanzverboten und Einschränkungen aus solcherart eher kuriosen politischen Gegensätzen war es aber in erster Linie die materielle Not der meisten Menschen im Tal, die ein überschwengliches kulturelles Leben und Festgeschehen nicht hat aufkommen lassen. Dies gilt natürlich besonders für die Verhältnisse im hinteren Tal. Wie aus den schon weiter vorne berichteten Erinnerungen des ehemaligen Schwabenkindes Jakob Schöpf aus Arzl und aus dem nachfolgenden Lebensbild der Theresia Grassl aus Wenns deutlich wird, haben aber auch viele Familien im vorderen Tal unter ähnlich kargen Bedingungen gelebt.

▷

Johann Paul Schöpf war Bauer (beim Orgler) und Fellhändler in Eggenstall. 1895 wurde der Hof versteigert, die Schöpfs konnten aber den Hof am Schrofen ober St. Leonhard erwerben. Paul ging auf Saisonarbeit als Maurer in die Schweiz. Bei einem Besuch seiner Frau Baldina in Zürich wurde dieses Foto 1897 aufgenommen. (Siehe auch die folgenden drei Bilder!)

Die Familie Schöpf mit Maturant Hermann (vorne rechts, 1904). – Da Paul Schöpf als Maurer genügend verdiente, und mit Hilfe des Pfarrers von St. Leonhard konnten zwei seiner Söhne studieren: Heinrich studierte Theologie und war später Redemptorist in Innsbruck und Attnang Puchheim, Hermann studierte Veterinärmedizin und lebte dann als Tierarzt in Landeck. Alois, der älteste, lernte das Schuhmacherhandwerk und übernahm später den Schrofenhof. Josef schließlich ging ebenfalls als Schuster auf die Stör, war aber auch technisch sehr interessiert. Er reparierte Fahrräder und Flinten, war ein begeisterter Schütze und der erste Fotograf im hinteren Pitztal. Im Jahr 1915 ist er in Gallizien gefallen.

Nach der Primiz des Heinrich Schöpf im Jahre 1912.

Alois, Hermann, Josef und Heinrich Schöpf, die »Schrofenritter«. (Um 1913)

Theresia Grassl, ein Frauenleben

Theresia Grassl – »i hoaß Tresl, mein Lebtåg ghoaße« – wurde im Jahr 1903 in Wenns geboren. Sie war das erste von acht Geschwistern. Ihr Elternhaus im »Flickerloch« im Weiler Grantstein lag hoch über dem Dorf und war das letzte Haus von Wenns an der Grenze zur Ortschaft Piller. Neben dem Haus stand die Grenztafel des Bezirks Imst.

Die Menschen dort oben, außerhalb des Dorfes und auch außerhalb der landwirtschaftlichen Gunstlagen wurden die »Außerhöfler« genannt, und ihre Lage an der Orts- und Bezirksgrenze war auch sozial eine Grenzlage. Gewiß waren sie auch ärmer als der Durchschnitt der Bauern des äußeren Tals. »Mir håbe dahuam a kloane Baurschaft ghet, a zwölf Stuck Viech. Man håt hålt 's Jåhr so a Stückle im Herbst am Mårkt hergebe kenne, daß man håt kenne Schulde zåhle und Stuire und des Zuig, amea (früher) håt man jå koa Gald ghet, na gwiß koans. A so årm, wia mir ålle augwåchse sein, jå i woaß selber nit.«

In den Kindheitserinnerungen der Tresl tauchen immer wieder Bilder dieser Grenzlage auf, kommen Erfahrungen des Ausgegrenztwerdens zur Sprache: Nach Piller etwa hätten sie und ihre Geschwister eine halbe Stunde zu Fuß zur Schule gehabt und wollten es dort auch versuchen. »Nå sein mir åber in Pieler dobe in d' Schual gånge und nia eingschualt gwore. Weil die Pieler håbe ins verfolgt, weil mir koane Pieler gwest sein.« – So mußten die Kinder eineinhalb Stunden nach Wenns zur Schule gehen, acht Jahre lang von Allerheiligen bis Ende April. Oft mußte der Vater mitgehen, weil so viel Schnee am Weg lag und wegen der Wächten: »Mir håbe koa Hose und nicht ghet, då seimer blitzblau gwest då aucher. Und bei ins dahuam sein soviel Gahwinte (Wächten), gall, wo man då ocher håt miaße, und die sein so schråftig (verharscht) gwest und då håm mir durch miaße, nå isch ins ålli (immer) 's Bluat oche grunne.« In Wenns aber waren sie wieder die Außenseiter: »Då håbe ins d' Wenner wieder a so verfolgt. Inser Muater håt ins 's Esse mitgebe (die Kinder hatten auch nachmittags Unterricht), a Marendle an årmselig, nå seimer von der Schual außer und aufs Bankle ghockt und inser

Die Vorfahren von Alois Grassl auf der Obermühl ober Wenns um 1885.

Theresia Grassl (hinten Mitte) mit ihrem Mann Alois, Sohn Otto (zu ihrer Linken), Freunden und Arbeitskollegen aus Imst. (Um 1935)

Marendle gesse, und die håbe ins ålle verfolgt und mit die Stuaner gworfe. Mir håbe viel mitgmåcht då.« Auch später, als Tresl während der Sommer als Magd von Hof zu Hof zieht oder reihum bei ihrer Familie aushilft und nirgends so recht dazugehört, als sie mit ihrem Mann bei dessen Geschwistern wohnt und dann aus der ersten Wohnung in Imst bald wieder hinausgeworfen wird, begleitet sie diese Erfahrung des Ausgegrenztwerdens. Dies war ihr schlimmer als alle Armut und Schinderei. Doch hat sie sich kaum dagegen gewehrt. Ihr Schwager erst, verheiratet mit Tresls ältester Schwester, konnte erreichen, daß seine Kinder in der Piller Schule aufgenommen wurden: »Iatz kenne se nicht mehr måche, des isch iatz ålls im Gricht gschriebe. Des isch a so a gscheider Mensch gwest, mei Schwåger, der håt ålls z'weg bråcht!«

Ihre Kindheit ist in Tresls Erinnerung eine Zeit des Mangels. Vor allem am Essen hat es gefehlt und auch an der Kleidung. »Då håt man lei ålle 14 Tåg, drei Woche amål båcht (gebackt). Håt mån wieder miaße 14 Tåg, drei Woche Brot håbe damit – und hattn mir des decht båld in oan Tåg dergesse, wia mir Kinder gwest sein! ... Speck håt man decht båld nia koan ghet. Gseche håbe mir nen schon, åber nit esse håbe mir nen derfe!« Den Speck, den Tresl zwar zu sehen bekommen, nicht aber zu essen, hat man vor allem auch gebraucht, um ihn den Dorfhirten zur Marende mitzugeben, wenn es einen der Reihe nach wieder zur Verköstigung getroffen hat. Vor allem nach dem Ersten Weltkrieg war der Speck neben den Eiern auch ein begehrtes Tauschmittel.

»Zucker håt man vielleicht amål a hålb Kilo koft, oder a Sacharin, sall isch a bissle billiger gwest. Und zum Kaffee håt man Gerste brennt und Arbes (Erbsen) brennt und då håbe mir a Kaffeemühl ghet, und då håt man nåcher Kaffee gmåcht. Åber amål a Bohne håt's nit gebe bei ins! ... Z'morges håt ins die Muater a Schüssl voll Brennsuppe hergstellt, Brot drin und Erdäpfl drin und nå håm mir s' hålt toll ausgesse und Milch håt man wianig ghet. Man håt drei Kiahle ghet und die håbe nit viel Milch gebe, weil man sie nit guat fuatere håt kenne. Nå isch d' Muater zun Milchkaschtn zuache und håt 's Schüssele außertån mit hålb voll Milch, nå håt man kenne wieder a bissle draus trinke, nå håm mir wieder miaße gian.«

»Und Gwånd! D' Muater håt ins ålls augflickt. Hie und då håbe mir wieder amål eppes kriegt von a Tante oder so, des håt man hålt gflickt, nå sein in oar Hose a fünf, sechs Fleck dreinpåtscht gwest. ... Schuach håbe mir miaße von die Buabe ånlege, båld se z' kloan gwese sein. I hån Schuach ghet, sein vorn Stoßnägl drin gwest, und woasch schon, wia man då beinand isch! Nå in d' Kirche, mir håbe ålle Tåg gmiaßt Schualmeß gian, gfrore, d' Fiaß in d' Schuach inchngfrore, der Kittl gfrore gwest bis då aucher. Mei Mensch, a Wunder, daß man no lebt!«

In den ersten Jahren nach dem Ersten Weltkrieg war die Situation für Tresls Eltern besonders hart, weil da »håt man schon går nicht mehr kriag a so, ob des Gwånd isch oder Schuach, außer man hat eppes ghet zum Tausche. Und sall håt inseroans nicht ghet, weil man z' wianig Milch und ålls ghet hat. I woaß hålt, d' Muater håt hålt ålli (immer) wenn sie a Brot in d' Knödl inche braucht håt, håt sie a zwoa, drei Oar (Eier) mitgnomme in d' Kirche und beim Bäck hat sie nå an Wecken eintauscht um die Oar, Gald håt sie koans ghet. Mit dem Weckele isch sie nåcher untern Årm kemen vo der Friahmeß, a Stund weit her in Winter!«

Trotz alledem ist diese Zeit des Mangels in der Erinnerung von Tresl keineswegs nur eine düstere Zeit. Immer wieder besteht sie darauf, daß man früher eben mit weniger genauso zufrieden oder gar noch zufriedener gewesen sei als heute mit mehr. Die halbreifen Äpfel auf dem Weg, über die sie als Kind sich schon gefreut hat, würden ihr heute noch schmecken. Vor allem aber: Es hat noch viel ärmere Menschen gegeben.

»Von Våters Muater a Schwester, dia håt ou går nicht ghet. Die Bas Veve håbe mir se ålli ghoaße. Dia håt nur ghet, wås ihr mir auchetråge håbe. Håt ins d' Muater of a Lääbele (Laib Brot), wenn mir båcht habe, oder an hålb Liter Milch, wenn se gmolche håt, håt se ins ålli wieder a Bierflasche voll mitgebe. Und dia isch ålli Kirche gånge, dia håt d' Schual augraumt und der håbe mir 's hålt ålli in Stuahl inchetån in der Kirche. Nå håt se ins wieder – i muaß heint no låche! – eppes ogebe welle! Nå håt se ins d' Flasche z'ruckgebe mit an Würfelzucker. A Papier umche, håt se den Stopsl drautån und a Bröckele Würflzucker drau. Und då håbe mir ålli gstritte, wer iatz epper die Flåsche von der Bas Veve hole werd.«

Glockenweihe in Piller, in der Nachbarschaft von Theresia Grassls Elternhaus (1951) im Flickerloch.

Besonders arm dran waren die Kostgänger, alte, arbeitsunfähige Leute, die von Hof zu Hof geschickt wurden. Bei jeder Familie blieben sie so viele Tage, als Kühe zum Melken im Stall standen. In Häusern wie dem Elternhaus der Tresl, wo zahlreiche Kinder sich auf engstem Raume drängten, waren die Kostgänger mitunter eine arge Belastung. In den Stall wollte man sie nicht schicken, denn gerade die armen Leute hatten mit diesen noch ärmeren Mitleid. Andererseits aber waren die Kostgänger meist in bedauernswertem körperlichen Zustand, zerrissen und voller Läuse.

»Koschtgänger håt man miaße håbe, voll Leis sein se gwest. Von der Gemeinde aus håt man sie auf der Koscht umchegschickt. Soviel man Kiah ghet håt, soviel Tag håt man se miaße håbe. I woaß, bei ins isch der Steffer Josef amål gwest, wo mir decht soviel Kinder gwest sein. Håt er zur Muater amål gseit: ›Loise, nah mir an Knopf ein hinte.‹ ›Jå‹, håt se gseit, ›muasch dir åber 'n Janger oziache.‹ Nå håt er den Janger ozoche, håt er a schwårzes Leibele ånghet. Ålls voll Leis! Åls wia, man hat a Håndvoll Sågmeahl (Sägespäne) auche gworfe. Und soviel Kinder gwest! ›Na‹, håt d' Muater gseit, ›i woaß mir båld nummer z'halfe, geaht jå niamand zuache!‹ Denen håt man a Tallerle voll Suppe auf d' Ofebånk gstellt und an Löffl dazua, nit amål zun Tisch håt man se glåt. Und mir håbe se ållm zun Tisch glåt und sein a soviel Fråtze gwest. Åber bei bessere Leit håbe se miaße auf d' Ofebånk hocke, bei die bessere Baure. Und schlåfe håbe se miaße in die Stall oder im Städl. Im Städl isch es im Winter z'kålt gwest, nå håt man se in Ståll gleit.«

Betten hat es für die Kostgänger keine gegeben, nur ihre Mutter hätte so viel Mitleid gehabt, daß sie die Kinder manchmal in ein Bett zusammengelegt habe, um für einen Kostgänger eines frei zu machen. Allerdings zur, wenn dieser keine Läuse gehabt hat.

Manch einem Menschen, meint Tresl, sei die Not auch zu viel geworden: »I woaß bei ins dahuam in der Nåchbarschåft håt si oane aughängt, a Muater. Untern Städltür håt se si aughängt. Iatz siech i se hänge då, i siech se heint no! Und iatz inser Muater – mei Muater håt sinsch ålls tian kennen, håt man oft d' Muater gholt, wenn eppes gwest isch –, d' Muater håt 's Messer in der Hånd ghet und håt miaße den Strick oschneide, nå håt se gseit: ›I kånn nit! I kånn nit, wenn se nå ocherfållt, i kånn nit!‹ Wer 's någher tån håt, woaß i schon nummer. – Åber i siech se jå heint no hången und d' Muater plärreter (weinend): ›I kånn nit, i kånn nit!‹ Mit dem Messer in der Hånd... Und ameah håbe si viel Leit aughängt. Jå viel, woaß decht i no a påår selle Ålte då! Oft amål die Leit, wenn se die Noat håbe, were ou a bissl überschnåppet (verrückt). Nå kimmt wieder eppes, nå isch es no ärger, und a so geaht 's fort und fort. Kånn 's nit vergesse!«

Vor allem die Leute im hinteren Tal, hat man früher immer erzählt, hätten eine noch viel ärgere Not. Doch auch in ihrer Gegend seien alle, die nicht oder nicht mehr arbeiten konnten, arm dran gewesen. Vor allem die Alten: »Die ålte Leit, wo dahuam gwest sein und nummer årbeite håbe kenne, die håbe viel Schläg kriagt! A Lebe lång z'samgschunde, und nåcher håt man se ghaut!«

Arzt, erzählt Tresl, habe es keinen gegeben, »und wenn oaner dobe gwest war, man håt jå decht koan vermeige (vermocht). Inseroans hat koan Dokter håbe kenne, I woaß bei der Muater koan und beim Våter koan. Man håt sie miaße sterbe låsse.«

Die Eltern von Tresl besaßen keine eigenen Bergmähder und waren deshalb gezwungen, das Heu zur Winterfütterung ihres relativ hohen Viehstandes von zwölf Stück – darunter allerdings nur zwei Milchkühe – durch »Grasrupfen« auf entlegenen und felsigen Gemeindeflächen herbeizuschaffen. »Mir håbe jå dahuam kaum zum Lebe ghet, und håbe decht a zwölf Stuck Viech ghet und ålls, gall. Åber auf die Bearg dobe isch nicht umcher. Ackerle håt man båld koane ghet, und daß mån zwölf Stuck Viech fuatere håt kenne, håbe mir miaße ålle Bichl okrabble (kriechend absuchen) und Staude ausropfe, daß man soviel Heih ghet håt. Mei, i woaß no guat, wia d' Muater um die Staude umcherkroche isch und Gras gropft håt und ålls außergropft håt!« So war es nur selbstverständlich, daß auch die Kinder, sobald sie allein gehen konnten, schon zur Arbeit herangezogen wurden. In Tresls Erzählung ist kaum Bitternis über dieses frühe Arbeitenmüssen, eher Stolz, daß ihre Familie selbst unter den schwierigen Bedingungen auf über 1300 m Höhe noch eine »ordentliche« Landwirtschaft führen konnte.

»Mir håbe gmiaßt 's Viech mit die Kübl tränke, vo Hånd. Håt man miaße zum Brunne gian, 's Wåsser inche rinnen låsse und wieder in Ståll inche trågn zum

Die Obermühl, eine Lohnmühle und Brettersäge oberhalb von Wenns, das Elternhaus von Theresia Grassls Mann Alois. (Um 1917)

Tränke, des isch jå an Årbeit gwest bei soviel Viech! Ålle Tåg dreimal håt man se tränkt. Mir håbe z' mittåg ålli gfuatert, Muater håt alli gseit: ›Mir esse gere ou dreimål!‹ und gnuag kånn man nia gebe, weil då in die Bearg håt man z' wianig Heih ghet, då håt man 'm Viech nia z'viel gebe kennen! Då sein die Kiah hålt ou måger gwore und gen Langes außi koa Milch gebe.«
Mitunter hatten die Bauern für ihr Vieh im Winter so wenig Futter, daß sie es im Frühjahr kaum aufrecht aus dem Stall brachten. In Tresls Familie aber sei man so fleißig gewesen, daß so etwas nicht passiert ist. »A Toal håbe jå Viech ausglåt, isch båld umgfålle in Langes. Der Våter håt ålli gseit: ›Dia kånn man ou båld umblåse, schau, wås die für a Dürre håt!‹ Mir håbe sie ålle ålli guat beinånd ghet, weil bei ins ischt man fleißig gwest!«
Jede Möglichkeit, ein wenig Geld dazu zu verdienen, wurde wahrgenommen. »Mir Kinder håbe miaße in d' Grante gian (Preiselbeeren-Klauben) und då håm mir se verkoft und a påår Grosche kriagt. Da håm mir se miaße mit die Ruckkörbele auf Imst her tråge von Pieler dobe, jå då seimer månchs Mal hergånge.«
Und nach der zweiten Grasmahd, wenn das Vieh auf die Wiesen getrieben wurde, den »Poufl« abzugrasen, wurden die Kinder zum Hüten angestellt. »I woaß, i hån ålli im Herbst miaße hiate gian, Pouflhiate håt man gseit, z' Wenns in der Nåchbarschåft, die håbe a groaße Baurschaft ghet, und då hån i miaße, bis i in d' Schual gånge bin, hiate gian.«
Ins Schwabenland haben Tresls Eltern die Kinder nicht gehen lassen, obwohl sie weiß, daß ihr ältester Bruder gern gegangen wäre. Trotzdem mußten die Kinder bald fort, um bei größeren Bauern für Unterkunft, Kleidung und Essen über den Sommer in Dienst zu gehen.
»Kaum daß man d' Löffl salber hebe håt kenne, håt man miaße in d' Fremde gian. Mir håbe miaße gian! ... Inser Urban isch kemen bis auf Nauders aucher mit nein Jåhr. Des kånn i mi no guat erinnere, wie er Pfiat Gott gnumme håt vo d' Muater, d' Muater hat toll greart (geweint). Und der Våter håt miaße mitgian vo Pieler bis auf Nauders, des isch jå weit über d' Pieler Heach, z'Fuaß gian, auche und oche håt er miaße z'Fuaß gian. Håt er miaße dobe über Nåcht bleibe z'Nauders. Und då isch der Urban nåcher drei Jåhr dobe gwest, drei Simmer håt er miaße gian. Und nå wia der Våter huamkeme isch am nägschte Tåg

▷

Im Oberdorf von Wenns um 1950.

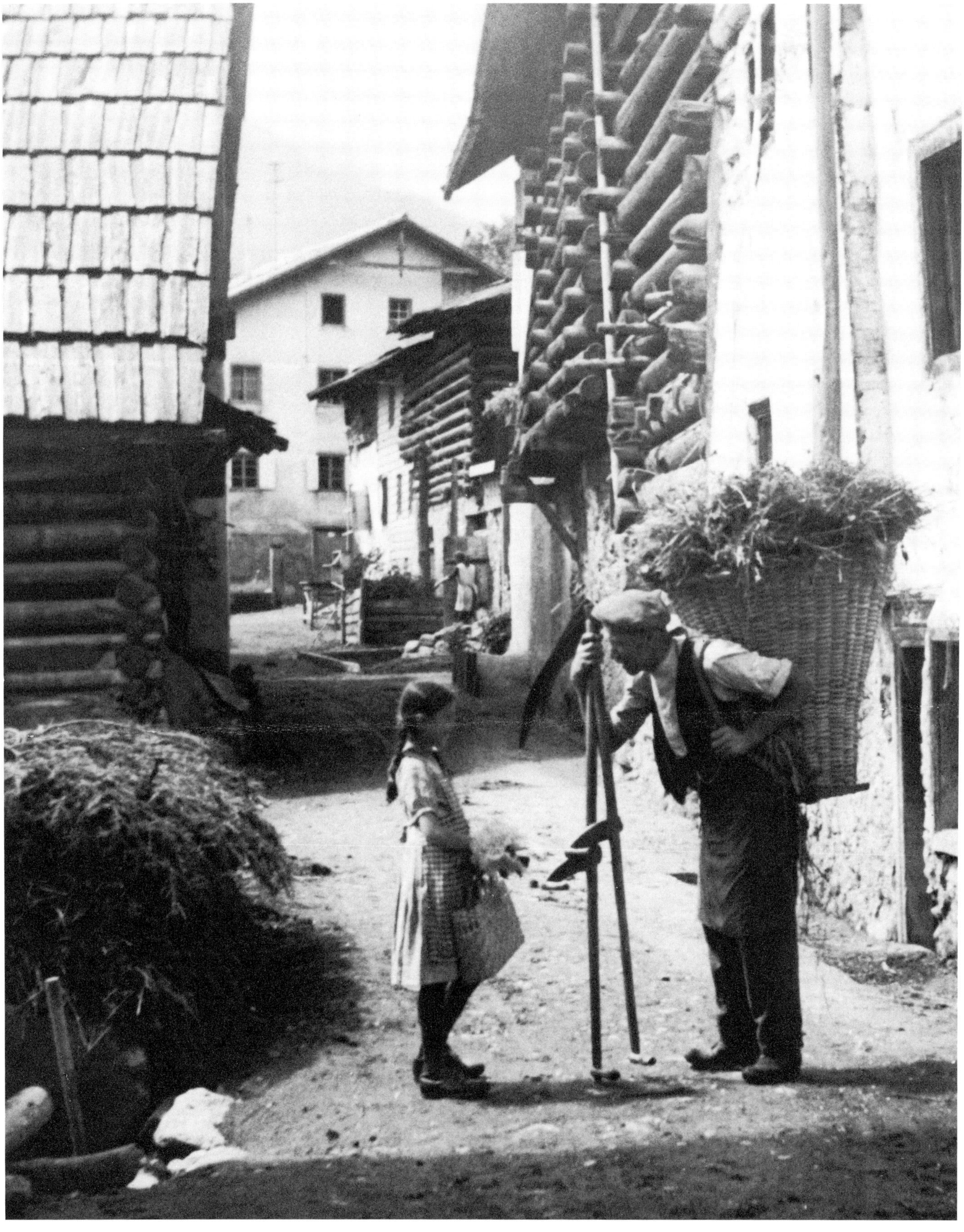

z' åbend, då isch er auf 'n Stuahl oncheghockt – mir isch, wie wenn i 'n heint no sach – und håt greart. Nå håt d' Muater gseit: ›Jå warum rearsch denn, Seppl?‹ ›Jå des Biable isch mir nåchgsprungen wie a Hündle!‹ – Mei Mensch, nå håt der Urban miaße dobe wohnen und isch 'm Våter nåchgsprunge pläreter (weinend), ›Våter laß mi mit!‹«

Tresl selbst bleibt noch zu Hause, solange sie die Schule besucht. Aber danach, mit 14 Jahren, muß auch sie weg. »I bin hålt kemme vo Innsbruck bis auf Serfaus. No jung gwest und dobe überall bei dene groaße Baure håt man mi zuache und überåll hån i miaße zu dene Baure gian halfe. Daß man hålt z'esse ghet håt und a Gwandle oder an Schurz. Åber sinsch ... verdiant hån i nuicht.«

Zwei ihrer Brüder konnten ein Handwerk lernen, das waren die beiden ältesten. Der eine lernte Maurer, der andere Zimmermann. Ihre Schwestern haben bald geheiratet. Tresl ging weiter als Magd und ins Tagwerk zu den Bauern. »I bin mit 19 Jåhr, oder no nit amål, zu an groaße Baur keme, dobe bei ins in der Nåchbarschåft, der håt 32 Stuck Viech ghet. Und då hån i miaße oft ålls in Ståll tian, åcht Kiah hån i miaße melchn (melken) mit den Ålter. Und wenn i 's nit tån hat? I hån miaße schauge, wia i weiterkeme bin. Mei Mensch, man håt miaße bleibe!«

Da die Bauern im Tiroler Oberland meist nur während der besonders arbeitsintensiven Sommermonate familienfremde Arbeitskräfte aufnehmen konnten – Dienstboten im herkömmlichen Sinn sind in dieser Gegend selten –, hat Tresl oft den Platz gewechselt. Im Winter war sie immer wieder bei ihren Eltern am Hof und wurde dort zu allen Arbeiten eingespannt, so auch zum Heuziehen. Zu dieser ebenso anstrengenden wie gefährlichen Arbeit wurden Frauen sonst nicht herangezogen: »Mir hatte Buabe ou gnuag ghet, åber i hån miaße gian. I wer hålt am mindestn schåd gwest sein.«

Schon während des Ersten Weltkriegs kamen die Nachbarn gern zu Tresls Familie um Hilfe fragen, weil dort so viele Kinder waren. »Man håt umasinsch (umsonst) gholfe, hålt z'esse håt man kriagt.« Und nach dem Krieg wird Tresl wieder geholt: zu einem Bauern nach Jerzens, dessen Frau gestorben ist und für den, dessen zwei Kinder und den Großvater sie die Wirtschaft führt – als sie ihn heiraten soll, geht sie weg. Dann zu ihrer Schwester, deren Mann tödlich verunglückt ist, die mit zwei Kindern allein dasteht und als Briefträgerin arbeiten geht. Schließlich lernt sie Ende der 20er Jahre ihren Mann kennen.

Tresls Vetter Franz ist im Ersten Weltkrieg in russische Kriegsgefangenschaft geraten. Als er nach acht Jahren immer noch nicht daheim war, dachte man, er sei schon tot. Als dann doch eines Tages die Nachricht kam, er sei frei und komme heim, »nå isch ålls auf Wenns auchngsprunge, schauge wia des ischt, wenn der Franz kimmt«. Natürlich ist auch Tresl hingelaufen. Doch mit dem Vetter Franz kam auch der Lois aus russischer Kriegsgefangenschaft zurück, ihr späterer Mann. Dessen Eltern hatten die alte Mühle im Weiler Bichl ober Wenns bewirtschaftet, waren bei seiner Heimkehr aber schon tot.

Dann haben sie sich wohl wieder eine Weile aus den Augen verloren. »Er håt nå scho an åndere ghet und bei an åndere a Kind ghet.« Daraus sei aber nichts geworden. Wenn Tresl in ihrem Elternhaus war, hatten beide den gleichen Weg zur Kirche. Und eines Tages »sein mir so z'huangårte (ins Gespräch) keme, nå seit er zu mir: ›Derft i amål keme?‹ Nå hån i gseit: ›Jå zun Huangårt darf bei ins ålls keme, bei ins sein ålli Leit då.‹ Nå isch er keme und det sein mir nå z'samenkeme und sein går nit lång beinånd gwest, nå håbe mir scho gheiråtet.« Beide seien sie halt schon alt gewesen, sagt Tresl, gerade so, daß sie noch zwei Buben »z'samenbråcht« haben. Zu dieser Zeit hat sie ihrer verwitweten Schwester geholfen, die hat ihr dann ein Kleid für die Hochzeit gekauft, selber hätte Tresl sich keines leisten können. Ihr Mann hat damals schon in der Textilfabrik Jeny & Schindler in Imst gearbeitet.

Mit der Hochzeit begann für Tresl eine neue Periode der Wanderschaft, im Elternhaus ihres Mannes konnten und wollten sie nicht bleiben:

»Mir håbe im 32er Jåhr gheiråtet. Det hån i auf Bichl in die ålte Mühl eicher gheiråtet und det håt 's nå nit recht guat tån, nå seimer in die Wohnung zu der Mele auße auf Imst. Nå hån i gseit zu ihr: ›Åber des såg i dir‹, hån i gseit, ›Maria, wenn du ins inilåsch in d' Wohnung, muasch ins dinne låsse, derfsch ins nit eppa nåch a zwoa, drei Monat wieder außertian, wo gian mir nåcher epper hin?!‹ Nå håt se ins hålt doch (hinausgeworfen)! Und mir håbe nicht mehr ghet, mir sein auf der Ströß dahuam gwest. Nå bin i außi

180 Männer aus dem Pitztal sind im Ersten, 218 im Zweiten Weltkrieg gefallen, zahlreiche blieben lange in Gefangenschaft. So auch Alois, Therese Grassls Mann, der acht Jahre in russischer Kriegsgefangenschaft war. – Spielbuben – so nannte man die geschmückten Tauglichen – nach der Musterung vor dem Gasthaus Wiese (Leo Gastl und Hugo Gundolf) in Zaunhof um 1910 (links) und Jerzener Rekruten 1914 (rechts).

zum Lois gen Fabrik gången, nå hån i gseit: ›Iatz kimmsch gråd außer, Våter, iatz håm mir koa Huam, iatz håm mir går nicht mehr!‹ Na håt er gseit: ›Jå wieso?‹ ›Jå, die håt ins kündet.‹ ›Jå, des derf sie går nit!‹ Nå hån i gseit: ›Iatz isch gnuag, iatz gian mir huam auche zu ins, ins Flickerloch.‹ Nå seimer a Weile då gwest, die Möbl håm mir eingstellt. Nåcher galigsch kimmt er amål z'Weg – håt miaße ålli dåher z'Fuaß gian von der Fabrik –, nå håt er gseit: ›Heint bring i dir eppes.‹ Nå han i gseit: ›Wås wearsch mir du bringen?‹ Nå håt er den Schlissl aus 'm Såck tån, nå hån i gseit: ›Iatz bringsch mir 'n Himmelschlissel!‹ Nå håm mir aloan a Haus ghet!«

In dem kleinen werkseigenen Haus in Imst, dessen Schlüssel Tresl wie ein Himmelschlüssel vorgekommen war, haben die Grassls dann 18 Jahre lang gewohnt. Tresl hat viel gespart und unter anderem durch Stricken Geld dazuverdient. Schon während des Zweiten Weltkriegs konnten sie in Imst einen Baugrund kaufen und haben dort nach dem Krieg zu bauen begonnen. Als gerade der Rohbau fertig war, hat Tresls Mann bei einem Arbeitsunfall einen Arm verloren. Da mußte sie wieder doppelt hart anpacken. 1951 konnten die Grassls dann in das neue Haus einziehen. Nachdem ihr Mann bereits früh gestorben ist, lebt Tresl heute noch dort bei der Familie eines ihrer Söhne.

Zu geben, auch wenn man selbst nichts hat, war für Tresl selbstverständlich, »sinsch war man in d' Hell kemme«. Der Mangel, sagt sie, sei ihr so zur Gewohnheit geworden, daß sie sich bis heute nicht daran gewöhnen konnte, einmal mehr zu haben, als sie braucht. »I kånn 's går nit seche, wenn i eppes hån. Sie schimpfen ålli: ›Du verschenkst ålls!‹ ›I hån ålli ghet‹, hån i gseit. Då bin i wie d' Nale, Nale håt ou ålli ålls verschenkt, von Våter d' Muater, und sell håbens ou ålli gschumpfe, håm gseit: ›D' Muater geit ålls her!‹ – ›Es håbet åll scho gfresse‹, håt sie nåcher gseit.« Früher, erzählt Tresl immer wieder, »håbe die Leit nicht ghet und nicht ånders gwißt. Drum isch inseroans heint ou no z'friede.«

So wie das Geben und Helfen war vieles selbstverständlich im Leben der Tresl. Häufig erzählt sie, man habe eben geglaubt, in die Hölle zu kommen, wenn man den täglichen Kirchgang unterläßt und ähnliches. Vor den Pfarrern hätten sie einen großen Respekt gehabt. Ledige Kinder hätte es in ihrer Umgebung schon gegeben, aber »dia håt man hålt veråchtet ålli. Des isch jå amea (früher) a Sind gwesn, Jessas Maria! ... Wenn amål oans a ledigs Kind ghet håt, der isch man jå ausgwichn. Des isch jå a Hur gwest von A bis Z, die håt sie miaße firchte. Då isch nå beade Toal årm gwest, die Frau und 's Kind!« Selbstverständlich war ihr auch, daß man mit den Nazis nichts im Sinn hatte. Die seien areligiös gewesen, die hätte man verachtet. Den Pfarrer Neururer freilich, den habe sie noch gekannt, der sei ja fast in ihrer Nachbarschaft aufgewachsen in Piller. Die Nachricht von seiner Ermordung im KZ Buchenwald habe sie damals alle sehr erschüttert. Heute verfolgt sie mit großer Anteilnahme im Kirchenblatt (November 1984) den Prozeß seiner Seligsprechung.

Die Erinnerung an ihr Leben und der Vergleich mit heutigen Zuständen, über die sich Tresl aus Zeitungen und dem Fernsehen informiert, lassen ihr manchmal Zweifel aufsteigen. »I denk mir oft, man håt an guate Gloube und an starke Gloube, åber mir kimmt a tiamål (manchmal) ou eppes ånders in Sinn ... Man kimmt auf ållerhånd drau, wenn man a so alloan dåhockt ... Daß es an Herrgott geit, sall isch wåhr, åber wia er ålls derwerklt, sall woaß man nit!«

Otto Neururer, geboren 1882 in Piller, von den Nationalsozialisten hingerichtet im KZ Buchenwald am 30. 5. 1940. Hier bei seiner Primizfeier im Jahr 1907 im Kreise von neun Geschwistern. Die Nachricht von seinem Tode habe man in ganz Wenns mit Erschütterung vernommen, erzählt Theresia Grassl, die seinen Seligsprechungsprozeß heute mit großem Interesse verfolgt.

Johann Santeler, der Fotograf

Was wir von Johann Santeler, dem Fotografen, wissen, ist nicht viel. Er wurde 1898 in Scheibrand geboren. Seine Eltern betrieben eine kleine Landwirtschaft, die für die große Familie zum Leben zu wenig hergab. Die Mutter brachte zehn Kinder zur Welt, zwei davon starben bald nach der Geburt.

14jährig ging Johann Santeler mit seinem Bruder Ferdinand und den anderen Hütekindern nach Schwaben. Nach dem Ersten Weltkrieg zog er als Hirte auf die Almen von Partenen im hinteren Montafon, vielleicht auf Vermittlung einiger Pitztaler Bauern, die damals dazu übergingen, ihr Vieh außerhalb des Tales auf Almen zu schicken, weil die Almen im Tal selbst zu schlecht und die Hirten zu teuer waren. Dann fand er Arbeit beim Bau des Spullersee-Kraftwerks der Österreichischen Bundesbahnen bei Klösterle (Vorarlberg), nach dessen Fertigstellung 1925 beim Bau des Vermuntwerks der Illwerke oberhalb von Partenen. Dabei brachte er es bei seiner Stammfirma Mayreder & Kraus bis zum Vorarbeiter. Bis zur Fertigstellung des Werkes im Jahr 1931 zog er jeden Sommer auf diese Großbaustelle und nahm auch häufig Männer aus St. Leonhard mit zu seiner Partie. Franz Rimml ist auch einmal mit ihm gegangen:

»Im Jåhr 1928 sein mir in Partenen gwest. Er isch Kapo gwest det und håt a Partie z'sammengestellt von St. Leonhard innen. Då sein die gwisse Firmen gwest, mir sein beim Spingetti gwest, bei der Firma Mayreder & Kraus. Und der Johann ischt schon länger davor gwest bei der Firma. Die håbn jå Leit gsuacht det, nit, und in Langez håt er gseit, der Santeler in St. Leonhard, wer hålt mitgang, nit. Nåcher hån i sofort gseit: ›I geah mit!‹ Weil då ischt koa Verdianst und nuicht gwesn im Tål, nå hån i 'm gseit: ›I geah sofort mit!‹«

Ab dem Jahr 1932 fand Santeler Arbeit bei der Verarchung der Pitze und beim Straßen- und Wegbau im Tal.

Ob er irgendeine Art von Ausbildung genossen hatte, war nicht in Erfahrung zu bringen. Er sei eben sehr geschickt und intelligent gewesen und wohl auch sehr zuverlässig, sagen seine Kinder heute. 1934, bereits 36jährig, heiratete er Theresia Larcher, die zuvor 6 Jahre als Sennerin auf der Neuberg Alpe ober St. Leonhard und als Kellnerin im Ötztal gearbeitet hatte. Sie wohnten im Haus der Eltern, übernahmen die Landwirtschaft und bekamen, Theresia war auch schon 34 Jahre alt, noch acht Kinder.

Ob Santeler schon von dem wohl ersten Fotografen im Tal, Josef Schöpf vom Schrofen in St. Leonhard (1887–1915), beeinflußt wurde, ist nicht bekannt. Von seinem Schwager, dem Landschaftsfotografen Otto Schurich aus Hall in Tirol jedenfalls hat er nach dem Ersten Weltkrieg das Fotografieren gelernt. Schurich kam oft ins Pitztal, das er seiner landschaftlichen Reize wegen liebte und wo er auch häufig für Familien- oder Hochzeitsbilder geholt wurde. Johann begleitete ihn bei seinen Wanderungen und half ihm bei der Arbeit.

»Der Schwåger ischt oft herkemen und håt fotografiert und håt ihn mitgnommen. Und nåcher håt er långsam sall ånghebt, håt er gekennt nåcher die Aufnahmen måchn. Und mit den håt er 's glernt«, erzählt Santelers Frau. Schließlich überließ ihm der Schwager eine alte Plattenkamera und die Grundausrüstung einer kleinen Dunkelkammer, die er sich im Keller des elterlichen Hauses einrichtete. Dorthin zog er sich oft zurück, um seine Bilder auszuarbeiten. Oft sei er die halbe Nacht im Keller gewesen. Es war dies auch der einzige Bereich des Hauses, zu dem ohne seine Erlaubnis niemand Zutritt hatte. »Die Kinder håt er schon ångschrien, wenn se zuachn sein. Då håbn se nit gederft in Keller gian.« Daß sie ihm aber mitunter auch beim Wässern der Bilder helfen durften, erzählen sie heute noch gern.

Santeler wurde ein begeisterter Fotograf, ein Lichtbildner der Verhältnisse, in denen er lebte und arbeitete. Er nahm seine Kamera im Rucksack überallhin mit, vor allem auch auf die Baustellen, auf denen er beschäftigt war. Solange er dort Arbeit hatte, blieb ihm auch das Geld, sein Hobby zu pflegen.

Im Tal fotografierte er vorwiegend auf Bestellung. Ein Fotograf im Pitztal war damals noch Sensation, zumindest für die Kinder. Gleichwohl war das Fotografiert-Werden den Leuten schon durchaus vertraute Gewohnheit, und kaum eine Familie wollte auf Gruppenbilder, zumal wenn einmal alle Familienmitglieder zu Hause waren oder bei besonderen Festen, auf Bilder der Eltern, auf Totenbilder u. ä. verzichten.

Johann Santeler (hinten links) mit seinen Eltern und Geschwistern vor seinem Elternhaus in Scheibrand um 1928. Wie an der Tischdecke, der Vase und vor allem an der neuen Tür im alten Haus sichtbar, hatte Santeler eine Vorliebe für Jugendstil-Imitationen.

In einigen Häusern des hinteren Tales hängen heute noch Fotografien, die Santeler in den 20er und 30er Jahren gemacht hat: technisch ausgezeichnete Familienbilder, steife Menschen im Sonntagsgewand, kunstvoll mit Jugendstil-Dekor gerahmte Portraits, Hochzeits- und Sterbebilder. Bauern und Handwerker, die sich in steifer Pose abbilden ließen – mit stolz präsentiertem Werkzeug und Werkstück, aber im Sonntagsgewand und vor der Werkstatt oder dem Hof im Freien. Natürlich auch die obligaten Feuerwehren, Musik- und Schützengruppen.

Er sei lieber zu den Leuten hingegangen, um sie in ihrer gewohnten Umgebung zu fotografieren. Wenn man ihn holte, wird erzählt, kam er gerne, stellte umständlich seine Kamera auf mit Stativ und schwarzem Tuch, ließ Tische und Stühle ins Freie bringen, Decken drauf und Blumen, rückte die Leute lange hin und her, bis das Gruppenbild paßte. Sie ließen es geduldig über sich ergehen, das Ergebnis war ja auch entsprechend respektabel und verlieh dem feierlichen Anlaß erst die richtige Weihe.

Bezahlen ließ er sich fürs Material, mitunter auch in Naturalien. Für ein Paßbild nahm er im Krieg gerne ein paar Eier. Selbst als immer mehr Leute Paßbilder brauchten und im improvisierten Freiluftatelier vor seinem Haus an jedem Sonntag reger Betrieb herrschte, war er nicht besonders aufs Geschäft aus, obwohl er seinen Standortvorteil hätte ausnützen können. Seine Familie jedenfalls hätte, sagen sie heute, davon keinen finanziellen Nutzen gehabt. Seine Frau wußte auch nie, ob er zusätzliches Geld in sein Hobby steckte. »Des håt woll Gald kostet, åber des hån i nia gwißt, des håt ålls er ghet. I håt nia gwißt wieviel. Då ischt er a so gwesn, des håt er nia gsågt.«

Eine andere Art von Bildern hat Santeler auf den Baustellen gemacht. Dort hat er seine eigenen Partien fotografiert oder auch andere, wenn man ihn darum gebeten hat. »Der håt ållm fotografiert, der håt åber då no den groaßn Kåschtn ghet mit 'n Stativ und mit an Tuach drüber und a groaße Plåttn håt er gmiåßt inschiabn«, erinnert sich Franz Rimml.

Die so entstandenen Bilder sind zwar auch keine Momentaufnahmen vom »wirklichen« Arbeitsalltag, sondern eher repräsentativer Art, sind aber gerade deswegen auch interessant. Die Arbeiter, die Santeler fotografiert, bleiben reserviert, als einzelne im Hintergrund. Selten sieht man einen lachen. Ihre Werkzeuge und Maschinen sind wichtig und werden vorgezeigt – nicht demonstrativ, aber deutlich. Zumeist in streng diagonaler Bildanordnung gruppieren sie sich eigentümlich zwanglos auf ihrer Baustelle, auf mächtigen Steinen, hinter dem Schrägaufzug, vor den von ihnen bewegten Erdmassen, beim Felsabbruch. So als gewännen sie erst mit dem Material Bedeutung, an der Gewalt des Elements, mit dem sie hantieren. – Auch die Menschen in den Bauern- und Handwerkerszenen und auf den Familienbildern bleiben hinter ihrem Sonntagsgewand und hinter der künstlichen Gruppierung eigentümlich reserviert. Das repräsentative Element der Arbeiterbilder aber ist nicht die Kleidung und auch nicht die steife Gruppierung um bürgerlich-städtische Symbole des Familienlebens. Hier sieht man Menschen in ihrer Arbeitskleidung, und wie sie zusammenstehen und -sitzen, könnte auch an eine zufällige Arbeitspause erinnern oder an eine Versammlung. Eher wohl an letztere, denn die Vorarbeiter stehen meist im Vordergrund. Repräsentativ aber wirkt in diesen Bildern die Symbolik der industriellen Arbeitswelt: die große Zahl der Arbeiter, Maschinen, besiegte Natur – und damit, so scheint 's mitunter, auch die Überwindung des engen Tals. An die Arbeit erinnert sich wieder Franz Rimml:

»I bin mit ihm nåch Partenen außn und det håm mar bei dem Vermuntwerk beim Schrägaufzug gårbeitet. Der ischt auchn gångn bis auf Tromenier (eine Alm oberhalb Partenen) und von det ischt er in Stolln gen Stausee onchn. Det ischt nå 's Wasser herkemen und in die Rohr inchn. Und mir håbn die Sockl betoniert für die Rohr und die Krümmer. Des sein jå a påår hundert Kubik groaße Löcher, då hasch gekennt Heiser inchn stelln. Sein ausghobn gwordn und nåcher voll mit Beton ingegossn gwordn und då håt man die Eisn inchngstellt für die Rohrsockl, die sein vielleicht a vier, fünf Meter hoach, und mit selle Holzkaschtn ingetafelt und die håt man nåcher vollgossn. Und då liegn heint no die Rohr drau, so doppelte Rohr vom Vermuntwerk ochn.«

Einige dieser Bilder zeigen besonders deutlich die Faszination der Technik – etwa die zwei Arbeiter vor der großen Trafostation des Kraftwerks – oder den erreichten Status – der Kontrollor des Bahn-Oberbaus mit strengem Blick auf der vom Bruder Santelers bedienten Draisine.

Santelers Faszination für die moderne Technik und auch für das durch sie vermittelte soziale Prestige wird an diesem Bild deutlich. Es zeigt zwei Arbeiter aus dem Pitztal beim Kraftwerk in Partenen. (Um 1930)

▷

Arbeitstrupp beim Bau des Kraftwerks am Spullersee, oberhalb von Klösterle. Darunter auch einige Männer aus dem Pitztal. (Foto: Johann Santeler um 1924)

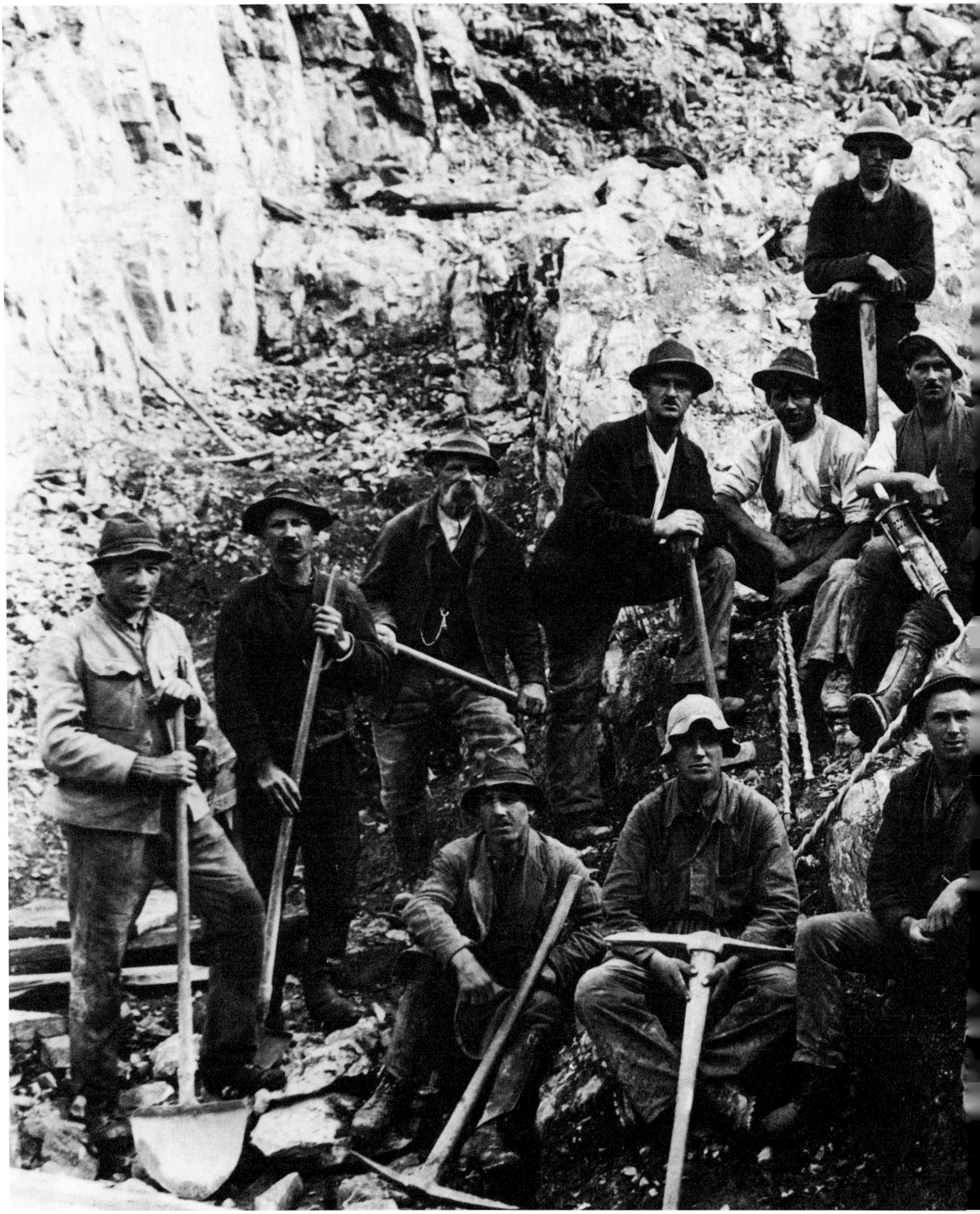

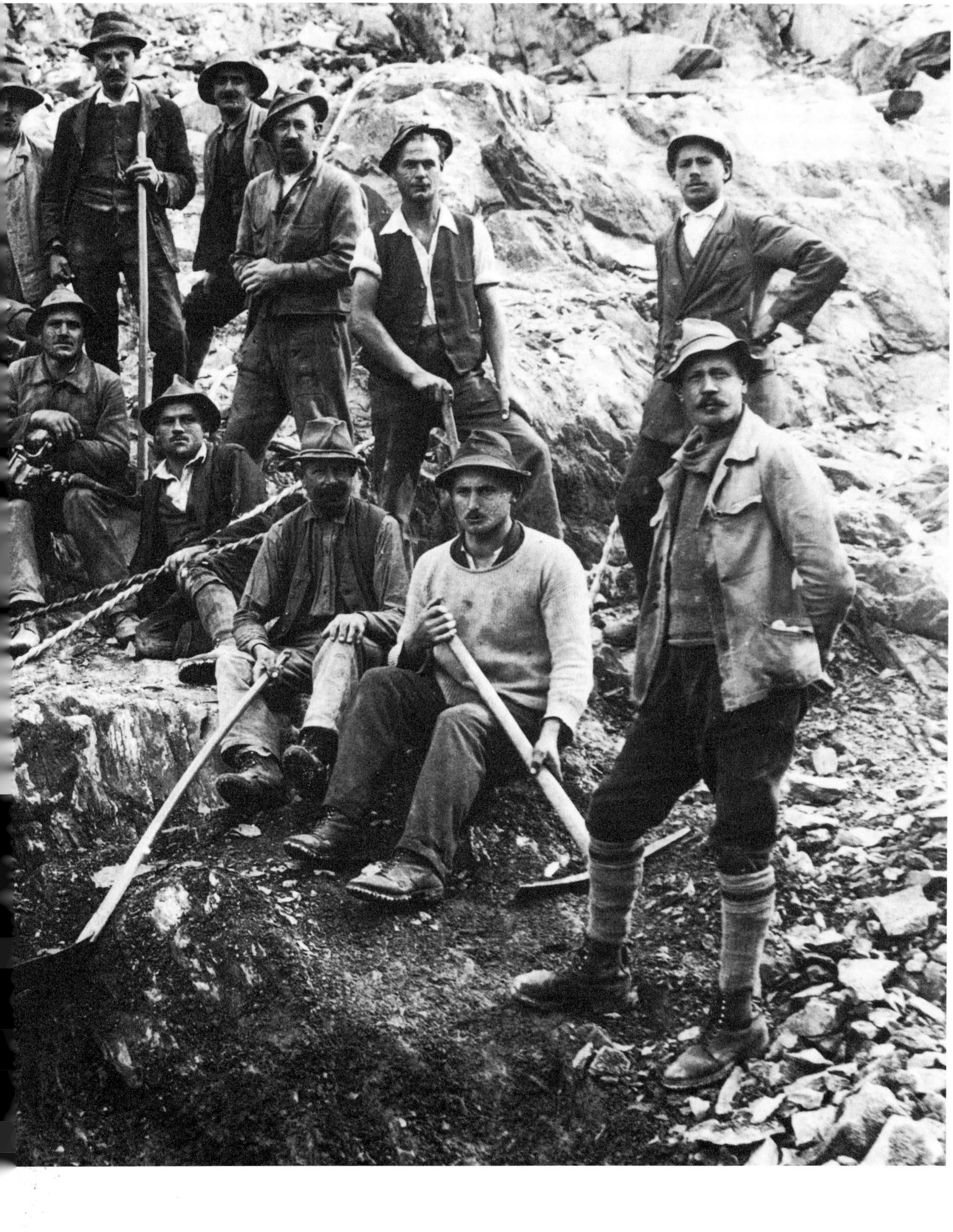

Mehrere Frauen aus dem hinteren Tal fanden nach dem Ersten Weltkrieg in den großen Gastbetrieben des benachbarten Ötztals Saisonverdienst: Theresia Larcher aus Scheibrand mit anderen Angestellten im Gasthaus Grüner in Sölden, fotografiert von ihrem späteren Mann Johann Santeler. (Um 1927)

Johann Larcher (Mitte) hat nach dem Ersten Weltkrieg in Schußlehn im Keller seines Elternhauses eine Tischlerei eingerichtet und später einen eigenen Betrieb aufgebaut. Er ließ sich und seinen erreichten Status gern und häufig von Johann Santeler fotografieren. (Um 1923)

Im Jahr 1923 wurde die Säge bei der Pfuhrmühl in Zaunhof ausgebaut und vergrößert. Damals hat eine Firma aus dem Tiroler Unterland im Gebiet von Zaunhof Holz geschlägert. Was sie nicht direkt in der Pfuhrmühl verarbeiten ließ, wurde auf der Pitze bis nach Arzl geflößt und von dort auf der Straße weitertransportiert. (Foto: Johann Santeler um 1925)

Arbeitstrupp beim Aufstellen von Masten im Zuge der Elektrifizierung der Arlbergbahn (um 1925). Da auch hier wieder Männer aus dem ganzen Pitztal beschäftigt waren, finden sich Kopien dieses und ähnlicher Santeler-Bilder noch heute bei mehreren Familien.

Joel und Aloisia Larcher (Seppler) aus Schußlehn im Kreis ihrer zehn Kinder. Joel Larcher war Kleinbauer und nebenher Korbflechter und Bienenzüchter. Auch als Bierbrauer hat er sich versucht, freilich nur für den Eigenbedarf und ohne großen Erfolg. Das Foto (um 1930) wurde von Johann, dem Tischler (hinten rechts), bei Santeler bestellt.

Die Freiwillige Feuerwehr von St. Leonhard mit ihrer neu erworbenen Motorspritze von Santeler um 1930 fotografiert. Der Kommandant Johann Schranz (der alte Bäck) besaß ein Motorrad, mit dem er immer voraus zur Brandstelle fahren konnte. Die Motorspritze freilich mußte im Winter auf dem Schlitten, im Sommer auf einem Pferdefuhrwerk hinterhergezogen werden und kam dann meist zu spät.

Diese technisch zum Teil hervorragenden Bilder hat Santeler, soviel bekannt ist, nie ausgestellt oder publiziert. Sie haben also keinen eigentlichen Adressaten, sind auch nicht etwa aus Motiven sozialkritischer Dokumentation entstanden. Und dennoch gehören sie wohl zu den eindrucksvollsten Dokumenten vom früheren Leben und Arbeiten der Menschen im und aus dem Pitztal.

Von der politischen Einstellung Santelers ist wenig bekannt. Er sei ein guter Mensch gewesen, sagen die, die ihn kannten. Raimund Eiter von der Pfuhrmühle in Zaunhof erinnert sich: »Jå, des isch a ruhiger, a besonnener, a freundlicher und zuvorkommender Johann gwest. Und i hån mi eigentlich als Bua guat unterhåltn kennen mit ihm. I hån ållm an vorbildlichn Johann und Fotograf gsehe. Er ischt a überdurchschnittlich begåbter Mensch gwest.« Im Zweiten Weltkrieg mußte er 1939 einrücken, wurde aber wegen eines Fußleidens bald wieder zurückgestellt. Seine Frau hätte von den Nazis das silberne Mutterkreuz verliehen bekommen sollen. »I hat jå det des Kreiz bekemen von Hitler, åber i hån mi nit gmåldet. Der Johann håt gseit: ›Måld die nitta, vom Hitler welln mir nuicht! Sinscht miaßt ma si 's gånze Lebn Vorwürf måchn.‹« Anfang 1945 hätte er nochmals zum Landsturm ausrücken müssen. Statt dessen ging er mit einigen Freunden bewaffnet auf eine Alm.

1948 erleidet Santeler bei der Holzarbeit einen schweren Unfall. Fast muß ihm ein Bein amputiert werden, er liegt 13 Monate im Spital. Seine Frau muß nun, auch weil er danach lange nicht arbeiten kann, die acht Kinder und seine greisen Eltern allein durchbringen. Doch im Pitztal waren es schon immer die Frauen, die den größten Teil der Arbeit zu Hause verrichten mußten, solange die Männer weg waren. Auch Santelers Söhne müssen nun vermehrt zum Familienerhalt beitragen und gehen im Sommer, wie früher er selbst, auf die Almen im Tal und nach Partenen, die älteren als Bauarbeiter in die Schweiz. 1957 kommt einer zur Bahn, 1958 ein anderer zur Post. Das sind gute Posten, da wurden die Zeiten aber insgesamt schon wieder besser. 1960, mit anwachsendem Fremdenverkehr, bauen die Santelers einige Fremdenzimmer aus.

Von seinem Unfall hat sich Santeler nie mehr richtig erholt. Ein Bein blieb steif und schränkte ihn in seiner Bewegungsfreiheit stark ein. Er arbeitete in der Landwirtschaft, so gut es ging, und beaufsichtigte in der Gemeinde den Wegbau und den Ausbau der Neuberg Alpe. Er wurde zunehmend verschlossener und schien mit seinem Schicksal zu hadern. Auch fotografiert hat er nicht mehr viel. 1974 ist er nach langer Krankheit gestorben.

Auch wenn noch einige Leute im hinteren Tal Bilder von ihm aufbewahrt haben, weiß man vom Fotografen Johann Santeler nicht viel zu erzählen. Seine Bilder mögen zwar Erinnerungen bewahren, seine Beschäftigung mit der Fotografie aber blieb den meisten Menschen fremd – auch in der eigenen Familie. Nach seinem Tod wurden zahllose seiner Glasplatten noch eine Zeitlang in mehreren Kisten in einem Schupfen aufbewahrt. Dann waren sie einem Holzstapel im Weg und wurden, zum Teil schon von Regenwasser zerstört, unter eine Schubraupe geworfen, die im Zuge der Grundzusammenlegung gerade ein Feld einebnete.

▷

Johann Santeler hat in seiner Freizeit, auch wenn er auf Saisonarbeit war, häufig Wanderungen und Bergtouren unternommen, wie hier mit Franz Haid (Uelesn Franz) aus St. Leonhard. Was alle seine Bilder auszeichnet, ist Santelers Sinn für malerische, mitunter auch monumental sinnliche Komposition. Man hat den Eindruck, nichts auf diesen Bildern sei zufällig, und dennoch eröffnen sie immer wieder neue Aspekte und Details.

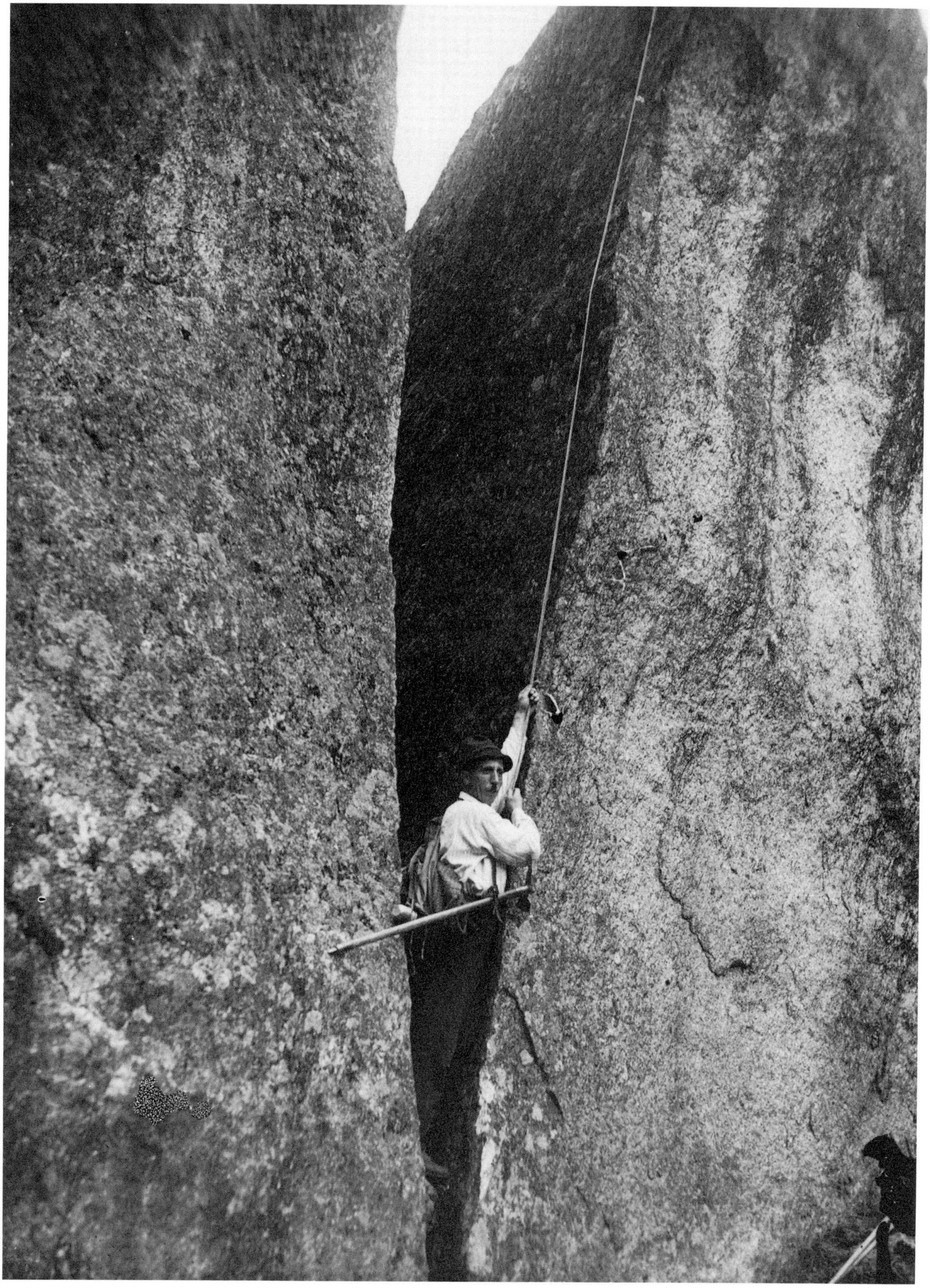

Anhang

Literatur:

Anton Bär: Das Pitztal. Eine landeskundliche Untersuchung. In: Veröffentlichungen des Museum Ferdinandeum Heft 18, Jg. 1938, Innsbruck 1939, S. 349–463

Lioba Beyer: Siedlungsbewegungen und Wandel des Ortsbildes im innersten Pitztal. In: Dieter Assmann (Hg.), Volkskundliche Studien. Zum 50. Geburtstag von Karl Ilg. Innsbruck (Schlern-Schriften 237) 1964, S. 45–58

Lioba Beyer: Der Siedlungsbereich von Jerzens im Pitztal. Untersuchungen zur Entwicklung und Struktur von Flur und Ort in einem nordtiroler Alpental. Münster (Westfälische geographische Studien 21) 1969

Festschrift zum fünfundzwanzigjährigen Bestehen der Section Frankfurt am Main des Deutschen und Österreichischen Alpenvereins. Frankfurt/M. 1894

Festschrift zur Hundertjahrfeier (1869–1969) der Sektion Frankfurt des Deutschen Alpenvereins. Frankfurt/M. 1969

Gerlinde Haid / Maria Walcher: Bäurin steh' auf... Lieder aus dem Pitztal. Reinprechtspölla-Wien 1982

Ludwig von Hörmann: Der Pitztaler Herrgöttlemacher. In: »Der Alpenfreund«, Band VI, Gera 1873, S. 68–73

Dietmar Kramer: Aspekte der Kulturgeschichte des Tourismus. In: Zeitschrift für Volkskunde, 78. Jg. 1982, S. 1–13

Dieter Kramer: Der sanfte Tourismus. Wien 1983

Hermann Kuprian: Die Entwicklung der Industrie in Imst. In: Imster Buch. Innsbruck (Schlern-Schriften 110) 1954, S. 357–367

Adolf Lässer: St. Leonhard im Pitztal. Bevölkerungsgeographische Untersuchung unter besonderer Berücksichtigung der Wanderbewegung. Innsbruck (Schlern-Schriften 149) 1956

Alois Lechthaler: Heimatkundliches aus dem Pitztal. Innsbruck (Eigenverlag) o. J. (ca. 1968)

I. Moriggl: Führerwesen. In: Zeitschrift des Deutschen und Österreichischen Alpenvereins 1919, S. 100–122

I. Moriggl: Führerunterstützung. In: Zeitschrift des Deutschen und Österreichischen Alpenvereins 1919, S. 136–139

Heinz Moser: Chronik von Wenns. Innsbruck (Ortschroniken Nr. 14) 1975

Heinrich Noë: Winter und Sommer in Tirol. Glogau o. J. (ca. 1878)

Josef Rohrer: Uiber die Tiroler. Ein Beytrag zur Oesterreichischen Völkerkunde. Wien 1796

Wilhelm Rottlethner: Die alten Lokalmaße und Gewichte nebst den Eichungsvorschriften bis zur Einführung des metrischen Maß- und Gewichtssystems und der Staatseichämter in Tirol und Vorarlberg. Innsbruck 1883

Christine Schemmann: Wolkenhäuser. Alpenvereinshütten in alten Ansichten und ihre Geschichte. München 1983

Richard Schucht: Das Pitztal. Teil I in: Zeitschrift des Deutschen und Österreichischen Alpenvereins 1900, S. 110–136;
Teil II in: Zeitschrift des Deutschen und Österreichischen Alpenvereins 1906, S. 264–287

Johann Jakob Staffler: Tirol und Vorarlberg statistisch mit geschichtlichen Bemerkungen. Innsbruck 1839

Johann Jakob Staffler: Das deutsche Tirol und Vorarlberg topographisch mit geschichtlichen Bemerkungen. 1. Band, Innsbruck 1847

G. Tinkhauser: Topographisch-historisch-statische Beschreibung der Diözese Brixen. (Fortgesetzt von Ludwig Rapp) 3. Band, Brixen 1886

Otto Uhlig: Die Schwabenkinder aus Tirol und Vorarlberg. Innsbruck 1978

Jutta Wessely: Beiträge zur Siedlungs- und Wirtschaftsgeschichte des inneren Pitztals. Innsbruck (phil. Diss.) 1972

Hermann Wopfner: Zur Geschichte des bäuerlichen Hausgewerbes in Tirol. In: Handelskammer-Festschrift, Innsbruck (Schlern-Schriften 77) 1951, S. 203–232

Hermann Wopfner: Bergbauernbuch. Von Arbeit und Leben des Tiroler Bergbauern in Vergangenheit und Gegenwart. Innsbruck 1954

Theresia Grassl, geb. 1903, Hausfrau in Imst (früher in Wenns),
Gottfried Lechthaler, geb. 1889, Bauer und Frächter i. R. in Wenns,
Agathe Melmer, geb. 1926, Bäuerin in Piösmes,
Alois Melmer, geb. 1914, Bauer und Straßenarbeiter i. R. in Piösmes,
Maria Neururer, geb. 1914, Bäuerin in Köfls,
Franz Pechtl, geb. 1912, Bauer, Bergführer und Gastwirt in Mandarfen,
Sieglinde Pechtl, geb. 1920, Gastwirtin und Hausfrau in Mandarfen,
Josef Pfeifhofer, geb. 1935, Gastwirt und Liftangestellter in Trenkwald,
Alfons Rauch, geb. 1899, Bergführer und Förster i. R. in Scheibrand,
Franz Rimml, geb. 1909, Bergführer und Jäger i. R. in Umhausen (früher Trenkwald bzw. Mandarfen),
Theresia Santeler, geb. 1902, Bäuerin in Scheibrand,
Maria Santeler, geb. 1943, Postbeamtin in Scheibrand,
Agnes Schatz, geb. 1908, Bäuerin in Imst,
Jakob Schöpf, geb. 1928, Eisenbahner und Vertreter i. R. in Arzl,
Alois Schrott, geb. 1930, Bauer in Arzl-Ried,
Maria Winter, geb. 1915, Gastwirtin in Arzl.

Danksagung

In zahlreichen Interviews haben uns die Menschen im Pitztal aus ihrem Leben erzählt und viele Hinweise gegeben, die uns ein Verständnis für die Entwicklung dieses Tales ermöglicht haben. Für ihre Geduld und ihr Einverständnis, in diesem Buch zitiert und dargestellt zu werden, sei ihnen an dieser Stelle noch einmal herzlich gedankt.

Zwischen September 1983 und Juni 1985 haben wir Interviews mit folgenden Personen durchgeführt:
Artur Bernhard, geb. 1926, Gastwirt in Arzl/Plattenrain,
Raimund Eiter, geb. 1913, Bauer und Sägewerksbesitzer in Zaunhof,
Karl Götsch, geb. 1919, Korbflechtermeister i. R. in Imst,

Von den in diesem Buch abgebildeten Fotografien stammen sämtliche aus privatem Besitz und wurden uns von folgenden Leuten dankenswerterweise zur Verfügung gestellt:

Artur Bernhard, Arzl/Plattenrain,
Familie Eiter, Zaunhof (Pfuhrmühl),
Familie Eiter, Tieflehn,
Herbert Eiter, Zaunhof,
Hilde Eiter, Zaunhof,
Emma Füruter, Weißwald,
Eugen Gabl, Zaunhof,
Margret Gabl, Wald,
Urban Grassl, Imst,
Martha und Luis Grissemann, Imst,
Familie Grubert, Außerwald,
Frieda und Richard Gundolf, Tieflehn,
Kattl Gundolf, Froschputzen,

Josef Haid, Piösmes,
Maria Höllriegl, Piösmes,
Hans Jäger, Ötz,
Edith Krismer, Piösmes,
Familie Kofler, Jerzens
Rosa Larcher, Au,
Gerti Lentsch, Ritzenried,
Familie Alois Neururer, Neurur,
Maria und Tina Neururer, Köfls,
Familie Matthias Neururer, Piösmes,
Foto Mathis, Landeck
Familie Neururer, Mandarfen,
Wolfgang Neururer, Arzl,
Waltraud Neumair und Max Unger, Imst,
Sieglinde und Franz Pechtl, Mandarfen,
Josef Pfeifhofer, Trenkwald,
Johann Rimml, Blons,
Familie Röck, Wenns,
Fritz Rokita, Imst,
Alfons Santeler, Piösmes,
Christl und Heinrich Santeler, Scheibrand,
Maria Santeler, Scheibrand,
Theresia Santeler, Scheibrand,
Josef Schnegg, Bahnhof Imst,
Josef Schöpf, Arzl,
Oskar Schöpf, St. Leonhard,
Helene und Alois Schrott, Arzl-Ried,
Paula Walser, Piösmes.

Herrn Dr. Hans Haid danken wir für wertvolle Informationen und Hinweise, Herrn Bert Breit für die Überlassung seines Interviews.

Heinz Rhomberg gebührt Dank für die Ausarbeitung einzelner Fotos und Marlies Erhard für die Durchsicht des Manuskripts und für ihre zahlreichen Anregungen, ohne die dieses Buch kaum zu Ende gebracht worden wäre.

Die Autoren

Benedikt Erhard, Dr. phil. Jahrgang 1953, stammt aus Lans bei Innsbruck. Nach dem Studium der Pädagogik und Geschichte war er zunächst als Lektor in einem Tiroler Verlag beschäftigt und arbeitet seit 1982 freiberuflich als Universitätslektor und Schriftsteller in Innsbruck. Publikationen zur Tiroler Sozial- und Zeitgeschichte, darunter zwei Bücher (»Bauernstand und Politik. Zur Geschichte des Tiroler Bauernbundes«, Wien 1981; »Lans – Ein Heimatbuch«, Innsbruck 1983).

Willi Pechtl, Jahrgang 1951, stammt aus Mandarfen im Pitztal. Nach dem Besuch des Gymnasiums in Volders absolvierte er die Glasfachschule in Kramsach und studierte dann an der Hochschule für Angewandte Kunst in Wien mit Abschluß als Diplomgrafiker. Seit 1980 ist er als Kunsterzieher am Bundesrealgymnasium in Imst tätig und hat nebenher eine umfangreiche Sammlung alter Fotografien aus dem Pitztal angelegt. Damit und mit zahlreichen Interviews und Gesprächen schuf er die Grundlage für dieses Buch, das ihm gerade angesichts der jüngsten Entwicklung im Tal und der einschneidenden Folgen der Gletschererschließung ein besonderes Anliegen ist.

Eine weitere Neuerscheinung zum Thema Alltagsgeschichte aus dem Haymon-Verlag, Innsbruck:

Franz Josef Kofler:

Rauhe Sonnseite

Erinnerungen an eine Kindheit am Bergbauernhof

Mit einer Einleitung von Johannes Troyer

Format 13 x 21 cm, Efalin mit Schutzumschlag, 232 Seiten, S 216,–

Freuden und Leiden des bäuerlichen Lebens um die Jahrhundertwende, das eingebettet war in den Rhythmus der Natur und in die als unumstößlich anerkannten Traditionen, beschreibt der einst bekannte Osttiroler Romanautor Franz Josef Kofler (gest. 1961) in seinen Kindheitserinnerungen. Seine lockere und unterhaltsame Erzählkunst verträgt sich durchaus mit dem Bemühen um Objektivität und gewissenhafte Detailtreue.

»Es liegt an uns, wie wir uns dieser erinnerten Vergangenheit aus zweiter Hand bedienen, ob wir auch sie wie oft unsere eigene als bequemen Ort unserer Fluchtversuche aus der Gegenwart benützen oder dazu, um der Ursachen unserer Ausflüchte besser inne zu werden...« (Johannes Troyer in seiner Einleitung.)